세계를 가르는 두 개의 철학과
15가지 쟁점들

철학의 선택

조중걸 지음

철학의 선택

1판 1쇄 펴냄 2020년 7월 15일

지 은 이 조중걸
펴 낸 이 정현순
편 집 오승원
디 자 인 이용희

펴 낸 곳 ㈜북핀
등 록 제2016-000041호(2016. 6. 3)
주 소 서울시 광진구 천호대로 109길 59
전 화 02-6401-5510 / **팩스** 02-6969-9737

ISBN 979-11-87616-88-7 03160
값 25,000원

& Sophists / Realism & Nominalism / Descartes & Hume /
etic a priori Knowledge & Synthetic Empirical Knowledge /
late & Theorem / Reason & Sense-Perception / Space &
/ Imitation & Creation / Illusionism & Frontality / Free Will & Determinism /
ity & Law / Narrative & Proposition / Essence & Existence /
& Fact / the World & the Language; Things & Signs / Plato & Sophists /
m & Nominalism / Descartes & Hume /
etic a priori Knowledge & Synthetic Empirical Knowledge /
late & Theorem / Reason & Sense-Perception / Space & Plane /
ion & Creation / Illusionism & Frontality / Free Will & Determinism /
ity & Law / Narrative & Proposition / Essence & Existence / Thing & Fact /
orld & the Language; Things & Signs / Plato & Sophists /
m & Nominalism / Descartes & Hume /
etic a priori Knowledge
n & Sense-Perception /
Vill & Determinism / M
tive & Proposition / Ess
orld & the Language; Th
& Sophists / Realism &
etic a priori Knowledge
late & Theorem / Reaso
ion & Creation / Illusio
tive & Proposition / Ess
& Fact / the World & th
& Sophists / Realism &
etic a priori Knowledge
ate & Theorem / Reaso
ion & Creation / Illusio
ive & Proposition / Ess
orld & the Language; Th
tes & Hume / Syntheti
ate & Theorem / Reaso
& Plane / Imitation &
ill & Determinism / M
ive & Proposition / Ess
rld & the Language; Th
tes & Hume / Syntheti
ate & Theorem / Reaso
on & Creation / Illusio
ty & Law / Narrative &
rld & the Language; Th
tes & Hume / Syntheti
ate & Theorem / Reaso
nism & Frontality / Fre
e & Existence / Thing
Sophists / Realism &
tic a priori Knowledge
& Sense-Perception /

조중걸 지음

세계를 가르는 두 개의 철학과
15가지 쟁점들

철학의 선택

nism & Frontality / Free Will & Determinism / Morality & Law / Narrative & Proposition /
e & Existence / Thing & Fact / the World & the Language; Things & Signs /
Sophists / Realism & Nominalism / Descartes & Hume /
tic a priori Knowledge & Synthetic Empirical Knowledge /
ate & Theorem / Reason & Perception / Space & Plane / Imitation & Creation /
nism & Frontality / Free Will & Determinism / Morality & Law /
ve & Proposition / Essence & Existence / Thing & Fact /
rld & the Language; Things & Signs / Plato & Sophists /
n & Nominalism / Descartes & Hume /
tic a priori Knowledge & Synthetic Empirical Knowledge /
ate & Theorem / Reason & Sense-Perception / Space & Plane /
on & Creation / Illusionism & Frontality / Free Will & Determinism /
y & Law / Narrative & Proposition / Essence & Existence /
& Fact / the World & the Language; Things & Signs /
Sophists / Realism & Nominalism / Descartes & Hume /

지혜정원

나는 믿기 위해 알려 하지 않는다. 오히려 알기 위해 믿는다.

– 캔터베리의 안셀모 –

Neque enim quaero intelligere ut credam,
sed credo ut intelligam.

– Anselmus Cantaberiensis –

더 작은 수단으로 가능한 것을 더 많은 수단으로 하는 것은 소용없다.

– 오컴의 윌리엄 –

Frustra fit per plura quod potest fieri per pauciora.

– Gulielmus Occamus –

목 차

서 문

세계관과 이념, 과학의 성격, 형이상학의 존립 가능성 등의 문제에 있어서의 논란은 '인간 이성human reason'의 존재 유무를 둘러싸고 벌어진다. 또한, 이성이 존재한다고 가정했을 때 그것의 의미와 역량과 한계의 문제 역시 결정적인 중요성을 가지는 논쟁의 주제이다. 인간 이성에 대한 논란의 장소가 바로 전투가 벌어지는 최전방의 격전지이다. 쟁점은 여기에 형성된다. 플라톤과 소피스트들도 여기에서 충돌했다. 절대주의와 상대주의의 분쟁 역시 이성의 존재 유무를 놓고 벌어지기 때문이다. 실재론자와 합리론자는 인간 이성을 인간에게만 고유하게 존재하는 매우 차별적이고 고급스러운 인식능력으로 간주한다. 유명론자와 경험론자는 인간 이성과 동물의 이성 사이에 어떠한 질적 차이도 없다고 본다. 전자는 인간을 만물의 영장으로 격상시키고 후자는 인간을 만물의 차별성 없는 일원으로 본다.

이성은 사물thing과 사실fact에 대한 추상화 능력으로 정의된다. 개념concept 혹은 보편자universal가 사물의 추상이고, 인과율the law of causality 혹은 과학 법칙scientific law이 사실의 추상이다. 우리는 개별적인 개들의 추상적 개념인 '개 일반'을 생각하고 '개별적인 두 물체의 끄는 힘'의 추상적인 사실인

'모든 두 물체 사이의 끄는 힘'에 대해 생각한다. 간단하게 말했을 때 이성은 사물에 대해서건 사실에 대해서건 패턴을 구성하는 능력이다.

그러나 어떤 사람들은 인간 이성의 소산이라고 말해지는 이러한 추상적 개념과 추상적 법칙의 유효성을 당연한 것으로 받아들이지 않는다. 그들은 이 추상적인 것들에 부여된 일반성이나 선험성a priority 등의 '고귀한' 특질은 단지 환각에 지나지 않는다고 말한다. 그들은 이성의 존재를 부정하는 가운데 당연히 추상의 실재성을 부정한다. 그들이 고대의 소피스트 혹은 피론주의자Pyrrohnist였고, 중세의 유명론자였으며, 근대의 경험론자였고, 현대의 분석철학자이다. 이들을 한꺼번에 경험론자로 부르기도 한다. 이념의 역사상 대체로 소수에 속했던 이들이 철학적 경험론자이며 정치적 민주주의자이다.

그렇다고 해도 인간에게 관념은 숙명이다. 인간은 관념론자 혹은 합리론자로 태어난다. 따라서 추상에 대한 믿음은 거의 생득적이다. 이성적 판단과 과학 법칙의 존재에 대한 의심을 제기하면 대부분의 대중은 그 가능성만으로도 분노한다. 여기에는 분별조차도 없다. 보편과 그 물리적 사유의 열매인 과학에 대한 근대적 신념은 어이없게도 현대에서도 강력하게 살아남았다. 더구나 이것들은 실천적 유효성을 가진다. 개념과 법칙이 없다면 삶과 문명은 불가능하다. 미래에 어떤 결과를 얻기 위한 현재의 선택과 행동이 모두 기존의 인과율에 기초해 있기 때문이다.

추상이 없다면 과학 교과서는 다른 방식으로 서술되어야 한다. 거기에 있는 추상적 개념과 과학 법칙은 견고함과 자신감을 잃게 된다. 과학 교과서는 추상개념과 추상적 사실로 전개되어 나간다. 그러나 이것들이 환각이라면, 이제 모든 서술에 조건이 붙어야 한다. 거기의 추상들은 단지 잠정적 유효성만을 가지고 있다는. 새로운 '과학혁명'에 의한 폐기를 기다리고 있다는.

인간이 스스로를 자부심 넘치게도 '이성적 동물'로 규정하는 동기는 스스로에 내재한 추상화 능력에 기초한다. 문명은 인간의 추상화 능력에 내재한다. 문명은 패턴의 포착에 다름없다. 이 패턴이 바로 추상이며 이성이 하는 일이 바로 이 패턴의 포착이다. 열정적인 학자들의 노고는 패턴의 발견에 의해 보상받는다.

만약 우리가 세계에서 어떤 패턴도 잡아낼 수 없다면 우리는 바로 그 순간 판단과 행동의 정지 상태에 들어가게 된다. 현재 우리가 어떤 행동인가를 선택한다면 그 선택의 기준은 과거에 발생했던 사건의 연쇄(패턴)가 미래에도 발생할 것이라는 '믿음belief'에 따른다. 따라서 인과의 패턴은 삶의 실천적 국면과 관련하여 결정적이다.

합리론자와 경험론자는 이 패턴의 성격 규정에 있어 의견을 달리한다. 합리론자들은 그것을 법칙이라 부르고, 경험론자는 그것을 관습이라 부른다. 합리론자가 거기에서 인간을 초월하는 숭고한 보편성을 볼 때, 경험론자는 거기에서 실천적 유효성을 지니는 사유의 습관을 본다.

이러한 개념과 인과관계가 비실증적 영역에까지 그 영향력을 늘렸을 때 문제가 발생한다. 경험론자들이 독단을 운운하고, 특히 비트겐슈타인이 '침묵 속에 지나쳐야 할 것what should be passed over in silence'을 말할 때는, 바로 이 영역이 삶의 영역에 스며들었을 때이다. 이것이 '사유를 위장하는 언어Language disguises thought'이다.

실재론자들과 합리론자들은 개념과 인과관계가 선험적으로 실재하는 것이라고 생각한다. 이를테면 '개'라는 개념, '두 물체 사이에는 끄는 힘이 존재한다.'라는 인과관계 등은 단지 우리 경험이 느슨하게 규정해준 관습custom,

혹은 습관habit이 아니라 우리를 초월하여 세계 속에 실재하는 법칙이라는 것이 실재론자들의 신념이다. 그 근거는 우리의 정신이 명석 판명한clear and distinct 상태에서 바라보았을 때, 이러한 개념과 법칙들의 참임은 너무도 선명하게 우리 마음을 차지하기 때문이라는 것이다. 즉, 보편개념과 인과율의 실재성에 대한 확신의 근거는 우리 정신의 명석성이라는 것이 실재론자들과 합리론자들의 주장이다.

그렇다면 '신God'이라는 개념이나 '황금분할이 미적 최선이다.'라는 등의 인과관계는 어떻게 되는 것일까? 이것들은 확실히 '개'나 '만유인력의 법칙'과는 다르다. 완전히 비실증적 대상에 대한 판단이기 때문이다. 실재론자들의 주장에 따르면 이것들 역시 실재할 수 있다. 개념과 법칙의 존재 근거는 우리 정신의 명석성이기 때문이다. 우리가 명석 판명하게 이것들에 대해 사유할 수 있다면 이것들은 존재하게 된다. 이것이 과연 그들의 주장처럼 자명한self-evident 것일까? 플라톤이나 데카르트는 그렇다고 말한다.

경험론자들은 물론 개념과 인과율의 실재성을 부정한다. 그들은 개별자들individuals과 개별적 사실들individual facts만이 존재한다고 생각한다. 그들의 철학은 "모든 지식은 경험에서 온다."라는 지극히 상식적인 전제에서 출발하지만 어떤 일반적 개념이나 법칙도 존재할 수 없다는 매우 비상식적인 결론으로 이르게 된다. 그러나 경험론자들은 합리론자들의 상식이야말로 상식이 아니라고 말한다. 경험론자들은 개념이나 인과율의 유용성을 부정하지 않는다. 다만, 비실증적 개념, 인과율, 신, 도덕률, 미학 법칙 등이 어떻게 그 실재를 얻을 수 있느냐고 묻는다.

비트겐슈타인은 "상식을 우산과 같이 대하지 말라. 철학의 방에 들어올 때 그 우산을 동반하라."고 말하고 흄은 "철학자가 돼라. 그러나 먼저 (상식적인) 인간이 돼라."고 말한다. 이들은 경험적 사실을 넘어서는 것에 대한 앎의 주장이 매우 비상식적이라고 말하고 있다. 경험론자들에겐 실증적 사실을 벗어나는 것에 대한 믿음은 미신에 지나지 않게 된다. 그것은 단지 독단이다.

고대와 중세에는 이 충돌이 철학에 있어 실재론과 유명론이라는 이름으로 발생한다. 플라톤과 아리스토텔레스는 실재론자였고 프로타고라스, 고르기아스, 테아이테투스 등은 유명론자였다. 이 유명론자들이 소피스트라고 불린다. 중세의 신학에 있어 이 충돌은 자못 격렬하게 일어난다. 바울, 성 오거스틴, 보에티우스, 둔스 스코투스, 성 안셀무스, 토마스 아퀴나스 등이 실재론자였고 가우닐론, 로스켈리누스, 피에르 아벨라르, 윌리엄 오컴 등이 유명론자였다. 교황청은 물론 실재론자들로 채워져 있었다. 개념에 포섭되는 신은 교권 계급에 의해 해명되는 신이었고 그들을 통해 스스로를 드러내는 신이기 때문이다. 실재론적 신만이 교권 계급의 자만심과 탐욕을 만족시킨다.

이러한 충돌은 근대에 접어들어 합리론과 경험론이라는 이름으로 발생한다. 대륙의 합리론Continental rationalism과 영국의 경험론British empiricism의 충돌은 유명하다. 데카르트, 스피노자, 라이프니츠 등이 대륙의 합리론자에 속하고 존 로크, 조지 버클리, 데이비드 흄 등이 영국 경험론자에 속한다. 특히, 흄의 경험론은 인간 이성의 궁극적인 업적으로 간주되는 뉴턴의 과학혁명을 붕괴시킨다. "경험에 기초하지 않은 지식은 없다."는 흄의 전제에서 볼 때 모든 사실에 대해 말하는 과학 법칙은 불가능임을 말하고 있기 때문이다. '모든 경험'은 있을 수 없다. 경험론자들은 과학의 일반화 역시도 귀납 추론에 의한다고 말한다. 귀납 추론은 선험적이고 일반적일 수 없다. 모든 경험은 그것이 어디에까지 미치던 제한된 경험이기 때문이다.

아마도 합리론자들은 경험론자들의 이러한 주장을 오히려 '비상식적'인 것으로 치부할 것이다. 그 자체로서 자명하고 선명할 뿐만 아니라 모든 경험적 사실에 예외 없이 적용되는 인과율이 어떻게 비실재일 수 있는가? 그들은 또한 물을 것이다. 개념과 인과율 없는 삶이 어떻게 가능할 수 있느냐고. 이 반박은 설득력 있다. 아리스토텔레스가 "형상은 건설하고 질료는 방해한다."고 말할 때 우리는 그에게 동의하고 싶은 충동을 느낀다. 우리 마음속에는 합리론자가 살고 있다.

경험론자들은 실재론자들이 '개념과 인과율'이라고 부르는 것을 유사성resemblance과 관습custom으로 바꾸기를 원할 뿐이다. 경험론자들은 실재론자들의 금과옥조에서 선험성과 필연성이라는 독침만을 제거하기를 원한다. 그것이 인간의 오류와 오만과 독단과 차별의 근거이기 때문이다.

이 모든 충돌은 단지 철학에서만 발생하지 않는다. 합리론과 경험론 — 혹은 실재론과 유명론 — 은 모든 문화, 모든 문명, 모든 삶의 영역에서 충돌한다. 형이상학, 도덕률, 예술, 법철학, 정치철학 등의 분야에서의 견해 차이는 그것이 아무리 복잡해 보인다 해도 모두 철학적 합리론과 경험론의 차이에서 생겨난다.

이것은 말한 바대로 결국 인간 이성의 존재 유무와 그 능력과 한계에 대한 견해 차이에 기인한다. 합리론자들은 추상은 가능하며 인간의 인식역량에는 그것에 따르는 부분이 있다고 주장하는바, 그것이 곧 이성이다. 이성의 존재와 그 추상화 능력을 인정하는 순간 세계의 모든 것들은 한꺼번에 통합된다. 이성은 그 추상화 능력에 의해 개별자들에 보편universal을 도입하며, 또한 같은 방식으로 그 추상의 영역을 과학, 형이상학, 도덕, 예술 등의 영역으로 확장해 나간다. 이성은 권력을 부여받는 순간 순식간에 전능한 전제적 권위를 행사한다. 인간에게 미지의 영역은 남지 않게 된다. 인간은 이성을 가짐에 의해 신이 된다. 이것이 근대의 휴머니즘이다.

르네상스의 인간 해방은 신으로부터 인간 이성으로의 권위 이동을 의미할 뿐이다. 진정한 해방은 이성의 구속으로부터도 벗어났을 때 온다. 그리고 이 해방은 트리스탄 차라의 선언에서 보듯 이성에 대한 절망적 분노를 동반한다. 이 해방의 가능성은 사실은 18세기 중반에 흄을 비롯한 여러 탁월한 경험론 철학자들에 의해 이미 제시된다.

경험론자들이 지식의 근원은 선험적 이성이 아니라 경험적 감각 인식sense perception이라고 하는 순간 근대의 낙관적 상황은 반전된다. 이성은 증발하고 합리론자들이 정의하는 바의 '지식'도 증발한다. 확고하고 보편적이라 믿었던 지식은 사라지고 일상적이고 실증적인 경험이 새로운 지식이 되어 그 자리를 차지한다. 세계에 대해 지녔던 인간의 자신감은 사라지고 세계는 더 이상 인간에게 친근하지 않게 된다. '낯섦'이 인간의 정서가 된다. 보편적 지식이 사라짐에 따라 보편적 도덕률, 보편적 미학 등도 사라진다. 전통적으로 의미라 불렸던 모든 것들이 사라진다. 세계는 해체된다. 보편으로 묶여있었던 것들이 개별자로 해체되어 나가며 과학도 파산하고 도덕, 미, 윤리 등도 그 보편적 기준을 잃는다. 이것이 소위 말하는 해체이다. 인간도 자신을 묶었던 기지의 앎에서 해체된다. 인간은 정착하지 못한다. 끝없는 부유와 불확정이 그의 운명이 된다. "인간은 자유롭도록 저주받았다."(사르트르)

진리는 없고 취향만이 존재한다. 독단은 단지 참의 주장이다. 최악의 회의주의가 최선의 독단보다 낫다. 견해의 선택보다 중요한 것은 그 견해가 어떤 이념에 입각해 있는지를 알고, 그 견해의 선택과 동시에 어떤 세계관을 수용해야 하는지를 아는 것이다. 이것은 복잡한 얘기는 아니다. 모든 것은 이성에 의한 통합, 혹은 이성의 소멸에 의한 해체로 수렴되기 때문이다.

이 책은 이러한 '통합construction과 해체deconstruction'에 대한 얘기이다. 15개의 주제가 도입되어 그 주제들에 대한 통합의 입장과 해체의 입장이 각각 전개된다. 승자도 패자도 없다. 단지 각각의 견해만이 있을 뿐이다. 여기가 이념과 철학과 지성의 경연장이다. 쟁점에 대한 포괄적이고 정확한 포착이 없다면 철학과 삶에 대한 전망은 무망hopeless하다. 독자는 취향에 따라 어느 쪽이든지 선택할 수 있다. 그러나 가치 있는 선택은 다른 선택에 대한 공감적 이해를 전제한다. 이것이 학문의 즐거움이며 삶의 관용이다. 이 책에 일말의 가치가 있다면 그것은 이렇게 상반되는 견해를 병치시키는 데에 있다. 따라서 이 책은 이야기의 끝이 아니라 시작이다. 어디에 끝이 있겠는가? 문제의 제기 — 이것이 철학이 할 수 있는 전부이다.

이 책에서 전개되는 대부분의 주제와 논의는 다음의 학생들과의 6개월여의 철학수업에서 다뤄진 이야기들을 좀 더 다듬어 기술한 것들이다. 학생들은 충실한 참여와 열렬한 관심으로 이 주제들에 많은 새로운 영감들을 불어넣었다.

김경미(약사) / 김경운(KOTRA 회사원) / 김상희(주부) / 박병국(전 삼성증권) / 박정희(주부) / 박창근(치과 의사) / 박혜련(드라마 작가) / 반경의(주부) /

백미영(바이올리니스트, 전 KBS 교향악단) / 손현주(주부) / 신영주(주부) / 신지운(회사원) / 오명자(주부) / 우인숙(주부) / 이미선(전 KBS 아나운서) / 임준혁(기획사 대표) / 정세영(디자이너) / 정승혜(라디오 작가) / 정재홍(학생) / 주현미(가수) / 허윤석(정신건강의학과 의사)

이들에게 감사한다.

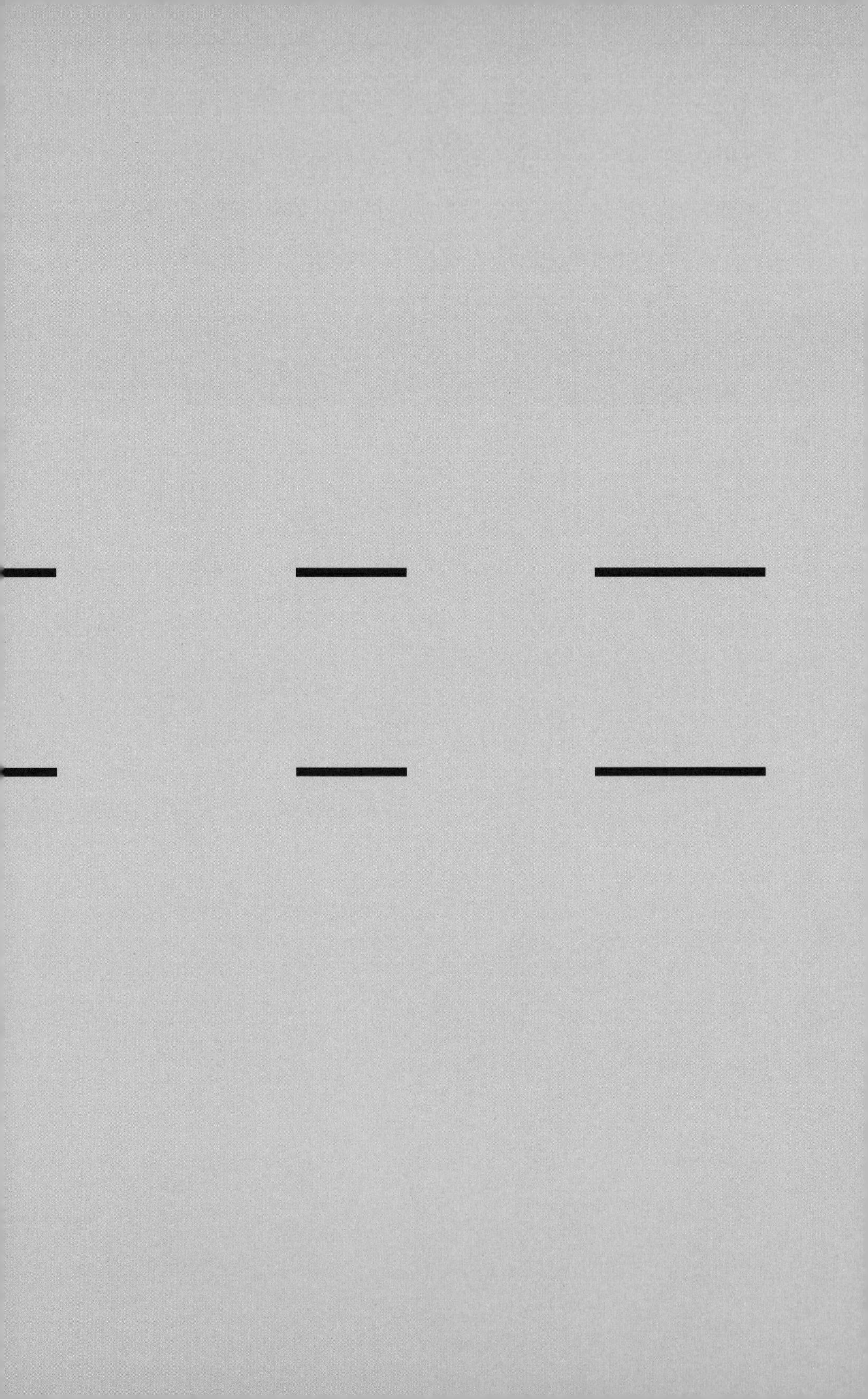

1

Plato & Sophists

플라톤과 소피스트들

A.N. 화이트헤드는 "유럽의 철학적 전통에 대한 가장 안전하고 일반적인 규정은 그것이 플라톤에 대한 일련의 주석으로 구성되어있다는 사실이다."라고 말한다. 플라톤의 의의에 대한 이 평가는 너무도 유명해서 플라톤 철학 전반에 대한 거의 모든 연구서에 인용될 정도이다. 어떤 측면에서는 이 말이 옳다. 플라톤은 그의 시대 이래 서양철학에서 중점적으로 다루어질 대부분의 주제를 다룬다. 특히 형상이론Theory of Forms을 싸고도는 그의 형이상학과 인식론은 서양철학에서 — 그것에 대한 동의에 있어서 뿐만 아니라 반박에 있어서도 — 지배적인 철학의 조류로 남게 된다.

철학적 문제에 있어서 궁극적이고 최종적인 해결의 가능성에 대한 대립은 그것 자체로 철학의 두 경향을 보인다. 만약 철학이 인간의 일상적인 사실 인식 — 소위 직관적 인식intuitive cognition — 을 넘어서는 추상적이고 항구적인 형상, 혹은 이데아에 대한 지식과 관련한 것이라면 물론 철학은 대단한 확신과 더불어 규정된 '일련의 교의a body of doctrine'의 모음집이 될 것이다. 플라톤의 업적은 그가 바로 이러한 일을 했다는 데에 있다. 그러나 엄밀히 말하면 플라톤 철학도 하나의 철학일 뿐이다.

소피스트, 디오게네스, 에피쿠로스, 루크레티우스, 섹스투스 엠피리쿠스, 로스켈리누스, 윌리엄 오컴, 장 칼뱅, 데이비드 흄, 아베나리우스, 비트겐슈타인으로 이어지는 철학의 다른 하나의 조류는 먼저 플라톤의 낙관주의와 이상주의의 근거를 공격한다. 칸트는 특히 데이비드 흄의 이러한 공격에 의해 '독단의 잠dogmatic slumber'에서 깨어나게 되었다고까지 말한다. 철학사에서 언제나 소수파에 속했던 이 조류는 1920년경부터 현재에 이르기까지의 현대 철학을 지배하고 있다.

결국, 플라톤의 위대함은 그가 옳았다는 점보다는 그가 철학사에서 처음으로 앞으로 오게 될 모든 철학적 문제들을 집대성했다는 데에 있다. 철학에 있어서 날카로운 통찰력이 진정한 빛을 발하는 것은 철학적 문제의 해결에서는 아니다. 문제의 해결은 항구적인 가치를 보증받지는 못한다. 진정한 통찰력은 쟁점이 되는 문제를 명석 판명하게 제시하는 것이다.

비트겐슈타인은 사실fact에 대한 모든 문제 — 그는 이것만이 과학이라고 말하는바 — 가 전부 해결되어도 삶의 문제는 여전히 남는다고 말한다. 그는 이 '남는다는 사실 자체'가 삶의 문제에 대한 답변이라고 말한다. 그러나 플라톤은 사실문제matters of fact는 단지 변덕스럽고 믿을 수 없는 감각일 뿐이고 삶의 근원적 문제에 대한 천착만이 진정한 지식이라고 말한다. 두 명의 위대한 천재는 서로를 이해하고 관용할 수는 없을 것이다. 플라톤은 비트겐슈타인을 소피스트라고 비난할 것이고, 비트겐슈타인은 플라톤을 '빈민가의 영주slum landlord'라고 비난할 것이다. 비트겐슈타인에게 있어서 플라톤의 지식은 '침묵 속에서 지나쳐야 할 것what should be passed over in silence'이 되고 플라톤에게 있어서 비트겐슈타인의 지식은 피상적이고 주관적이고 변전하는 한

갓 의견opinion이 될 것이다. 전자는 추상적 사유를 지식의 근거로 보고 후자는 직관적 감각을 지식의 근거로 본다. 이 충돌에 있어 화해와 이해와 관용의 가능성은 없다.

따라서 철학적 경향은 취향이고 유행일 뿐이다. 그것은 옳고 그름의 문제가 아니다. 취향의 문제에 있어서 중요한 것은 단지 일관성이다. 하나의 철학을 선택할 때, 그것이 동시에 삶과 우주에 대한 판단에 있어 어느 쪽을 선택하는 것인지를 배우는 것이 철학을 배우는 것이다. 그가 공언하는 철학과 그가 살아가는 삶 사이에 최소한의 모순만 있다 해도 그의 철학자로서의 삶은 이미 낭떠러지로 추락하는 것이다.

철학은 먼저 문제의 선명한 드러냄이다. 예를 들면 칸트는, 당시에 과학의 존립 가능성 여부를 둘러싼 문제는 — 과학이 가능한 것인가 그렇지 않은 것인가의 문제는 — 데이비드 흄이 제시한 인과율에 수렴한다는 사실과 그 인과율은 결국 '종합적 선험지식synthetic a priori knowledge'이라는 그가 새롭게 규정한 개념의 존립 가능성에 수렴한다는 사실을 알아낸다. 간단히 말했을 때 '종합적 선험지식'이 곧 과학이다. 만약 이 지식이 가능하다면 과학이 가능하다고 칸트는 생각한다. 그는 한 명의 관념론자로서 실재론 없이는 살 수 없는 사람이었다. 그는 그 지식의 구원을 위한 십자군 전쟁에 뛰어든다. 승패는 중요하지 않고 전쟁의 명분이 중요하다. 어차피 철학 세계에 있어 승패는 갈리지 않기 때문이다. 명분만이 남게 된다.

과학철학이 과학과 철학 양쪽 세계에 있어 중요하게 된 것은 이때부터이다. 칸트는 아리스토텔레스가 미학aesthetics을 만들 듯이 과학철학을 만들었다. 물론 이러한 학문들을 만드는 것이 그들 저술의 목적은 아니었다. 그들은 단지 예술과 과학의 존립의 타당성을 합리화하는 가운데 예술과 철학과 관련한 가장 중요한 쟁점들을 제시한다.

인간은 플라톤주의자로 태어난다. 인본주의라는 용어를 플라톤주의라고 바꿔 말해도 의미의 차이는 없다. 플라톤은 인간의 순수이성pure reason에 제한을 가하지 않는다. 그것은 천상에 이를 수 있는 인간 능력이며 천상의 형상Forms, Ideas에 닿을 수 있는 능력이다. 이것이 플라톤적 실재론Platonic Realism, 혹은 플라톤적 관념론Platonic Idealism이라고 불리며 철학사에 도입된 최초의 체계적인 실재론이다. 플라톤과 이데아는 뗄 수 없다. 보편자universalia, 개념, 이름name, 말word, 공통의 본질common nature, 사물thing 등으로 시대와 필요에 따라 다르게 불릴 뿐이지 이것들은 모두 이데아를 일컫는 명칭들이다.

플라톤의 나머지 철학들은 이데아라는 금화에서 흘러나온 잔돈푼일 뿐이다. 따라서 플라톤을 본격적으로 반박하는 철학은 사실은 지식의 근원, 우주의 근원으로서의 이데아의 존립 가능성과 그것에 대한 인간의 인식 가능성을 공격하는 것이다. 플라톤에 대한 아리스토텔레스의 공격에 너무 큰 의미를 두어서는 안 된다. 제자의 반박은 단순히 스승의 지나친 근본주의에 대한 반박일 뿐이지 세계의 본질에 대한 견해 차이는 아니다. 제자 역시 이데아주의자이다.

아리스토텔레스는 보편자(형상, 이데아)를 위한 독점적인 세계를 따로 설정할 이유가 없다고 말한다. 그는 철학적 가설에 유용성을 도입한다. 유용성을 고려하는 철학은 언제나 경험론과 맺어진다. 따라서 그만큼은 아리스토텔레스도 경험론자이다. 아리스토텔레스는 형상을 공통의 본질common nature

로서 사물 각각에 내재시킨다. 이렇게 함으로써 철학은 두 개의 세계를 가정할 필요가 없게 되었다. 즉 철학적 절약이 가능하게 된다. 이것이 철학 세계에 있어 '근검의 원칙the doctrine of parsimony'의 최초의 도입이다. 그러나 플라톤과 아리스토텔레스의 관계에서는 그 차이보다는 유사성이 훨씬 중요하게 고려되어야 한다.

천상 세계의 폐기, 운동에 대한 고려, 개별적 사물들에 대한 일말의 관심에도 불구하고 아리스토텔레스 역시도 플라톤주의자이다. 보편자의 존재와 거기에 부응하는 인간 이성의 의의에 대해 플라톤과 이념을 공유하기 때문이다. 그 역시 한 명의 실재론자이며 관념론자이다.

문명의 역사는 이념의 역사와 같은 세계관을 공유한다. 그 기반은 철학이다. 이때 철학은 크게 통합과 해체의 진자운동을 한다. 한 시대의 철학은 통합적 경향이거나 해체적 경향의 어딘가를 향한다. 플라톤은 통합적 이념의 가장 근본주의적인 철학자이다. 아리스토텔레스 역시 통합적 이념의 대표선수 중 한 명이다.

고전기 그리스에서 통합에 대해 매우 적대적인 세력은 소피스트들이었다. 소피스트들이 철학사상 처음으로 경험론을 주장하면서 인간 이성의 해체를 주장한 사상가들이었다. 실증적인 현대철학의 견지에서는 플라톤보다는 소피스트들이 더 큰 호소력을 가진다. 그러나 현대철학의 영역 자체가 전문적 철학자들의 영역이다. 철학적 딜레탕트들이 철학에 관심을 가지는 것은 그들이 대부분 플라톤주의자이기 때문이다.

반면에 경험론은 전문가들의 영역이다. 플라톤의 《공화국》이나 데카르트의 《방법서설》은 선량하고 이상주의적인 모든 교양인의 책이지만 오컴의

《논리총서》나 비트겐슈타인의 《논리철학논고》는 전문가 중에서도 가장 숙련된 전문가에게도 힘겨운 책이다. 이상주의와 관념론은 딜레탕트들에게 인기 있다. 플라톤적 이상주의처럼 인간에 대해 낙관적이며 인간의 자부심과 허영을 충족시켜 주는 것도 없다. 그것은 어설픈 철학자와 철학의 아마추어들에게, 인간이 공통으로 보유한다는 이성에 따른 스스로에 대한 자부심과 동포애로써 더욱 큰 호소력을 가진다. 그러나 경험론자들에게 순수이성 같은 것은 없다. 그것은 어이없는 환각이다.

교양과 고귀함과 지식은 전통적으로 지적 추상화와 수학적 추론 능력을 기반으로 한다. 인간은 개별자를 천시하면서 공통의 추상화된 본질에 높은 가치를 부여한다. 이 추상화의 끝이 수학이다. 이러한 지식은 — 그들이 생각하는바 — 객관적이고 보편적이며 확고하다. 사실이 그렇지 않다고 해도 최소한 그렇게 믿어진다. 이러한 선험성과 객관성은 이성에 의해 보증된다. 인본주의는 곧 이성주의이다.

플라톤과 아리스토텔레스는 헤라클레이토스를 배척하고 파르메니데스를 선택함에 의해 이미 그들 철학의 성격 대부분을 규정짓고 만다. 그들은 절대 불변하는 존재Being를 도입하며 동시에 변화와 생성becoming을 부정한다. 이상주의적인 실재론 철학은 변화와 운동에 대해 부정적이다. 실재론은 완결된 개념을 상정하는 가운데 변화와 운동은 그 사물이 불완전하고 부족하기 때문이라고 생각한다. 완벽함은 변화를 받아들이지 않는다. 이와는 반대로 소피스트들은 변전이 세계의 본래 모습이라고 생각한다. 고정성은 절대성과 객관성을 의미하고 운동은 상대성과 주관성을 의미한다. 플라톤과 아리스토텔레스는 형상을 세계의 이상적인 원형으로 선택하면서 질료에 대해 부정적이다. 그러나 소피스트들은 질료가 사물의 본질이라고 본다. 경험론적인 소피스트들은 그들 경험의 이면에 있다고 말해지는 플라톤의 추상적 일자[the One]를 비웃는다.

소피스트들은 따라서 철학적 시스템을 구축하지 않는다. 모든 것이 변전하며 모든 것이 상대적이고 주관적일 때 교의의 집적이라고 할 수 있는 형이상학적 건조물의 구축은 그들의 일이 아니다. 경험론은 단지 비판철학일 뿐이다. 경험론은 또한 인기 있는 철학이 아니다. 그것은 주로 경멸과 비웃음과 모멸의 대상이 된다. 경험론은 이상주의적 가치의 존재에 대해 의구심을 품으며 또한 인간 이성이 구축한다는 추상적 보편 세계의 존재를 부정한다. 이것이 그들을 매우 냉소적인 사람으로 만든다.

인간은 그들이 이성[reason]과 지성[intelligence]을 보유함에 의해 차별적 존재임을 확인받고 싶어 한다. '만물의 영장'으로서의 인간, '우주 창조의 이유로서의 인간', '신을 닮은 인간' 등은 모두 인간이 지녔다고 말해지는 고유의 수학적 이성에 대한 자화자찬이다. 인간의 학명에 붙는 사피엔스[sapiens]를 적절히 정의한다면 그것은 '추상화 능력'이라고 할 것이다.

플라톤적 관념론은 이렇게 휴머니즘에 봉사한다. 인간은 이성에 의해 위대하다. 그러나 이성은 위계적이고 차별적이다. 관념론이 당위[Sollen]에 대해 말하는 이유는 그것이 직관적인 것이 아니기 때문이다. 그것은 고결하고 귀족적인 천품에 허용된 것이다. 또한, 이 천품조차도 노력에 의하지 않고서는 발현될 수 없다. 경험이 모두에게 공평하고 차별 없이 주어지는 인식능력이라고 할 때 지성은 천품과 노력을 요구한다. 플라톤은 공화국이 귀족정이 되어야 한다고 생각한다. 귀족정은 이성에 대응한다. 반면에 민주정은 감각에 대응한다. 귀족정은 고결하고 민주정은 상스럽다.

소피스트들은 기껏 플라톤에 의하여 — 아마도 편견에 싸인 채로 — 제시된다. 소피스트들 자신의 발언으로 남아있는 것은 고르기아스의 아주 짧은 단편이 유일하다. 플라톤이 언급해 주지 않았더라면 프로타고라스, 트라시마쿠스, 테아이테투스 등의 소피스트들은 이름조차 남기지 못했을 것이다. 소피스트라는 용어가 이제 더는 편견과 악의에 의해 정의되어서는 안 된다. 그들의 이념은 오랜 동면 끝에 마침내 현대의 경험론에 의해 부활해야 하기 때문이다.

경험론은 형이상학으로서의 철학을 폐기한다. 따라서 윤리학, 미학, 정치철학 등도 하나의 체계적인 학문으로서의 지위를 잃게 된다. 이것들은 모두 형이상학이라는 나무에 열리는 과실들이기 때문이다. 소피스트들은 이것들의 실증적 양상에 대해서만 언급하지 그것들이 기초하는 일반원칙에 대해서는 언급하지 않는다. 거기에는 윤리적 정서와 윤리적 행위가 있고, 미적 현상과 미적 감동도 있고, 효율적으로 작동하는 혹은 그렇지 않은 정치 시스템은 있다. 그러나 이것들을 연역시키는 형이상학적, 윤리학적, 미학적, 정치철학적 원칙은 없다. 이러한 일반원칙은 '침묵 속에서 지나쳐야 할 것들 what should be passed over in silence'이다.

그들에게 일반원칙general principle이란 존재하지 않는다. 경험론이 고상한 사람들, 자부심 넘치는 사람들에게 반감을 사는 이유는 경험론자들 고유의 이러한 실증적 태도, 상대주의적 인식론, 보편과 일반에 대한 부정 등에 있다. 경험론 철학은 철학 고유의 전통적인 주제들을 모두 '침묵 속에서 지나쳐야 할 것'으로 폐기하면서 철학을 단지 언어의 논리로 후퇴시킨다. 결국, 경험론 철학에서의 철학의 의무는 사유의 명료화와 논리적 일관성이 전부이다. 경험론이 거창한 철학적 저술을 지니지 못하는 것은 이것이 이유이다.

경험론적 철학의 금자탑이라 할 만한 데이비드 흄의 《인간 오성론》이 기껏해야 120쪽이고 비트겐슈타인의 《논리철학논고》가 85쪽인 것은 이것이 이유이다.

소피스트들 역시 어떤 저술도 남기지 않았다. 기원전 5세기의 그리스는 모든 정치체제와 모든 철학적 이념의 경연장이었다. 펠로폰네소스 전쟁이 한창 막바지로 치달을 때 플라톤의 철학이나 소포클레스의 희곡은 상당한 정도로 시대착오적이었다. 정치체제는 민주정으로 이행하고 있었고 전통적인 이상주의적 관념론은 그 비실천적이고 사변적인 성격 때문에 이미 영향력을 잃고 있었다. 소크라테스의 죽음은 고매한 철학자와 무지몽매한 군중의 문제가 아니다. 그는 이를테면 반체제인사였고 반역적 인사였다. 소피스트의 시대에 파르메니데스의 철학을 고집했고 민주정의 시대에 귀족정을 고집했다. 스파르타와 필사적인 전쟁을 펼치고 있었던 아테네는 적어도 정치 시스템에 있어서 이의 없는 합의consensus가 필요했다. 이때 스타투스 쿠오status quo에 저항하면서 양심의 자유를 부르짖는 소크라테스는 아테네보다 자신의 철학적 이념을 더 소중히 하는 사람이었다. 아테네인들은 이것을 용서할 수 없었다. 경험론적 세계관에서 보자면 소크라테스는 자연법을 주장하면서 실정법을 위반하고 있었다. 그 자연법은 그의 양심 — 그가 다이몬이라는 애매한 용어로 일컫는 — 의 소리였다. 이것은 안티고네와 크레온의 충돌과 같은 것이었다. 그리고 고전 비극의 결과는 모두의 파멸이었던 것처럼 소크라테스와 아테네 모두가 파멸했다. 소크라테스는 사형에 의해 아테네는 패배에 의해.

근대철학은 데카르트의 철학에 대한 주석에 지나지 않는다고 말한다면 이것은 어느 정도의 동의를 얻을 수 있을까? 플라톤에 대해서만큼은 아닐 것이다. 철학에 상당한 정도의 관심과 조예가 있다면 조지 버클리나 데이비드 흄을 단순히 데카르트의 주석이라고는 생각할 수 없다. 철학은 두 조류로 흐른다. 데카르트와 같은 합리적 경향과 데이비드 흄과 같은 경험론적 경향으로. 우리가 근대철학에 있어서 이 두 경향이 대등한 비중을 갖는다고 생각한다면 고대에 대해서도 마땅히 그러해야 한다. 서양철학이 플라톤 철학의 주석이라면 모든 자연법과 실정법은 그의 윤리학의 주석이어야 하고, 모든 미학 역시도 마찬가지여야 한다. 그러나 실정법의 시대에 사는 우리는 실정법이 도덕률의 주석이 될 수는 없다고 생각한다. 말한 바와 같이 플라톤은 이데아를 도입함에 의해 주류 철학의 커다란 업적을 이룩했다. 앞으로 모든 철학은 이데아와 이성적 지식을 싸고돌 것이었다.

플라톤은 철학의 쟁점 제시로 위대하지 철학적 참을 독점함에 의해 위대하지는 않다. 보통명사의 실재성을 인정하게 되면 곧 추상명사의 실재성을 인정하게 된다. 예를 들어 개별적인 꽃을 넘어서는 '꽃'이라는 보통명사가 실재한다는 주장은 곧 개별적인 선한 행위를 넘어서는 '선' 그 자체나, 개별적인 정의로운 행위를 넘어서는 '정의' 그 자체, 개별적인 아름다운 것들을 넘어서는 '미' 그 자체가 실재한다는 주장에 이르게 된다. 신앙도 마찬가지이다. 중세의 신앙은 이렇게 '사유되는' 신의 실재에 주로 입각하게 된다.

다시 말하면 플라톤의 형상이론은 단지 실증적인 대상을 유출시키는 사물의 이데아에 대해서뿐만 아니라 모든 개별적 행위의 예증을 넘어서는 행위에 내재한 추상적 개념에도 적용된다. 플라톤은 소크라테스의 입을 빌어 그의 대화록에서 끊임없이 일반화된 추상관념 — 정의, 참됨, 미 등 — 의 의미에 대해 논증한다. 플라톤은 이러한 추상적 관념들이 보편적이고 일반적인 기준을 지닌 채로 실재한다고 말한다. 즉 모든 행위에는 그 행위의 외적 요소뿐만 아니라 이러한 내적 요소도 있다고 말한다. 이성의 존재와 그 역량에 대한 신념이 단지 과학뿐만 아니라 형이상학, 윤리학, 미학, 정치철학을 가능하게 하는 것은 이것이 이유이다.

추상개념의 실재와 그 준수의 의무에 대한 트라시마쿠스의 반박은 플라톤의《공화국》에서 비교적 자세히 말해진다. 이 부분은 매우 유명하다. 그는 다음과 같이 말한다.

"소크라테스여, 나는 정의란 단지 강자의 (또 하나의) 이익이라고 생각하네. '올바름'이나 '올바른 것들'이라는 것을 지배자의 입장에서가 아니라 피지배자의 입장에서 바라보자면 그것은 강자 혹은 (같은 말이지만) 지배자의 이익인 반면에 복종하는 자, 즉 섬겨야 하는 자의 입장에서는 자기 자신의 손해이네. '올바르지 못함'은 당연히 그와는 반대되는 것일세. (정의를 행한다고 하지만) 피지배자는 강자의 이익이 되는 것을 행하며 그를 행복하게 해 주는 것이지만 자신을 행복하게 해 주는 것은 아닐세.

따라서 매우 순진한 소크라테스여, 이처럼 올바른 사람이 올바르지 않은 사람보다 어디서건 손해를 보고 있다는 사실에 주목해야 할 것이네. 먼저 서로 간에 맺은 계약에 대해 따져보게. 양쪽 사람이 거래를 할 경우 그 계약이 해지되는 때가 있네. 그때 정의로운 사람이 그렇지 않은 사람보다 더 많은 것을 차지할 경우는 거의 없네. 오히려 덜 차지하는 경우는 많지만. 이들과 나라와의 관계에서도 마찬가지일세. 재산세를 낼 때 정의로운 사람은 같은 재산을 지녔음에도 정의롭지 않은 사람보다 더 많은 세금을 내게 되네. 나라로부터 무엇인가를 얻어낼 때도 마찬가지여서 전자는 마땅한 자기 몫을 얻어내지 못하지만, 후자는 그 이상을 얻어내네.

이들이 국가의 관직에 있을 때도 마찬가지이네. 직무에 의해 어떤 직접적 손해를 보지 않았다고 가정해도 적어도 집안일에 소홀해짐에 의해 입은 손해는 당연히 정의로운 사람들이 겪게 되는 손해일세. 집안 형편은 거듭 나빠지는데도 국고로부터는 어떤 이득도 취하지 않는 사람들이 정의로운 사람들이네. (이 정의로운 사람들은) 공직에 있으면서도 친척이나 친지를 부당하게 돕지 않음에 의해 이제 그들로부터의 증오마저도 사게 되네. 그러나 부정의한 사람에게는 이 모든 것이 정반대로 작용하네. 따라서 정의란 강자의 이익이네."

플라톤은 소크라테스의 입을 빌어 궁극적인 이익은 결국 정의에 의한다고 주장하지만 트라시마쿠스는 오히려 반대로 정의로운 사람은 결국 피해만 보게 되고 전락하게 된다고 말한다. 부정의한 사람이 사회경제적 성공을 거둔다. 성공이 정의에 의한 것이라면 그것은 단지 성공한 사람들이 정의를 위장하는 기만에 지나지 않는다. 부정의해서 강자가 되지만 강자가 되고 나서는 정의가 원인이었다고 말한다. 결국, 정의는 절대적인 개념이 아니다. 그것은 승자의 이념일 뿐이다.

소피스트는 지혜로운 사람the wise을 의미하는 소포스sophos에 어원을 둔다. 특히 이들은 인문학이나 정치학 등에서 포괄적 지혜를 가진 사람들로 알려져 있었다. 소피스트들에 대한 부정적 반감, 즉 그들은 허울뿐인 거짓 지식인이며 기만적인 궤변론자라는 인식은 소크라테스와 플라톤 그리고 크세노폰의 저작을 통해서 굳어진 것이다. 엄밀하게는 소피스트들은 현대의 정치평론가나 고시학원의 명강사들, 혹은 부유하는free floating 인텔리겐치아들과 비교될 수 있는 사람들이었다. 소피스트가 소크라테스나 플라톤으로부터 격심한 비난을 들은 이유 중 하나는 그들은 지식을 돈으로 교환하는 지식의 장사꾼이라는 이유였다.

그러나 이것은 돈과 지식에 대한 개념이 서로 다르기 때문이다. 플라톤적 이상주의자들은 돈을 천하게 여긴다. 그들은 정신적이고 추상적인 이데아를 지향하는 가운데 물질적 세계를 비천한 세계로 분류한다. 철학에 몰두한다는 것은 지혜를 키우는 것이며 이것은 지상적이고 육체적인 세계를 벗어나는 것을 의미했다. 소피스트들은 플라톤적 세계의 존재 자체를 부정한다. 그들은 천상에 존재하는 수학적 개념들이나 순수추상인 정의, 선, 미에 대한 플라톤의 주장을 헛되고 비실증적인 이념이라고 간주한다. 따라서 소피스트들의 입장에서는 "소피스트들은 지식을 돈과 바꾼다."라는 플라톤의 비난은 정당하지 않다. 플라톤의 지식과 소피스트의 지식은 그 정의에 있어 다르기 때문이다.

소피스트들의 지식은 철저히 실천적인 것이었다. 보편적이고 일반적이며 선험적인 천상적 지식의 존재를 부정하는 가운데 그들은 상대적이고 실증적이고 주관적인 지식의 존재만을 수긍했다. 소피스트들에게 지식은 다른 종류의 재화나 마찬가지였다. 재화는 물질적 삶을 풍요롭게 한다. 지식도 마찬가지이다. 그것은 논증과 변증 등을 통해 정치가의 입지를 키워주기도 하고 법정에서의 승리를 보장해 주기도 한다. 변호사가 변호하는 법을 가르치며 돈을 받는 것이 잘못된 것인가? 모두가 자기가 가진 무엇인가를 남이 가진 무엇인가와 교환하며 물질적 삶을 영위한다. 소피스트들은 인간적 삶의 영역에 대한 법적이고 윤리적인 문제, 정치적이고 집단적인 문제에 대한 나름의 지식을 가진 사람들이었다. 그들은 자신들이 가진 이러한 역량을 돈과 교환했을 뿐이었다.

소피스트들은 최초의 본격적인 경험론적 철학자들이었다. 경험론 철학의 궁극적인 양상은 언어분석에 이른다. 결국 우리의 지식과 우리의 세계는 우리의 언어에 다름 아니기 때문이다. 그들은 언어와 문화의 성격과 본질에 대해 탐구했고 사람들을 설득하거나 어떤 의견을 채택하도록 하는 데 있어 수사학rhetoric을 사용했다. 소피스트들에 대해서는 플라톤에 의해서밖에는 알려지지 않았다. 따라서 굴절되지 않은 그들에 대해서 알 수는 없다. 그럼에도 불구하고 플라톤에 소개되는 그들을 살펴보면 그들이 무엇인가를 했든 혹은 하지 않았든 간에 상관없이 공통으로 중요한 한 가지 일을 했다는 사실은 남는다. 그들은 때때로는 인간사의 모든 일에 답변할 수 있다고 주장했다. 여기서 중요한 것은 그들이 '인간사'를 특정했다는 사실이다.

그들은 실증적 영역만을 인간사의 영역에 넣는다. 그것을 넘어서는 것은 그들의 관심사도 아니고, 인간이 답할 수 있는 영역도 아니라고 생각했다. 이 점에 있어서 그들은 철저히 경험론적 입장에 선다. 경험론은 실증적 영역을 벗어나는 문제에 대해 언어가 침묵하는 영역으로 간주하기 때문이다. 그들은 철학의 모든 문제는 언어의 문제에 수렴한다는 사실에 집중한다. 지식knowledge은 인간을 초월하는 영역이 아니다. 인간은 초월에 대해 알 수가 없다. 지식이란 곧 인간의 인식 이외에 아무것도 아니다. 그리고 그 인식은 언어에 수렴된다. 소피스트들은 최초의 언어철학자들로서 오컴과 비트겐슈타인의 먼 선배였다.

그들은 매우 다양한 영역에서 아테네인들을 가르쳤다. 특히 언어 의미론semantics, 수사학, 정치철학, 존재론, 인식론 등의 영역에 종사했다. 그들은 한결같이 이 모든 지식에 보편이나 일반은 없다고 말했으며 인간 영역에서의 모든 지식은 상대적인 것이라고 주장했다. 소피스트들은 인간의 지식의 근원은 경험이라는 사실로부터 추론되어야 한다고 믿는 가운데 지식이 절대적인 것이 될 수 없다는 사실을 날카롭게 인식하고 있었다. 경험은 각각의 개인 고유의 것이다. 따라서 지식 역시도 각각의 개인 고유의 것이다. 나중에 이 사실에 대해 비트겐슈타인은 "내가 나의 세계이다I am my world."라고 말한다. 소피스트들은 플라톤적인 의미에서의 인간 이성의 존재를 믿지 않는다. 소피스트들은 신에 대해 말하기보다는 인간에 대해 말하기를 원한다.

이성에 대한 불신은 인간이 공동으로 지향해야 할 도덕률도, 삶의 보편적 의미도 소멸시킨다. 남는 것은 서로 충돌하는 개인 간의 이익뿐이다. 소피스트들은 이때 어떻게 다른 사람들의 이기심에 호소하여 자신의 이기심을 충족시킬 수 있는가에 집중한다. 즉, 공통의 이익 증진이 어떻게 가능한가를 설득하는 것이 수사학의 핵심이었다. 이 점에 있어서의 탁월성arete이 소피스트들이 지향하는 핵심적인 사항이었다. 정의와 도덕과 이성이 사라졌을 때 그 자리를 이제 이익interest이 차지하게 된다. 소피스트들은 아마도 이 사실조차 부정했을 것이다. 그들은 이익이라는 빛나는 별이 정의와 도덕 등의 희끄무레하고 위선적인 성운에 묻혀있었을 뿐이라고 생각했을 것이다. 그들은 정의와 도덕의 소멸이 아니라 애초부터의 부존재를 믿었을 것이다.

다른 소피스트들에 대해서와 마찬가지로 프로타고라스에 대해서도 알려진 것은 많지 않다. 우리가 그에 대해 아는 것은 기껏해야 그의 단편적인 언명과 그 언명이 함축하는 바에 대해서이다. 프로타고라스는 플라톤의 대화록 《프로타고라스》에 의해 최초의 소피스트로 불리게 된다. 플라톤은 역시 소크라테스의 입을 빌려 돈을 받고 지식을 파는 것이 악덕이며 이것은 소피스트들 고유의 문제라고 말한다. 플라톤이 현재의 인문과학대학이나 자연과학대학을 보았을 때 거기에 종사하는 모든 교수들을 소피스트적 악덕을 가진 사람들이라고 비난했을까? 인간 이성에 유일의 가치를 부여하는 사람들에게 관용은 없다. 그들은 고귀하고 성스러운 이성의 대응물인 지식을 돈과 교환하는 것은 이성을 모욕하는 것이라고 생각한다. 그러나 플라톤이나 아리스토텔레스 역시도 자신들의 지식을 돈과 교환했다. 플라톤은 만년에 시라큐스 군주의 교육을 맡고 거기에서 숙식하며 상당한 돈을 받는다. 아리스토텔레스 역시 알렉산더를 가르치며 그의 부친 필립으로 하여금 그가 파괴한 자기 고향을 복구하도록 한다. 어떤 형식이건 플라톤이나 아리스토텔레스 역시 자신들의 지식을 물질적인 것과 교환했다. 그러면서 그들은 소피스트들을 지식의 장사꾼이라고 비난했다.

앞에서 말한 바와 같이 이것은 부당한 비난이다. 누구도 교환 없는 삶을 살지 못한다. 더구나 소피스트들은 지식을 영혼과 이성에 관련한 것이 아니라 실천적인 이익을 얻어내는 것으로 생각했고, 또 실제로 그러한 종류의 지식을 가르쳤다. 플라톤과 아리스토텔레스의 비난은 이 점에서 부당하다. 아마도 이 두 실재론적 철학자들의 소피스트들에 대한 비난은 소피스트들이 지식에 대해 부여하는 것과는 다른 의미를 부여했기 때문이다.

프로타고라스는 최초의 상대주의relativism 철학자이며 불가지론agnosticism 철학자로 알려져 있다. 그의 "인간이 만물의 척도이다."라는 언명은 프로타고라스와 거의 동의어로 쓰이고 있다. 모든 지식은 그 사람 고유의 지식이다. 모든 인간에게 구속력 있는 공통의 지식과 공통의 도덕적 규범은 없다. 지식이 경험에서 온다고 할 때 경험은 매우 주관적인 것이기 때문이다. 따라서 보편적이거나 절대적인 참truth은 존재할 수 없다. 애초에 인간 각각의 경험을 넘어서는 지식은 없다.

프로타고라스는 어떤 문제에서든 서로 상반되는 입장이 있다고 논증한다. 아리스토텔레스는 프로타고라스가 자신의 논점의 취약한 부분을 오히려 더 강력하게 바꿔서 비난받았다고 말한다. 즉, 프로타고라스는 보편의 빛에 비추었을 때 — 다시 말하면 플라톤적 실재론의 입장에서 보았을 때 — 좀 더 설득력 없는 경험론적 주장을 오히려 더욱 설득력 있어 보이게 만들었다는 것이다. 경험론자들은 참은 없고 '의견opinion'만이 존재한다고 생각한다. 따라서 하나의 주장에 대해서는 그와 대립하는 다른 하나의 주장이 양립한다고 생각한다. 이것이 논점에 대한 경험론적 사고방식이다. 중세 말에 피에르 아벨라르Pierre Abélard가 그의 논증을 통해 내내 제시한 것이 이것이었다.

각자가 참이라고 생각하는 것은 사실은 각각의 취향에 지나지 않는다. 프로타고라스에게 중요한 것은 이러한 상대적이고 주관적인 세계하에서 좋은 삶이 어떻게 가능하냐는 것이었다. 그는 먼저 각각의 견해 차이를 잘 이해하는 것이 중요하다고 생각했다. 쟁점만 있을 뿐이지 절대적 참은 없고 의견만 있을 뿐이지 이성은 있을 수 없다. 이것이 프로타고라스의 생각이었다. 그의 수사학의 양상이나 행사나 목적에 대해 알려진 바는 없다. 그에게 있어 수사학은 아마도 각각의 상반된 이해관계를 넘어서는 공동의 더 큰 이익을 어떻게 얻어내는가에 집중되었을 거 같다. 경험론적 세계에 있어 상대편의 설득은 내가 그의 이익을 어떻게 대표하고 있는가를 설득하는 데에 달려 있다. 프로타고라스의 논증은 여기에 집중되었을 것이다.

프로타고라스는 동시에 불가지론자agnosticist였다. 인식론적 경험론과 존재론적 불가지론은 같은 동전의 양면이다. 경험론은 결국 세계의 표층에 머물겠다는 선언이다. 여기에서 표층은 세계에 속한 것이 아니라 내게 속한 것이다. 내가 세계라고 믿고 있는 것은 사실은 나의 인식 — 나의 언어 — 에 지나지 않는다. 따라서 나의 경험을 벗어나는 모든 초월적인 것들은 '침묵 속에서 지나쳐야 할 것'이 된다. 세계와 도덕률의 본질에 대한 이러한 무지의 전제가 불가지론이라고 불려왔다. 어떤 의미에서는 이것은 부당한 명칭이다. 질문이 제기되지 않는다면 무능의 고백은 없게 된다. 엄밀하게 말하자면 질문이 제기되지 말아야 할 영역에 대해 경험론자들은 관심조차 가지지 않는다. 경험론자들은 스스로의 겸허에 대해 말한다. 실증적 영역을 넘어서는 영역에 대해 그들은 무관심을 스스럼없이 고백한다. 따라서 이들은 불가지론자가 아니다. "모른다."고 말하는 것이 아니라 "알 수도 없고 알 필요도 없다(페르디낭 드 소쉬르)."고 말하기 때문이다.

프로타고라스는 《신에 대하여On the God》에서 다음과 같이 말한다.

"신에 대해 말하자면 그들이 존재하는지 그렇지 않은지, 그들이 어떤 종류의 존재인지에 대해 알아낼 방법이 없다. 그들 존재의 애매함과 인간 삶의 짧음 때문이다."

신에 대한 이러한 종류의 불가지론이 아테네인을 분노하게 했고 그를 추방당하게 했으며 그의 저술들이 분서갱유를 당하게 했다고 전해진다. 과장이 있을 수도 있겠지만 어느 정도는 사실일 것이다.

평범하고 진부한 삶이 전부인 일반적인 사람들은 그들 삶에 대해 무엇인가 직접적이고 폭로적인 언급을 매우 불편하게 느낀다. 그들은 그것이 실재론이건 유명론이건, 합리론이건 경험론이건 모든 철학을 불편하게 느낀다. 플라톤적 실재론에 대해 그들은 플라톤이 제시하는 고결함의 기준에 못 미치는 자신의 삶이 드러나는 것이 불편하고, 소피스트적 상대론에 대해서는 그들 삶이 안정되고 편안하고 평온하고 확고한 지반 위에 존재하지 못한다는 사실 때문에 불편해한다.

평범한 사람들은 따라서 모든 철학을 혐오한다. 소크라테스도 프로타고라스도 모두 사랑받는 존재가 아니었다. 소크라테스가 사형당한 것은 그의 귀족적 이상주의가 평범하고 일반적인 사람들의 합의를 위반했기 때문이다. 소크라테스의 사형은 그 비극적 양상에도 불구하고 적어도 논리적 일관성 위에 기초했다. 그러나 프로타고라스가 겪은 고난은 전적으로 오해에 의해서였다. 프로타고라스가 추방된 것은 그의 고유의 이념이 궁극적으로 어떠한 토대 위에 기초하는가에 대한 아테네인들의 무지에 의해서였다. 그의 상대주의 철학은 민주주의 이념에 대응하는 것으로서 그를 추방한 바로 그 사람들에게 봉사하는 철학이었다.

고르기아스 역시 다른 소피스트들과 마찬가지로 그리스 전역에 걸쳐 수사학과 웅변, 상대주의적 철학과 정치적 기술을 가르치는 순회 강사였다. 그 역시 가르침의 대가로 돈을 받았다. 고르기아스는 특히 방대한 지식과 날카로운 통찰력을 가진 소피스트였던 것으로 보인다. 그의 주된 특기는 강연장의 참석자로부터의 즉각적인 질문에 즉시로 답변을 하는 것이었다. 이 역량은 학생들의 찬탄을 얻어낼 정도였던 것으로 보인다.

그 당시 그는 플라톤보다 훨씬 인기 있고 잘 알려진 인사였다. 그의 수사학 수강생들은 이소크라테스, 페리클레스, 알키비아데스, 투키디데스, 히포크라테스 등을 포함하고 있었다. 투키디데스의 《펠로폰네소스 전쟁사》에서 엄청난 격론을 펼치는 두 그룹의 발언은 상당한 정도로 소피스트적 기교의 느낌을 준다. 투키디데스는 특히 반란을 일으킨 사람들에 대한 처벌과 관용을 놓고 벌어지는 양 진영의 사람들의 논쟁을 통해 정치적 쟁점과 그 문제의 드러냄, 그리고 의사결정에 대한 아테네적 해결책을 제시한다. 이러한 세계가 고르기아스의 세계였을 것이다. 우리는 여기에서 간접적으로나마 당시 수사학과 고르기아스의 역할을 추론할 수 있다.

고르기아스는 그의 미묘함, 야유와 아이러니 등에 의해 이해하기 매우 어려운 소피스트라고 알려져 있다. 당연히 그렇다. 고르기아스여서가 아니라 경험론 철학자들은 실재론 철학자들보다 이해하기 어렵다. 경험론 철학은 확고함 위에 착륙하지 않는다. 경험론은 형이상학보다는 방법론에 주력한다. 그들은 형이상학적 실체의 존재를 의심한다. 그들에게 철학은 '교의의 집적이 아니라 사유의 선명화not a body of doctrine but clarification of thought(비트겐슈타인)'이다. 따라서 그들의 철학은 조건적이다. 즉, 어떤 실체substance를 선택하는 것도 그 실체의 본질을 탐구하는 것도 그들이 하는 일이 아니다. 그들이 하는 것은 어떤 실체와 전제를 선택했을 때 그것으로부터 전개되는 논증에 따라 그것이 어떤 결과를 불러오는지를 보여주는 것, 혹은 하나의 선택과 동시에 어떤 세계관이 받아들여져야 하는가를 가언적으로 보여주는 것이다.

따라서 어떤 견해를 채택하느냐는 것은 부차적이다. 일차적인 것은 그 견해의 채택 이면에 있는 조건이나 혹은 그 견해로부터 피치 못하게 도출되는 결과의 인식이다. 소피스트들의 철학사에 있어서의 공헌은 — 유감스럽게도 그 전통은 한참 동안 거의 잊히고 말았지만 — 바로 이러한 방법론적인 데에 있었다. 견해의 선택은 취향의 문제일 뿐이다. 그러나 그 선택과 더불어 있는 전제나 결과는 논리의 문제이고 구속력 있는 것이다. 이러한 방법론 철학의 종국적인 개화는 분석철학과 언어철학이다. 우리는 이러한 철학의 최초의 본격적인 개화를 중세 말의 오컴의 《논리총서Summa Logicae》에서 보게 된다.

고르기아스는 허무주의자nihilist로 알려져 있었다. 허무주의는 '어떤 철학적 실재에 대해서도 그 근거 없음에 주목하는 이념이며, 인간이 공통으로 지닐 수 있는 현상 이면의 이상 혹은 가치체계의 존재를 부정하는 경험론의 극단적인 형식'이라고 정의될 수 있다. 그러나 고르기아스를 형용하는 이 자못 두려운 언어 — Gorgias the nihilist — 도 사실은 경험론에서 궁극적으로 파생되는 상대주의와 불가지론의 심리적 표현에 지나지 않는다는 사실을 알아야 한다.

고르기아스는 다음과 같이 논증한다.

1. 무엇도 존재하지 않는다Nothing exists;

2. 무엇인가 존재한다 해도 그것에 대해 무엇도 알 수 없다Even if something exists, nothing can be known about it;

3. 그것에 대해 무엇인가를 안다 해도 그것을 다른 사람들에게 전달할 수 없다Even if something can be known about it, knowledge about it can't be communicated to others;

4. 그것이 전달될 수 있다 해도 이해될 수 없다Even if it can be communicated, it can't be understood.

고르기아스가 무엇도 존재하지 않는다고 말할 때 의미하는 것은 존재한다고 믿는 것은 기껏해야 우리의 감각 인식이라는 사실이다. 이것은 나중에 조지 버클리의 유명한 금언 '존재란 피인식Esse est percipi'으로 되풀이된다. 또한, 데이비드 흄은 존재란 결국 우리의 얼굴일 뿐이라고 말한다. 따라서 고르기아스의 '무존재nothingness'는 세계의 실체적 존재에 대한 우리의 무지의 조건에 대해 말하고 있다.

그는 무엇인가가 존재한다고 해도 그 존재에 대한 지식을 가질 수 없다고 말한다. 감각 인식은 변전하고 무상하다. 그것은 상대적이며 주관적이다. 지식은 이러한 양상이어서는 안 된다. 그것이 지식이 되기 위해서는 플라톤적 확고함과 객관성, 보편성과 일반성을 가져야 한다. 그러나 세계에 대한 우리의 인식은 우리 자신의 감각의 벽에 의해 막혀있다. 따라서 우리가 보는 것은 우리의 감각 인식일뿐이다. 그것이 지식은 아니다.

고르기아스는 지식 공유의 불가능성에 대해 말하고 있다. 그의 염세주의와 허무주의는 이 주장에서 강하게 드러난다. 관념론은 우리가 함께할 수 있는 어떤 것에 대해 말하지만, 경험론은 우리가 함께할 수 없는 개별적 운명에 대해 말한다. 각각의 지식은 — 감각 인식에 의한 지식은 — 각각의 경험의 한계에 갇힌다. 비트겐슈타인은 "각각의 사람들은 다른 사람들이 이해할 수 없는 자기만의 언어를 말한다."는 경험론 고유의 비관적 전망을 편다. 이성은 집단적이고 경험은 개별적이다. 만약 우리가 하나일 수 있다면 그 가능성은 우리가 공통의 이성을 가짐에 의한다. 우리의 지식이 모두 경험에 호소해야 하는 것이라면 하나 됨은 있을 수 없다. 수학이 우리에게 그 확고함과 보편성과 객관성에 있어 강하게 호소하는 이유는 그것이 우리의 상대적이고 주관적인 경험에 대한 어떠한 호소도 없이 단지 공통의 이성의 추론만으로 전개될 수 있다는 사실에 있다.

고르기아스는 수학적 지식에 대해서는 일고의 가치도 부여하지 않는다. 아리스토텔레스에 의해 인용된 고르기아스는 기하학에 대해 "거기에 있는 선과 커브는 (실증적 세계) 어디에도 존재하지 않는 것이다."라고 말하고 있다. 고르기아스는 수학이 비경험적 추론이라는 사실 때문에 오히려 그것을 불신한다. 그는 수학이 가장 쓸모없는 기예art라고 말한다. 수학의 문제는 그 추론의 전제가 독단일 가능성에 있다. 리만기하학과 불완전성의 정리 등에 의해 정의되는 새로운 수학을 생각할 때 소피스트들이 플라톤과 아리스토텔레스에 대해 승리를 거두고 있다는 사실을 무시할 수는 없다. 고르기아스에게 있어서 유일한 지식이란 결국 감각적 지식이다. 그리고 이 지식은 전달될 수 없다. 객관성을 담보할 수 없기 때문이다. 이것이 전달된다 해도 이해될 수 없다. 이번에는 그 지식의 수용자가 스스로의 주관적 경험에 의해 전달되는 지식을 나름의 색안경으로 채색해 버리기 때문이다.

고르기아스의 《헬렌 찬가Encomium of Helen》와 《팔라메데스 변호Defense of Palamedes》는 모두 헬렌과 팔라메데스에 대한 부정적 판결에 대한 반박이다. 그는 마치 현대의 변호사처럼 어떤 죄인도 변호 받을 이유가 있다는 듯이 말한다. 그러나 고르기아스가 실제로 하는 것은 수사학과 웅변술과 논리가 어떻게 작동하여 상대적인 견해를 드러낼 수 있는가를 보이는 것이다. 고르기아스는 대담하게도 모든 그리스인에게 저주받은 신화 속의 헬렌의 과오도 사실은 헬렌 자신의 잘못은 아니라고 말한다.

그는 헬렌의 트로이로의 도주의 이유를 네 가지 중 하나로 추정한다. 신들, 물리적 힘, 사랑, 언어가 그 네 가지이다. 만약 헬렌이 신들에 의해 트로

이로 건너간 것이라면 그녀를 비난하는 사람들은 스스로를 비난해야 한다고 말한다. 인간의 기대expectation가 신의 의도를 구속할 수는 없기 때문이다. 고르기아스는 약자는 강자에 의해 지배받는 것이 당연하고 또한 신이 인간보다 모든 점에서 강하므로 헬렌은 그녀에게 씌워진 억울한 비난에서 자유로워야 한다고 말한다.

두 번째로, 헬렌이 물리적 힘에 의해 트로이로 끌려간 것이라면 비난받을 사람은 헬렌이 아니라 물리적 힘을 행사한 사람이다.

세 번째로, 헬렌이 사랑에 의해 설득당했다면 그때도 헬렌은 모든 비난에서 자유로워야 한다. "사랑이 신들처럼 신성한 힘을 가진 것이라면 어떻게 약한 인간이 이를 거부하고 거절할 수 있겠는가? 그렇지 않고 사랑이 인간적 취약함과 신적 허약함이라고 한다면 그것은 잘못이었다는 비난을 받을 것이 아니라 불운이었다는 주장이 되어야 한다."

마지막으로 언어가 그녀를 설득했다면 이번에도 그녀는 쉽게 비난에서 벗어난다. 고르기아스는 이 네 번째 이유인 언어를 수사학으로 변모시킨다. 언어야말로 가장 강력한 주인이며 신성한 위업이다. 그것은 공포를 벗어나게 하며 기쁨을 창조하고 연민을 증가시킨다. 따라서 이 경우에도 잘못은 헬렌에게 있지 않다.

《헬렌 찬가》는 사실은 수사적 기술 그 자체가 우리에게 미치는 강력한 힘에 대한 찬가이다. 물론 여기에 있어서 고르기아스의 논증은 충분히 반박의 여지가 있다. 고르기아스는 네 가지의 강력한 것을 열거하며 헬렌이 그것을 이길 수 없었기 때문에 헬렌에겐 과오가 없다고 말하고 있지만, 강력함에 순응하는 것이 과오로부터 자유를 의미하지는 않는다. 소크라테스였다면 강력한 불운에 대항하여 목숨을 걸고서라도 자기의 양심을 지켰어야 한다고 말했을 것이다. 자신이 그랬던 것처럼.

팔라메데스는 트로이 전쟁의 징병을 회피하기 위해 광인으로 위장한 오디세우스의 멀쩡함을 폭로하여 그를 참전시키고 그 일로 오디세우스의 원한을 산다. 오디세우스는 결국 팔라메데스에게 반역의 죄를 씌워 그의 부하들로부터 투석형을 받게 한다. 팔라메데스는 반역자일까? 고르기아스는 그렇지 않다고 말한다. 이 주장을 뒷받침하기 위한 그의 논증이 《팔라메데스 변호》이다.

고르기아스의 이 수사에서 팔라메데스는 스스로를 변호한다. 이 변호는 개연성과 동기에 관한 것이다. 팔라메데스는 그의 막사에 묻혀있던 금 때문에 반역의 선고를 받는다. 그것이 트로이에서 반역의 보증금pledge으로 온 것이라는 증거라고 오디세우스는 주장했다. 그러나 고르기아스는 이러한 거래가 성립하기 위한 조건의 충족이 불가능했다고 말하면서 팔라메데스를 옹호한다. 그는 적(트로이)과 팔라메데스 사이의 계약의 전제조건은 인질이거나 돈이라고 말한다. 그리고 이것은 경비에 의해 발각되지 않아야 한다. 여기에서 팔라메데스는 작은 양의 돈으로는 이렇게 큰 위험을 감수하지 않을 것이기 때문에 만약 배반의 계약이 있었다면 그것은 큰돈이 오가야 했다고 말한다. 그러나 이러한 큰돈에는 여러 명의 공동음모가 있어야 한다. 이것은 발각되지 않을 수가 없다. 밤에는 밤의 경비병이 있고 낮에는 모두가 경비병이 되기 때문이다. 등등.

결국, 소피스트들이 말하고자 하는 것은 분명하다. 모든 것은 상대적이며 누구도 그렇게 칭찬받을 일도 없듯이 누구도 그렇게 비난받을 일도 없다는 것이다. 변덕스러운 경험만이 우리의 유일한 지식을 구성할 때 판단은 마땅히 겸허를 그 전제로 하여야 하며 상식을 존중해야 한다. 이것일 수도 있고 저것일 수도 있다. 플라톤의 신념과 확고함은 신에 대한 것이지 인간에 대한 것은 아니다.

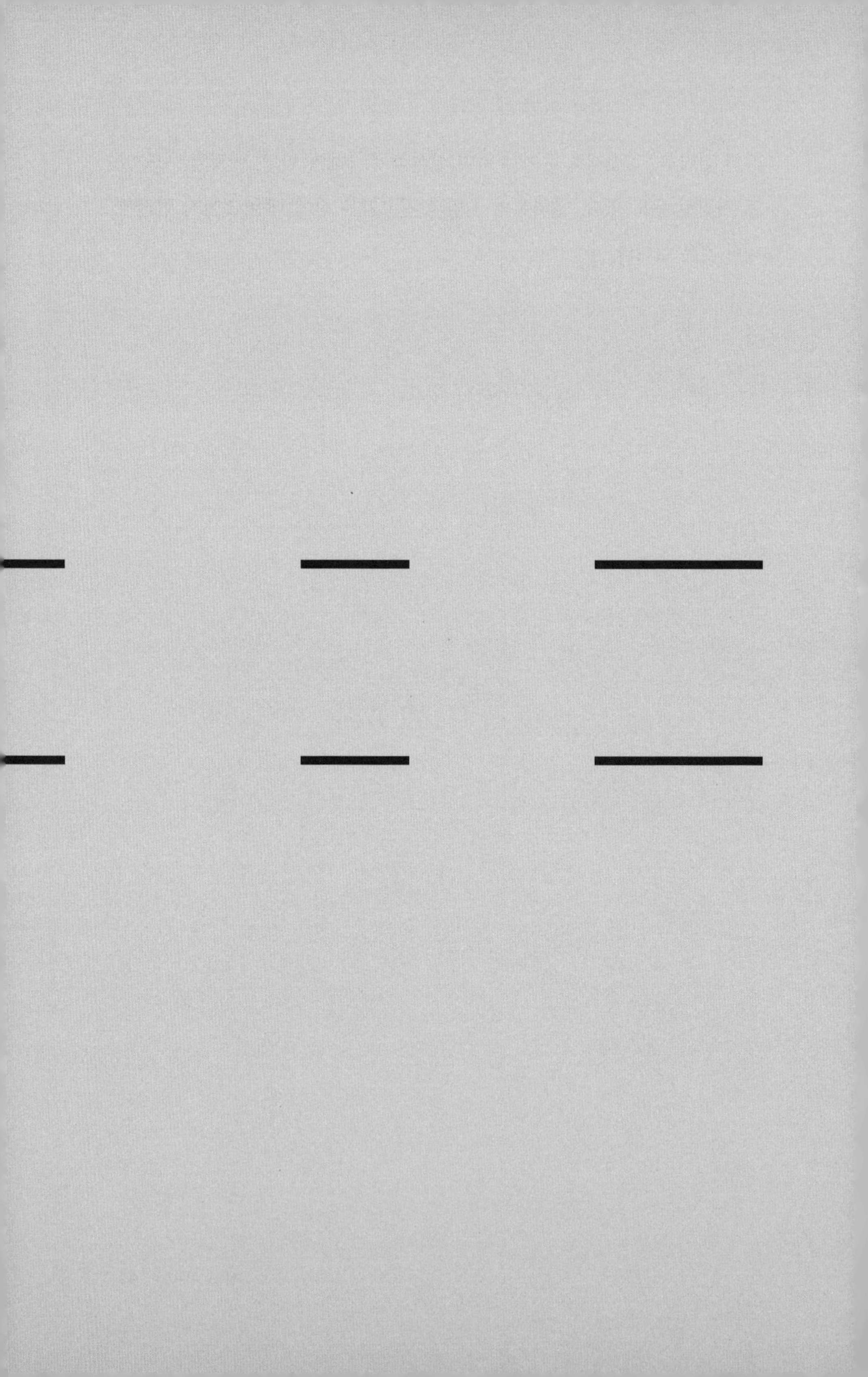

2

Realism & Nominalism

실재론과 유명론

실재론과 유명론이라는 주제는 그 내용과 의미와 역사에 있어 통합과 해체라는 우리의 주제와 정확히 일치한다. 실재론은 통합을 의미하고 유명론은 해체를 의미한다. 실재론의 이념은 철학사에 있어 내내 주도적 위치를 점해왔다. 유명론이 실재론을 누르고 주도적인 철학적 경향이 된 것은 19세기 말에 이르러서이다.

물론 18세기 중반에 영국의 경험론자들이 대륙의 합리론자들의 실재론적 철학과는 완전히 상반되는 새로운 이념을 도입함에 의해 전통적인 실재론은 그 주도적 지위를 위협받는다. 그러나 어쨌건 데카르트의 기계론적 합리론은 20세기 초까지는 주도적 이념의 위치를 유지한다. 이 상황은 제1차 세계대전의 발발에 의해 완전히 역전된다. 실재론적 전통이 몰락한다.

그때 이래 유명론은 C.S. 퍼스, 페르디낭 드 소쉬르, 프레게, 러셀, 비트겐슈타인 등을 통해 압도적인 철학적 조류가 된다. 오늘날의 분석철학 역시도 유명론 철학이며 비트겐슈타인의 《논리철학논고》는 최초의 본격적인 유명론자라 할 오컴의 《논리총서》의 현대적 개정판이라 할만하다.

실재론적 철학은 플라톤, 아리스토텔레스, 성 오거스틴, 둔스 스코투스, 성 안셀무스, 토마스 아퀴나스, 데카르트, 라이프니츠, 스피노자, 칸트, 헤겔, 피히테, 셸링 등에 의해 대표된다. 유명론적 철학은 소크라테스를 제외한 소피스트들, 견유학파, 에피쿠로스학파, 스토이시즘, 가우닐론, 로스켈리누스, 오컴, 조지 버클리, 데이비드 흄, 에른스트 마흐, 리하르트 아베나리우스, C.S. 퍼스, 프레게, 비트겐슈타인, 실존주의자들 등에 의해 대표된다.

실재론은 아주 간단히 말했을 때 보편자universal, 혹은 속성properties이라고 말해지는 것이 우리 마음 밖에서extra-mentally 실재한다는 주장이다. 반면에 유명론은 그것들은 실재하는 것이 아니고 단지 우리가 지어낸 이름에 지나지 않는다는 주장이다.

실재론은 플라톤이 그의 '형상이론' 혹은 '이데아론'을 말했을 때 그 거창한 시작을 알린다. A.N. 화이트헤드가 "2천 년간의 서양철학은 플라톤 철학의 주석"이라고 했을 때 그 말의 의미는 이 형상(보편자)의 철학 세계에의 도입이 궁극적으로 전체 철학사를 관통하여 가장 주된 쟁점이 되었다는 사실이다. 결국, 철학은 사물과 관련하여서는 개념의 실재성에 대한 문제이며, 사실과 관련하여서는 인과율의 보편적 참과 관련한 문제이다. 이것이 철학의 쟁점이다.

엄밀한 의미에서 보편자는 단지 사물에만 해당하는 것은 아니다. 그것은 관계connection, relation에도 적용된다. 먼저 사물에 대해 살펴보자. 우리는 '인간human'이라는 용어를 사용한다. 이것은 문법적으로 보통명사이다. 물론 이것은 개념, 공통의 본질common nature, 속성 등으로 달리 불릴 수도 있다. '인간'이라는 용어는 개별적인 인간들에게 공유되는 어떤 본질essence을 일컫는다. 이것을 '인간임humanness'이라고 부르자. 이때 '인간'이라는 용어가 개념으로서의 보편자universal를 가리키고 '인간임'이 속성으로서의 보편자를 가리킨다.

실재론과 유명론의 충돌은 이를테면 이 '인간'이라는 보통명사가 우리 마음 바깥에 실재하는 것이냐, 아니면 단지 상상 속의 이름들nomina 중 하나에 지나지 않느냐의 문제를 싸고돈다. 이것은 개념에 대한 규정이다. 그러나 보편자와 개별자의 문제는 단지 그것에만 한정되지 않는다. 그것은 관계connection, relation에도 관련한다. 우리가 일반적으로 알고 있는 과학 법칙이 여기에 해당한다. 인과관계를 규정짓는 보편적 원칙이 곧 과학이다. 따라서 보편논쟁은 전통적으로 신뢰받아 온 과학의 존립 가능성도 흔들어 놓는다.

"중량을 가진 두 물체 사이에는 끄는 힘이 존재한다."라는 언명을 생각해 보자. 이 언명은 소위 말하는 과학 법칙 혹은 인과관계와 관련한 뉴턴의 법칙이다. '중량을 가진 두 물체 사이'가 원인이라면 '끄는 힘'이 결과이다. 혹은 중세철학자나 프레게가 규정하는바 '대상과 개념object and concept'의 언명이기도 하다. 이 법칙은 두 물체 사이라는 대상과 끄는 힘이라는 개념의 결합이기 때문이다.

이 언명을 "(테이블 위에 있는) 이 책과 저 노트 사이에는 끄는 힘이 존재한다."라는 언명과 비교해보자. 이 언명은 개별적 사실을 말하고 있다. 즉, 특정한 두 물체 사이와 특정한 끄는 힘에 대해 말하고 있다. 이 명제는 우리가 알아 온바 과학적 언명은 아니다. (비트겐슈타인은 이것을 과학이라고 규정한다.)

전자의 언명은 보편적 인과율을 말하고 있고 후자의 언명은 개별적 사실을 말하고 있다. 이 두 종류의 언명은 실재론과 유명론이 과학과 어떻게 관계 맺는지를 보여준다. 유명론은 보편자를 부정할 뿐만 아니라 보편적 관계 자체를 부정한다. 그것은 인간이 만들어 낸 것이다. 오컴은 다음과 같이 말한다. "만약 관계라는 것이 있었다면 신이 이미 그것을 창조했을 것이다." 이 언명은 매우 날카롭고 의미심장한 것이다. 오컴은 인간이 발견해 낼 보편적 인과율이 세상에 숨어 있다고는 생각하지 않는다. 세계와 그 세계 속의 사물의 존재는 단지 전능한 신이 그 존재를 원했기 때문이다.

인과관계는 인간의 유효한 추론이 세계에 숨어 있는 비밀을 발견한다는 사실을 말한다. 그러나 오컴이 주장하는바 세계 속에는 숨겨져 있는 것도 없고 인간의 추론이 유효한 것도 아니다. 인과관계는 원인과 결과에 대한 예언적 필연성에 대해 말한다. 그러나 세계에 인간의 지식으로 알아낼 예언적 필연성은 없다. 세계는 인간에게 우연이다. 세계와 그 안의 모든 것은 신이 원해서 존재하는 것이지 원인과 결과에 따르는 필연에 의해서 존재하는 것은 아니기 때문이다. 세계에 대한 인간의 지식은 '직접 인식direct cognition' 이외에 없다.

오컴은 또한 그의 《신의 예지, 결정론, 예정론》에서 "신이 먼저 알고 나중에 모르는 것은 불가능하기 때문이다Because it is impossible that God knows first and not knows afterwards."라고 말한다. 신은 전능하다. 따라서 모든 공간에 있어서 뿐만 아니라 모든 시간에 있어서 모든 것에 대해 알고 있다. 시간적 계기에 따라 전개되는 (인간적) 인과율 따위는 있을 수 없다. 신의 전능성은 인간의 무능성, 신의 예지, 세계의 우연성, 인과율의 배제 등을 모두 포함한다. 따라서 인과관계 자체가 형용모순이다. 아마도 오컴은 "인간이 먼저 모르고 나중에 아는 것은 불가능하기 때문이다."라고도 말하고 싶었을 것이다.

인과관계에 대한 오컴의 공격은 전적으로 신앙의 견지에서 전개되었다. 그러나 이것은 신의 전능성을 불러들이지 않더라도 경험론 철학자들에게는 너무도 분명한 사실이었다. 인과관계는 '모든'에 대해 말한다. 그러나 '모든'을 경험하는 것은 불가능하다. 사실문제에 대한 우리 패턴의 추론은 모두 귀납추론inductive reasoning이다. 귀납추론에 의해 얻어진 패턴을 법칙으로 승격시킬 수는 없다. 그것은 단지 관습, 혹은 우리 사유의 습관일 뿐이다. 이 부분이 실재론의 아킬레스건이다.

'보편관념이 실재하다'라는 원칙에 입각한 최초의 철학은 플라톤의 '형상이론'이다. 이때 형상은 물론 이데아를 달리 부르는 것이다. 플라톤은 천상에 사물 본래의 원형이 존재한다고 말한다. 그가 사물의 원형prototype이라고 말할 때 그것은 물론 그 류에 속한 사물의 공통의 본질을 가리키는 것이다. 플라톤은 보편관념의 실재는 물론 그 존재의 장소까지도 단숨에 말한다.

플라톤의 대화록에 나오는 소피스트들은 플라톤의 이러한 실재론(형상이론)에 반대한다. 그들은 보편적 관념의 존재에 대해 회의적이다. 프로타고라스의 유명한 선언인 '인간이 만물의 척도Man is the measure of all thing'라는 언명의 의미는 거기에 어떠한 보편자도 없고 단지 기준은 변덕스러운 개개인에 달린 것이라는 사실을 말한다. 또한, 트라시마코스 혹은 칼리클레스가 말했다고 알려진 '정의는 강자의 이익Justice is the advantage of the strong'이라는 언명은 '정의 일반'이라고 할 만한 정의의 보편자는 없고 그것은 단지 그때의 강자에게 예속된 것이라는 사실을 말한다.

플라톤의 실재론에 대한 가장 직접적이고 노골적인 반박은 시노페의 디오게네스(견유학파의 디오게네스)에게서 나온다. 그는 "나는 플라톤의 컵과 플라톤의 테이블을 보았다. 그러나 나는 그의 컵임cupness이나 테이블임tableness을 보지는 못했다."라고 빈정거린다.

플라톤의 실재론이 기하학의 모델을 닮은 것이라면 아리스토텔레스의 실재론은 자못 자연과학적 성격을 지닌 것이었다. 아리스토텔레스는 플라톤의 형상을 자연nature으로 치환한다. 아리스토텔레스가 자연이라고 말할 때 그 용어의 의미는 낭만주의 시대에서 오늘에 이르기까지 예술가들과 평론가들이 그 용어에 부여한 근대적이고 현대적인 의미에서의 자연과는 다른 것이다. 낭만주의 시대 이래 자연은 다채로운 개별자들의 자연스럽고 활기차고 변전하는 모임을 의미했다. 그러나 아리스토텔레스가 말하는 자연은 현상 세계의 이면에 있는 자연의 제1원리, 즉 현상적 세계를 가능하게 하는 자연의 비감각적 제1원리를 의미하는 것이었다. 그것은 인간 이성을 닮은 것이었다. 만약 아리스토텔레스가 뉴턴의 만유인력의 법칙에 대해 알았다면 그는 그 법칙이야말로 자연이라고 말했을 것이다.

아리스토텔레스는 플라톤의 형상을 '형상인formal cause'으로 전환한다. 그러고는 형상을 천상에서 사물 각각으로 편입시킨다. 즉 천상 세계에 따로 존재했던 형상들이 이제 지상 세계의 각각의 사물들 속에 '공통의 본질common nature'로서 자리 잡는다. 이제 각각의 인간은 '인간임humaness'을 모두 지니게 된다. 이것이 그의 보편universal이었다. 아리스토텔레스는 보편자universalisum라는 의미의 언어를 처음으로 사용한 철학자이다.

과학적 천품을 지녔던 아리스토텔레스는 플라톤과는 달리 지상의 개별자들에 대한 관찰과 분류에 대해 크나큰 관심이 있었다. 그는 자연을 탐구해 나가는 가운데 류와 종의 개념을 발전시켰으며 거기에 따라 자연의 위계를 설정해 나갔다.

아리스토텔레스는 도토리나무의 예를 든다. 하나의 개별적인 도토리나무는 현존하는 많은 도토리나무의 일원이며 또한, 과거, 현재, 미래의 더욱 수많은 도토리나무의 일원이다. 이 '일원 됨'이 이를테면 보편자이며 '도토리임oakness'이라고 불리는 것이다.

중세는 거의 전시대에 걸쳐 실재론적이었다. 그리스 고전주의 철학과 플로티노스의 철학을 입은 기독교는 성 오거스틴, 보에티우스, 성 안셀무스, 둔스 스코투스, 토마스 아퀴나스 등을 통해 매우 강력하게 그 실재론적 영향력을 행사했다. 단지 차이는 전반기 중세는 플라톤적 실재론의 영향을 받았고 후반기는 아리스토텔레스적 실재론의 영향을 받았다는 사실이다.

중세 말의 소위 말하는 '현대에의 길Via Moderna'은 이 평온하고 강력한 실재론의 세계에 던져진 유명론자들의 폭탄으로부터 비롯된다. 중세철학사에서뿐만 아니라 전체 철학사를 통해서도 중세 말의 '보편논쟁Debate on Universals'은 철학사를 그 전과 후로 나누는 커다란 사건이었다.

유명론은 12세기에 로스켈리누스로부터 시작되어 14세기 초에 윌리엄 오컴William of Ockham에 의해 집대성된다. 이 기간은 둔스 스코투스에서 토마스 아퀴나스에 걸친 시간과 같다. 즉 유명론 철학과 아리스토텔레스 철학에 의해 갱신된 실재론적 중세철학은 '중세의 가을'에 와서야 가장 빛나는 결실을 본다. 이것이 아리스토텔레스가 철학 세계에 끼친 가장 큰 공헌 중 하나였다. 플라톤 철학하에서의 중세는 암담하고 강압적인 교권의 권위가 철학 세계를 짓누르고 있었다. 그러나 도시의 발달과 거기에 발맞춘 아리스토텔레스의 철학은 중세철학 세계에 혁명을 도입한다.

신앙과 이성faith and reason은 기독교가 공인된 이래 한결같이 신앙의 가장 중요한 주제 가운데 하나였다. 간단히 말했을 때 실재론은 신앙과 이성의 양립을 말하지만, 유명론은 그 둘의 양립 불가능을 말한다. 이 문제는 '신앙과 미덕faith and merit' 혹은 '신앙과 행위' 등으로 바꿔 말해질 수도 있다. 실재론적 신앙은 인간 영혼의 구원은 신앙과 거기에 따르는 행위에 의해 가능하다고 말하지만, 유명론은 영혼의 구원은 이미 정해진 사실(예정론)이므로 신앙 이외에 우리가 할 수 있는 것은 아무것도 없다고 말한다. 신앙상의 예정론은 형이상학적 결정론determinism에 대응한다.

실재론은 이상주의적이지만 위선적이기 쉽고 유명론은 솔직하지만 상스럽기 쉽다. 어느 쪽이든지 그 전락의 바닥에는 향락이 자리 잡고 있다. 오컴은 프란체스코파 승려의 완전한 가난을 바탕으로 그의 삶과 그의 철학을 전적으로 청렴하고 솔직한 것으로 만든다. 그는 위선적인 실재론하에서 한없이 타락해가는 신을 구원하기로 작정한다. 오컴의 논리학은 신과 인간과 영혼의 구원에 대한 그의 노력의 집대성이었다.

실재론은 신앙이 인간의 이성으로 설명될 수 있다는 전제하에 신을 교황청의 전유물로 만든다. 인간 이성은 고르게 분포되지 않는다. 그것은 위계적이다. 교황청은 신에 대한 지식을 독점하고 있었다. 이것을 바탕으로 교권 계급은 세속에서 무엇이든 짜낼 수 있었다. 오컴의 유명론의 실천적 목적 중의 하나는 이것을 부정하기 위한 것이었다. 인간 지식이 신에 미치지 못한다고 할 때 신앙은 갑자기 어떤 매개적 존재도 매개적 지식도 요구하지 않는다. 우리는 모두가 '신 앞의 단독자the self before God'가 된다.

오컴은 인간과 신의 관계를 이렇게 직접적인 것으로 만들어나가는 과정에서 그의 《논리총서》를 통해 철학의 역사를 바꿔나간다. 그의 논리학은 철학 세계에 있어 결국 경험론이 어떤 양상을 지녀야 하는가를 보여준다. 20세기의 비트겐슈타인의 《논리철학논고》는 오컴의 논리총서를 닮은 모습으로 나타나게 된다.

오컴의 철학은 그의 두 개의 금언maxim을 통해 개략적으로 드러난다.

하나는, "신은 모순되지 않은 어떤 세계라도 창조할 수 있다God can create any world without contradiction."라는 것이고, 다른 하나는, "만약 그것이 스스로 자명하거나, 경험에 의해 분명하거나, 성경의 권위에 의해 증명되거나 하지 않는 한 그 어떤 것도 명백한 것으로 가정되어서는 안 된다Nothing should not be supposed to be evident, unless it is known per se, or is evident by experience, or is proved by the authority of Scripture."라는 것이다.

이것은 다음과 같이 말해지기도 한다. "왜냐하면, 그것이 자명하지 않다면 (말 그대로, 스스로를 통해 알려지지 않는다면) 혹은 경험에 의해 알려지거나 아니면 신성한 성경에 의해 입증된 것이 아니라면 무엇도 주어진 이성에 의하지 않고는 가정되어서는 안 되기 때문이다."

전자의 금언이 경험론 선언이고 후자의 선언이 유명한 오컴의 면도날Ockham's razor 선언이다. 오컴은 물론 한 명의 유명론자로서 경험을 넘어서는 관념(보편자, 개념, 공통의 본질)을 인정하지 않는다. 경험론은 오로지 직접 인식direct cognition만을 유일하게 신뢰할 수 있는 지식의 근원으로 본다. 따라서 경험론은 관념의 세계를 지식 세계에서 (면도날로) 잘라낸다. 이것이 경험론과 '근검의 원칙the doctrine of parsimony'이 언제나 함께하는 이유이기도 하다.

전자의 금언은 종교적 배경하에 언명되었지만, 일반적인 형이상학적 견지에서는 간단하게 경험론을 일컫는 것이다. 이 금언에는 두 가지 중요한 요소가 있다. 하나는 '어떤 세계라도'이고 다른 하나는 '모순 없다면'이다. '어떤 세계'는 우연적인 세계를 가리키는 것이고 '모순 없다'는 것은 '대립하는 두 세계가 동시에 존재하지 않는다면'을 의미한다. 예를 들어 p이며 $\sim p(p \cdot \sim p)$인 세계가 공존한다면 모순된다고 말할 수 있다. '비가 오며' 동시에 '비가 오지 않는(~)' 세계는 있을 수 없다. 이런 세계를 제외하고는 신은 어떤 세계라도 창조할 수 있다. 신은 전능하다. 그러나 신조차도 모순적인 세계를 창조할 수는 없다. 왜냐하면 모순적인 세계는 존재하지 않는 세계이기 때문이다. '모순적인 세계'라는 개념 자체가 불가능하다. 이것은 형용모순contradictio in adjecto이다. 모순이면 세계가 아니고 일단 세계로 정립되면 그 자체로 이미 모순이 아니다.

모순되지만 않는다면 거기에 어떤 세계라도 있을 수 있다. "신이 단순히 원했기 때문이다God simply wanted it." 인간은 인과관계를 통해 필연적 세계를 구성할 수 있다고 믿는다. 오늘에 기초하여 미래를 예견할 수 있다고 믿는다. 그러나 인과관계는 환상이다. 오늘의 사건에서 그와는 전적으로 다른 상황에 있는 미래의 사건을 예견할 수는 없다.

신의 전능성과 세계의 우연성contingency은 동전의 양면이다. 세계는 신의 자의적arbitrary 의지의 소산이다. 세계가 어떠한 것이 될 것인가에 대해 우리는 전적으로 알 수 없다. 이 점에서 세계는 우리에게 이미 결정되어 있다. 단지 그 결정된 세계에 대한 어떤 지식도 우리에게 주어지지 않을 뿐이다. 따라서 우리의 인과율과 신의 전능성은 배치된다. 인과율은 인간의 지식하에 세계를 필연적인 것으로 만든다. 인간은 예언자가 되며 이 세계에 신을 위한 자리는 없게 된다. 오컴은 간단히 말하고 있다. 신의 전능성을 믿는다면 인과율, 즉 인간적 지식은 폐기되어야 하며 궁극적으로 인간 이성을 폐기해야 한다고. 왜냐하면 이성이 모든 인간의 선험적 지식의 근원이며 동시에 신이 인간에게 이용되는 이유이기 때문이다.

이렇게 오컴은 인간의 지식과 그것의 근거인 이성을 해체한다. 인간은 신의 전능성과 스스로의 무능성을 고백했다. 인간이 스스로의 지식의 가능성을 말하는 순간 신은 더 이상 전능하지 않게 된다. 따라서 인간에게는 어떠한 보편적이고 선험적인 지식의 가능성도 없어야 한다. 인간에게 유일하게 가능한 지식이란 시시각각 눈앞으로 닥쳐드는 우연적이고 직접적인 지식이다. 이렇게 전개되는 인식론이 신학적 경험론의 개요이며 장차 전개될 종교개혁의 이념이다.

만약 인간이 인과율에 의해 미래의 세계를 예견할 수 있다면 원인의 구성에 의해 결과를 만들어낼 수 있다. 인간 영혼의 구원은 신에게 달린 것이 아니다. 인간이 독자적으로 구원받기 위한 원인을 구성하기만 하면 된다. 로마 가톨릭교의 실재론은 이러한 구원에 대해 말한다. 교황청은 트리엔트 종교회의에서 선언한다. "우리는 계속해서 인간 영혼의 구원은 신앙에 의해서뿐만 아니라 행위에 의해서 가능하다고 믿는다." 로마가톨릭은 구원이라는 결과를 위한 우리 행위라는 원인을 가정하고 있다.

오컴은 이것을 언어도단이라고 생각한다. 그것은 신과 관련해서도 그렇고 인간과 관련해서도 그렇다. 말한 바와 같이 "신이 먼저 알고 나중에 모른다는 것은 불가능하다." 신은 전능한 존재이다. 이 전능한 존재가 인간이 그들의 미래에 어떤 행위를 할지 어떻게 모를 수 있겠는가? 신이 전능하다는 가정하에서라면 그는 인간이 어떤 행위를 할지 이미 알고 있고 그의 영혼이 구원받을지 그렇지 않을지를 이미 알고 있다. 어떤 의미에서 이 모든 것들은 신에 의해 이미 정해진 바가 되었다. 이것이 종교개혁기에 칼뱅에게 크나큰 영향력을 미치게 될 예정설predestination theory이다.

오컴은 보편자의 실재를 부정한다. 그것은 단지 유사한 것들을 묶어서 우리가 그 집합에 붙인 이름들nomina에 지나지 않는다. "오로지 개별자만이 존재한다Only individuals exist." 우리가 '존재existence'라고 말할 때 우리는 무엇인가의 존재에 대해 말하는 것이다. 따라서 존재는 단일한 무엇을 가리키는 것이다. 만약 보편자가 존재한다면 그것은 단일한 것으로 존재하게 된다. 그 보편자가 집합에 공유될 수는 없다. 하나가 어떻게 여러 개체에 공유될 수 있겠는가? 그렇지 않고 그 보편자를 집합의 요소만큼 나눠서 분배해 준다고 하자. 그렇다면 어떻게 그 보편자가 온전한 존재가 되겠는가? 여러 개로 찢긴 단일자는 더 이상 존립하는 존재가 아니다. 이것은 모순이다. 오컴의 논증은 이렇게 전개되었다.

이제 인과관계로 논점을 옮겨보자. 오컴은 개별적 사실만이 지식이지 그 개별적 사실의 추상화된 법칙이 지식은 아니라고 말한다. 논리학에서는 양화사quantifier를 사용한다. 모든 x에 대해서는 $(\forall x)$로, 어떤 x에 대해서는 $(\exists x)$ 등으로 표현한다. 오컴은 이러한 논리 상수logical constant를 거부한다. 왜냐하면, 우리는 어떤 사실을 묶어서 말할 수는 없기 때문이다. 우리는 "멜로는 짖는다."라거나 "로쪼는 짖는다."라거나 "루디는 짖는다."라고 말할 수는 있어도 "개는 짖는다."라고는 말할 수 없다. 누구도 모든 개를 볼 수는 없기 때문이다.

따라서 인과율은 불가능하다. 천체물리학은 한때 어떤 시점에서의 어떤 물체의 위치와 운동량을 알면 미래의 어떤 시점에서의 그 물체의 위치와 운동량을 예견할 수 있다고 자신했다. 이 법칙은 현재 몰락했다. 양자역학과 상대역학의 대두는 새로운 물리학을 불러들였다. 그러나 이 물리학도 단지 시한부일 뿐이다.

현존하는 세계는 무엇으로부터도 연역된 세계가 아니다. 연역은 불가능하다. 앞에서도 누누이 말한 바와 같이 심지어는 유클리드 기하학에서조차도 연역은 만들어지는 과정이다. 우연으로 발견된 정리가 아직 연역되지 않았다면 어떻게 공준에서 정리로 이르는 과정이 연역이겠는가?

칸트는 흄이 붕괴시킨 과학을 구원하고자 한다. 칸트는 과학이 부활하지 않는다면 형이상학이나 신학도 부활할 수 없다는 사실을 날카롭게 인식하고 있었다. 그는 몰락의 심연에서 과학과 형이상학을 건져 올리려고 분투한다. 그는 인간 존재를 신으로 만들려 했다. 중세의 오컴은 이와 반대되는 길을 걷는다. 오컴은 교황청의 권력과 타락은 동시에 신앙의 타락을 불러온다는 사실을 견딜 수 없었다. 오컴은 인간 지식이라고 말해지는 그 실재론적 철학이 인간 이성이 신앙을 해명할 수 있다고 말하는 가운데 오만과 부패 속에서 신을 한없이 속된 존재로 만들고 있다는 사실을 예리하게 인식하고 있었다. 세계는 중세 말에 오컴이 제시한 길을 따라 현대에 이르게 된다.

성 안셀무스는 "우리 마음속에 존재하는 개념은 실재에도 존재한다."라고 말한다. 우리 마음속에 '신'이라는 개념이 존재한다면 신은 우리 마음 바깥에서도 실재하게 된다. 또한, 신의 모든 속성도 거기에 따라 실재하게 된다. 그리고 이러한 속성에 대한 지식은 교황청에 의해 독점된다. 실재론의 이념하에서는 세계가 사물의 추상화 정도의 위계를 따르듯이 인간 세계 역시도 지식의 정도의 위계를 따르게 된다.

오컴은 우리 마음속에 존재하는 그 개념이 실재한다고 말할 근거가 없다고 주장함에 의해 성 안셀무스나 둔스 스코투스, 토마스 아퀴나스식의 신의 존재 증명과 속성에 대한 지식의 가능성을 차단한다. 오컴은 인간의 지식을 '직관적 인식intuition cognition'이라고 부르는, 사물에 닿은 우리 감각 인식의 직접적이고 즉각적인 인식으로 제한한다. 오컴은 세 종류의 지식 외에 모든 것을 면도날로 도려낸다.

1. 그 자체로 알려지는 것What is known per se
2. 경험에 의해 명백한 것What is evident by experience
3. 성경에 의해 입증된 것What is proved by the authority of Scripture

여기에서 2번과 3번은 같은 얘기이다. 왜냐하면, 신의 권위에 의해 입증된 것은 우리의 '직접적이고 즉각적인 인식direct and immediate awareness'에 의한 경험적 지식이기 때문이다.

1번 지식이 나중에 흄에 의해 '논증적 추론demonstrative reasoning'에 의한 개념관계relation of ideas로 불리게 되고, 칸트에 의해 '분석적이고 선험적인 지식analytic a priori knowledge'으로 불리게 되고, 비트겐슈타인에 의해 '논리명제propositions of logic'로 불리게 된다.

2번 지식은 흄의 용어로는 '사실문제matters of fact', 칸트의 용어로는 '종합적이고 경험적인 지식synthetic empirical knowledge'이 되고, 비트겐슈타인의 용어로는 단순히 '유의미한 명제propositions with sense'가 된다.

칸트는 여기에 제3의 지식을 불러들인다. 그는 그 지식을 '종합적 선험지식synthetic a priori knowledge'이라고 부른다. 오컴, 흄, 비트겐슈타인 등이 부정하고자 했던 것이 바로 이 종류의 지식이었다. 이것이 인과관계causal nexus, 즉 과학이었다.

오컴은 세계에서 인간의 보편적 지식을 증발시킨다. 그는 인간에게 가능한 지식은 오로지 실증적 지식 외에는 없다고 말한다. 따라서 신에 대해서는 어떤 지식도 불가능하다. 일단 추론에 의해 신을 아는 것은 불가능하다. 추론은 보편자와 인과관계를 통해 작동되기 때문이다. 오컴이 부정하는 것이 바로 보편자와 인과관계이다. 오컴은 이러한 종류의 지식의 가능성을 부정한다. 신은 또한 직접적인 경험적 대상도 아니다. 신을 실증적으로 알 수는 없다. 따라서 어느 쪽으로든 인간이 신을 아는 것은 불가능하다. 신과 인간의 관계는 단지 신앙에 의해서이다. 신앙과 인간 이성은 양립할 수 없다. 신학은 신앙의 이성적 설명이고 그것은 단지 교권 계급의 이익을 위해 봉사할 뿐이다.

오컴에 이르러 이제 그때까지의 실재론과 새롭게 대두된 '현대에의 길Via Moderna'이 대립적으로 설명되기 시작한다. 그 현대에의 길이 바로 유명론이었다. 유명론은 한편으로 솔직하면서 겸허하고 다른 한편으로 실용적이고 실천적인 철학이다. 이 철학은 나중에 영국에서 가장 강력한 대변인을 만나게 된다. 그가 바로 조지 버클리 주교이다. 그때로부터 영국은 계속해서 경험론적이었다. 대륙의 합리론continental rationalism과 영국의 경험론British empiricism은 중세의 실재론과 유명론의 또 다른 변주가 된다. 시간을 넘어서서 그 전쟁은 계속된다.

당시의 라틴어로 실재론은 realismus였고 유명론은 nominalismus

였다. 라틴어의 '실재'는 realium(복수는 realia), '이름'은 nomen(복수는 nomina)이었다. 플라톤의 실재론은 다음과 같이 표현되었다.

"Universalia sunt realia ante rem.(보편자는 실재로서 (감각적) 사물들에 앞서서 존재한다.)"

플라톤은 형상form이 천상에 먼저 실재로서 존재하고 사물들은 거기에서 유출된 것으로 보았다.

이에 대해 아리스토텔레스의 견해는 다음과 같았다.

"Universalia sunt realia in rem.(보편자는 실재로서 사물 안에 존재한다.)"

아리스토텔레스는 아마도 근검의 원칙에 대한 최초의 주창자일 것이다. 그는 플라톤이 천상의 세계와 지상의 세계 두 개를 가정하여 세계를 이원화하였다고 자못 격렬하게 공격한다. 그는 말한다.

"존재는 이유 없이 증가하여서는 안 된다Entities are not to be multiplied without necessity."

아리스토텔레스는 천상에 있는 이데아를 공통의 본질이라는 명칭으로 개별적인 사물 각각에 내재시킴에 의해 천상의 세계를 도려낸다. 그럼에도 불구하고 아리스토텔레스는 실재론자이다. 그는 단지 실재의 위치를 이동시켰을 뿐이다.

오컴의 입장은 다음과 같다.

"Universalia sunt nomina post rem.(보편자는 사물 뒤의 이름과 같다.)"

오컴에게 보편자는 실재를 지칭하는 것이 아니다. 그것은 단지 사람들이 어떤 유사한 개별자들의 느슨한 집합을 지칭하기 위해 자의적으로 만들어 붙인 이름nomen, nomina에 지나지 않는다. 따라서 그것은 사물 이전이나 사물 안에 존재하지 않는다. 사물이 먼저 거기에 있고 인간이 사물 이후에 이름표를 붙인 것에 지나지 않는다.

이 보편자의 문제는 모든 시대, 모든 철학에 걸쳐 가장 중요한 주제 중 하나이다. 그것의 실재에 대한 믿음 혹은 불신에 따라 철학은 상반되는 두 경향을 향하게 된다. 현대철학의 주된 흐름인 분석철학과 기호학 그리고 실용주의 이념 모두가 실재론보다는 유명론을 지지한다. 유명한 실용주의 철학자 윌리엄 제임스의 견해를 보자.

"모든 측면에서 보았을 때, 보편개념에 돌려지는 압도적이고 거창한 특질은 놀랍다. 플라톤과 아리스토텔레스로부터 시작해서 철학자들은 개별자에 대한 지식을 경멸하고 일반자(보편자)에 대한 지식을 찬미하는 데 있어 왜 서로 경쟁했을까? 더욱 사랑스러운 지식은 마땅히 더 사랑스러운 사물들에 대한 지식이라는 사실과 가치 있는 사물들은 모두 구체적이고 개별자들이란 사실을 고려했을 때. ..."

– 윌리엄 제임스, 〈심리학의 원리(1890)〉 중에서

보편개념은 통합을 나타내고 개별자individual는 해체를 나타낸다. 이 사실은 명백하다. 이것은 사물에 대해서뿐만 아니라 사실에 대해서도 그렇다. 실재론은 세계가 형상을 공유하는 가운데 통합될 수 있다고 믿는다. 또한, 실재론은 인과관계에 의해 개별적 사실들의 통합이 가능하다고 믿는다.

중세는 사도 바울과 성 오거스틴이 도입한 그리스 철학에 의해 내내 실재론적이었다. 따라서 중세의 신은 인간 이성으로 설명되는 신이었고, 천상과 지상은 유비의 관계에 의해 역시 하나의 세계로 통합되어 있었다. 이 통

합의 매개가 교권 계급이었다.

아리스토텔레스의 철학이 독단적이고 권위적인 중세 말의 세계를 강타했을 때 교황청은 토마스 아퀴나스에게 아리스토텔레스의 철학과 전통적인 교권 계급의 이익이 양립할 가능성에 대해 위임했다. 물론 가능했다. 아리스토텔레스 역시도 한 명의 실재론자로서 인간 이성의 선험성과 보편성을 자신의 철학 기반으로 삼았던 철학자였다.

오컴은 이러한 실재론에서 타락한 교권 계급과 신학적 독단, 인간의 오만, 신의 전락만을 볼 수 있을 뿐이었다. 그의 유명론적 모험은 위험하고 과격한 것이었지만 앞으로 오게 될 새로운 시대의 전령과 같은 것이었다. 그의 유명론은 종교개혁의 이념의 선구자였고 그의 논리학은 현대 논리학의 아버지와 같았다. 현대는 그의 시대이다.

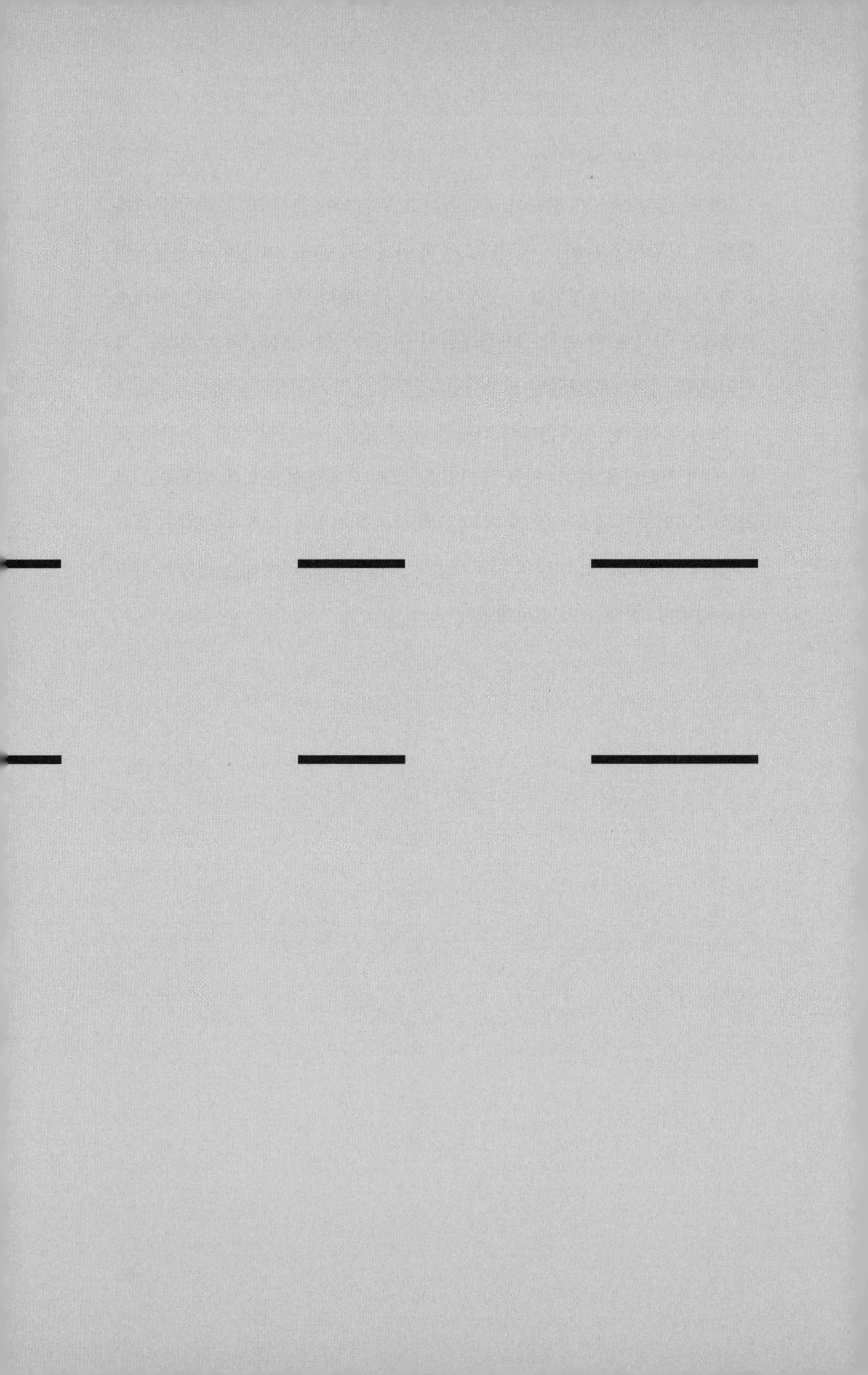

3

Descartes & Hume

데카르트와 흄

르네상스는 고대 그리스의 재탄생을 의미하는 것으로서 그 발생과 개화는 엄밀히 말하면 피렌체와 베네치아, 로마에 제한된 것이었다. 이 지역을 제외하고는 유럽의 어느 지역도 완전히 르네상스적이지는 않았다. 르네상스의 기간도 매우 짧았다. 그것은 14세기 초에 지오토의 〈비탄〉에 의해 암시되었지만, 본격적인 발생은 마사치오에 이르러서였다. 마사치오에서부터 라파엘로의 죽음까지를 일반적으로 전성기 르네상스기로 간주한다.

르네상스기의 고요와 평정과 안정은 이미 16세기 초에 의심받기 시작한다. 빈켈만은 나중에 그리스 예술에 대해 '고귀한 단순성과 고요한 위대성 edle Einfalt und stille Große' 이라고 말한다. 르네상스기의 피렌체인들이 원했던 세계는 바로 이러한 측면에서의 그리스적 세계의 재탄생이었다. 그러나 이것은 지속적으로 가능할 수 없었다. 세계는 더 이상 고요하지 않았다. 지구는 평평하지 않았으며 고정된 것도 아니었다. 그것은 이미 운동하고 있었다. 고요와 안정과 정화와 영혼의 르네상스 시대와, 변화와 운동과 활력과 물질의 새롭게 오게 될 세계와의 갈등은 16세기의 이념상의 회의주의와 예술 양식상의 매너리즘으로 나타나게 된다. 16세기의 돈키호테는 더 이상 이상주의적이지 않은 세계에서 홀로 시대착오적인 이상주의에 빠져있음에 의해 한편으로 애처롭고 한편으로 우스꽝스럽다.

특히 몽테뉴의 회의주의는 고대 세계의 루크레티우스의 유물론 혹은 섹스투스 엠피리쿠스의 회의주의와 똑같은 역할을 근대 초기에 하고 있었다. 몽테뉴는 고대의 회의주의자들이 그리스적 독단에 찬물을 끼얹듯이 르네상스적 독단에 찬물을 끼얹는다. 그는 이상주의적이고 관념적인 세계가 지니는 독단에 대해 경고하며 인간은 단지 물질에 의해 지배받는 매우 상식적이고 관습적인 동물이라고 주장한다.

고대 세계를 물들였던 피로니즘, 시니시즘, 에피큐리어니즘, 스토이시즘 등의 유물론적 회의주의는 결국 초기 교부들과 성 오거스틴이 불러들인 새로운 관념론적 신앙에 의해 교체된다. 언제나 그렇듯이 유물론적 회의주의는 관념적 독단에 의해 교체된다. 모든 회의주의는 이제 신의 빛이라는 단일한 이념에 의해 일소된다.

모든 철학은 관념론적 독단과 유물론적 회의주의를 양 끝으로 하는 스펙트럼의 어디엔가 존재한다. 고대에서 중세로의 전환은 유물론적 회의주의에서 관념론적 독단으로의 전면적인 이행이었다. 그리고 그 주체는 신이라는 '이성 중의 이성', '이데아 중의 이데아'였다. 르네상스는 신의 자리에 인간을 가져다 놓는다. 르네상스의 이념 역시 관념론적이었다. 이 점에 있어 르네상스는 플라톤의 부활이었다. 르네상스기의 피렌체에는 적어도 수십 개의 플라톤 연구회가 있었다. 그중 피코 델라 미란돌라의 연구회가 가장 융성했다. 플라톤은 이렇게 다시금 그 영향력을 행사할 수 있었지만, 그것을 계속 이어갈 수는 없었다. 지구의 운동과 세속적 삶이 지닌 물질성은 다시 한번 세계에 유물론적 회의주의를 불러들인다.

철학에서의 몽테뉴, 문학에서의 세르반테스, 프랑수아 라블레, 회화에서의 안드레아 델 사르토, 파르미자니노, 폰토르모, 로소 피오렌티노, 브론치노, 음악에서의 윌리엄 버드, 오를란도 기번스 등의 마드리갈 작곡가들은 이 회의의 시대를 대변한다. 이것이 매너리즘이다.

17세기에 이르러 데카르트는 다시 한번 관념론의 세계를 불러들인다. 이 관념론은 그러나 플라톤이나 피코 델라 미란돌라의 관념론과는 성격을 달리하는 것이었다. 물론 관념론은 그것이 관념론인 한 인간 이성이라는 영혼soul이 세계를 포착할 수 있는 결함 없는 도구이며 세계 역시 그 이성이라는 문자로 쓰인 책이라는 이념을 공유한다. 데카르트의 관념론이 전 시대의 관념론과 다른 것은 단지 그 인간 이성의 적용대상이 달라졌다는 사실에만 있다. 데카르트의 업적은 기계론적 합리주의mechanical rationalism의 완성이라고 간단히 말해질 수 있다. 고대 그리스와 르네상스 고전주의의 실재론이 정적인 세계가 지니는 지적 시스템의 세계에 대한 것이라면, 데카르트의 합리주의는 운동하는 세계의 그 운동 법칙의 포착이라는 측면에서 동적 세계가 지니는 지적 시스템의 세계의 도입이었다. 이것은 마치 유클리드 기하학이 제시하는 세계상과 함수function에 의한 해석기하학이 제시하는 세계상과의 대비와 같은 것이었다.

합리론자들은 어느 경우에나 그들 사유의 가장 이상적인 모형으로 수학적 사유 양식을 꼽는다. 이 점은 플라톤과 데카르트가 공유하는 이념이다. 플라톤이 수학에 무능한 사람에게는 그의 아카데미에의 입학을 허용하지 않았다는 사실은 유명하다. 데카르트는 《방법서설》에서 다음과 같이 말한다.

"나는 수학적 추론의 확실성과 분명함에 근거하여 특히 수학에서 큰 기쁨을 누리고 있었다. 그러나 나는 그때까지 수학의 진정한 사용에 대한 엄밀한 지식을 지니지 않았다. 그러고는 그것이 기계론적 기예들arts의 진척에 공헌할 수 있지 않을까를 생각했을 때 그렇게도 강력하고 확고한 기초가 그 위에 어떤 더 높은 상부구조도 지니지 않았다는 사실에 놀랐다."

플라톤이나 데카르트와 같은 사람에게 수학적 지식이란 어떤 종류의 지식이었을까? 수학이 지닌 어떤 측면이 그들에게 모든 기계론적인 지식, 형이상학적 지식을 수학적 형식으로 만들어야 한다고 믿게 했을까? 플라톤과 데카르트는 우리 이성이 지닌 세계 포착의 역량과 또한 그 도덕률의 규정의 역량에 있어서는 일치했다. 그들이 다른 것은 말한 바대로 그 이성의 적용대상이 달랐을 뿐이다. 따라서 이들은 이성과 그 이성에 준하는 사유 양식에 있어서는 일치된 견해를 가졌다.

이들에게 이성은 추상적 사유를 할 수 있는 능력을 말한다. 이성은 한편으로 개별적 사물들에 그것들의 일반화된 개념을 병치시키는 능력이고, 다른 한편으로 개별적 사실들에 인과율 혹은 과학지식이라는 포괄적인 법칙을 병치시키는 능력이다. 관념론자 혹은 합리론자들은 인간에게 이러한 것들이 어느 정도 선험적으로 주어진다고 생각한다.

이때 수학이야말로 일반화 중의 일반화이며 추상화 중의 추상화이다. 수학이라는 독특한 사유 양식이 그들을 매혹시켰던 이유는 수학에는 어떠한 종류의 질료도 없다는 사실이었다. 수학은 단지 형상만으로 진행된다. 수학적 사유와 추론을 위해 경험에 호소할 필요는 없다. 그것은 순수한 형상의 세계이다. 경험은 변덕스럽고 주관적이고 상대적이지만 추상적 사유는 한결

같고 객관적이고 절대적이다. 수학이 지닌 그 얼음 같은 차가움, 냉정하고 고고한 선명성, 오류 없는 절대성들은 확실히 어떤 종류의 매력을 지닌다.

수학은 과연 그러한가? 수학적 지식은 진정한 지식이며 무오류이며 또한 실천적인 효용을 지니는 지식인가? 관념론자들은 그렇다고 말한다. 그러나 경험론 철학자들은 그렇지 않다고 말한다. 수학이 지니는 성격에 대해 두 가지의 예증을 통해 살펴보자.

먼저 유클리드 기하학의 예증과 그다음으로 화학의 예증을 들어보기로 하자. 유클리드 기하학은 다섯 개의 공준을 기반으로 한다. 유클리드 기하학 세계의 수백 개의 화려하고 자못 복잡한 정리를 분석하게 되면 결국 공준의 세계에 닿는다. 이것은 반대로 말하면 유클리드 기하학의 모든 정리는 그 다섯 개의 공준에서 연역되었다deduced고 말해질 수 있다. 다시 말하면 공준에서 정리로 가는 과정은 연역이고 정리에서 공준으로 가는 과정은 분석이라고 할 수 있다. 우리가 정리를 증명한다고 할 때 우리는 이 분석의 한 과정을 수행하고 있는 것이다.

연역 혹은 분석의 과정은 경험적인 것이 아니라 논증적demonstrative인 것이다. 이것은 단지 분석 혹은 종합의 문제이기 때문이다. 만약 우리가 '2 × 3 × 5는 30이다.'라고 말한다면 우리는 연역(종합)을 하고 있다. 30은 2와 3과 5라는 소수prime number에서 연역되었다. 반대로 '30은 2 × 3 × 5이다.'라고 말한다면 우리는 분석(증명)을 하고 있다. 따라서 연역과 분석 어디에도 경험에 호소해야 하는 요소는 없다. 그것은 단지 동어반복이기 때문이다. 다른 식으로 말하자면 모든 수학적 종합(연역의 결과)은 이미 그 수학적 전제 안에 포함되어 있다. 유클리드 기하학의 정리가 아무리 복잡해 보인다 해도 또 아무리 많다고 해도 그것은 이미 다섯 개의 공준 안에 들어있다. 즉, 다섯 개의 공준의 다양한 조합이 수백 개의 정리를 만들고 있다.

고대와 중세 관념론적 철학자들 그리고 데카르트는 이것이 세계의 근원적인 모델, 즉 세계의 골조를 구성한다고 믿었다. 공준에서 정리에 이르는 길, 혹은 그 역방향의 길 모두 오류일 수가 없었다. 그것은 사실상 동어반복이기 때문이다. 유클리드 기하학의 이러한 성격이 그 정리의 발견을 하찮게 여기게 만들기도 했다. 연역에서는 언제나 그 연역의 결과가 저절로of itself 나타나는 것처럼 보이기 때문이다. 그러나 탈레스의 정리, 아폴로니우스의 정리, 피타고라스의 정리 등은 사실상 기적에 가까울 정도의 발견이다. 그것의 발견은 인류역사상 가장 위대한 지적 순간이기도 했다. 그럼에도 그것들은 그 분석의 끝이 다섯 개의 공준 위에 착륙한다.

문제는 연역과 증명 — 혹은 종합과 분석 — 이 유클리드 기하학의 전부가 아니라는 데에 있다. 다섯 개의 공준은 어떻게 그 참임을 보증받는가? 공준에서 정리에 이르는 과정은 모두 참이다. 그렇다면 정리의 출발점이며 동시에 분석의 종점인 공준의 참임은 어떻게 보증받는가? 분석의 종점은 없을 수 없다. 모든 존재는 그 분석의 끝에 있는 근원적인 원인causa prima, causa sui 에 기초해야 한다. 유클리드 기하학은 그것을 공준이라고 말한다.

관념론자들은 공준의 참임을 확인하는 데 있어 모두 동일한 태도를 취한다. '자명self evident'이라는 용어는 이렇게 만들어졌다. 플라톤은 우아한 동굴의 비유를 통해 빛 가운데 사물을 보기를 권한다. 데카르트는 '명석 판명하게clearly & distinctly' 사유하기를 권한다. 이때 추론의 근원, 즉 세계의 토대는 명백히 참인 것으로 드러나게 된다. 이 명석 판명한 사유가 바로 인간 정신의 이성적 역량이다.

데카르트는 인간 사유가 두 가지 기능으로 작동하는 것으로 파악한다.

하나가 직관intuition이고 다른 하나가 연역deduction이다. 그는 연역의 출발점에 있는 가장 단순하고 근원적인 것은 직관에 의해 포착이 가능하다고 보았다. 직관의 대상들은 인간 정신이 맑고 주의 깊게 행사되었을 때 포착될 수 있는 단순하고 직접적인 참인 사실들이다. 그것들은 더 이상 분석되지 않는다. 그것들이 바로 분석의 종점이 되는 가장 단순한 사실들, 혹은 사물들이기 때문이다. 데카르트는 추론의 출발점이 되는 이 근원적 사실의 설정에 있어 과거의 철학자들이 오류를 저질렀다고 보았다. 데카르트는 인간 정신의 선명하고 직접적이고 순수한 작동이 이 최초의 원인들(혹은 원리)을 발견할 수 있게 한다고 말한다. 그러나 과거의 최초의 원리들은 단지 편견과 권위에 의해 설정되었으며 거기에서 인간 이성은 소외되었다. 이제 인간의 정신이 주인이 되어 그 직관을 행사해야 한다. 인간의 사유는 제대로 행사되었을 경우 무오류이기 때문이다. 데카르트의 철학사상의 커다란 의의와 오류 모두 인간 정신의 역량에 대한 그의 확고한 믿음에서 기원하게 된다.

데카르트가 지식의 근원에 인간의 명석 판명한 사유를 가져다 놓음에 의해 그는 신의 왕관을 빼앗아 인간에게 씌워준다. 중세는 완전히 끝나고, 재탄생한 그리스도 끝나고, 이제 휴머니즘의 새로운 시대가 도래한다. 그는 사유를 인간만이 지닌 특권이라고 보았다. 인간을 제외한 다른 모든 존재는 단지 세계라는 거대한 기계 장치에서 하나의 영혼 없는 부속품에 지나지 않게 되었다.

데카르트가 이것과 관련하여 이룬 업적은 나중에 더욱 자세히 논의될 것이다. 여기서는 그가 수학에 부여한 의미에 대해 살펴보도록 하자. 우리가 예증으로 든 유클리드 기하학의 공준의 자명성은 현대에 이르러 더 이상 받아들여지지 않는다. 평행선 공준이라고 불린 다섯 번째 공준의 비자명성에서 시작된 의심으로부터 이제 유클리드 기하학을 완전히 대체하는 비유클리드 기하학이 생겨나게 되었다. 따라서 공준은 자명하지 않았다.

데카르트적 사유의 또 다른 문제점은 기하학의 문제점을 훨씬 넘어서는 것이다. 데카르트는 모든 학문이 수학적 성격을 가져야 한다고 생각했다. 그의 존재론에 따르면 물리학을 비롯한 모든 자연과학 역시도 수학적 성격을 가져야 했다. 수학적 성격은 단지 직관에 의한 기본적 원리와 연역에 의한 그것으로부터의 종합으로 간단히 정의될 수 있다. 과연 이것이 자연과학에서 가능한 방법인가?

화학의 예를 들자. 원소주기율표는 화학에서의 공준이라 할 만하다. 존재하는 물질들은 원소주기율표에서 연역되었다고 할 수 있을까? 데카르트가 표현하는바 명석 판명한 정신으로 바라보았을 때 우리는 직접적으로 그리고 선명하게 직관적으로 원소주기율표를 얻어낼 수 있는가? 만약 데카르트가 옳다면 가장 탁월한 영혼에게는 이것이 가능해야 한다. 데카르트의 방법론에 따르면 원소주기율표는 직관intuition에 의하여, 현존하는 물질들은 그것으로부터의 연역deduction으로 얻어져야 한다.

인간 이성의 추론은 존재being와 패턴의 두 방향을 향한다. 전자는 사물에 대한 것이고 후자는 사실에 대한 것이다. 전자는 개념, 후자는 인과율로 불릴 수도 있다. 이때 원소주기율표와 현존하는 사물은 존재에 대한 것이라고 할 수 있다. 만약 데카르트의 방법론이 옳다면 우리는 명석 판명하게 근원적 존재를 직관적으로 알 수 있어야 한다. 화학에 있어 이것은 매우 비현실적이다. 원소주기율표는 오히려 현존하는 사물들의 분석에 의해 얻게 된 것이다. 현존하는 사물들은 우리 경험의 대상이지 선험적 인식의 대상이 아니다. 따라서 원소주기율표 역시도 직관이 아니라 경험적 대상의 분석에서 나온 것이다.

이것은 물리학과 그 사실에 있어서도 마찬가지이다. 물리학에서의 공준은 이를테면 만유인력의 법칙과 같은 인과율이다. 데카르트는 아마도 이 법칙이 오로지 사유와 내관에 의해 얻어진 이성의 소산이라고 말할 것이다. 고전물리학에서의 공준이라고 할 만한 이 법칙이 경험에서 독립한 직관에 의해 얻어진 것이라고 말할 수는 없다. 사실 이 법칙은 경험에 기초한 직관에서 얻어진 것이라고 말해져야 한다.

데카르트는 지식의 근원은 경험에서 독립한 순수이성의 직관이라고 누누이 말하고 있다. 그가 인간의 모든 지식이 수학적 양식이어야 한다고 말할 때 그가 말하는 것은 바로 이것이다. 데카르트는 수학의 존재에서 인간 이성에 대해 매우 순진하고 낙관적인 가능성을 발견한다. 그가 당시의 지적 세계에서 발견한 것은 혼란과 모순과 불확실과 무지였다. 그는 이것들을 모두 일소하고 새로운 지식을 새로운 확실성 위에 구축할 수 있다고 믿었다. 수학이 이미 모범을 보였는데 왜 그것이 가능하지 않겠는가?

데카르트가 당시에 팽배한 인간 이성에 대한 자부심을 대변했는지 혹은 회의주의와 불확실성과 혼란 속에서 이성에 기초한 전적으로 새로운 세계를 도입했는지의 여부는 알 수도 없고 알 필요도 없다. 중요한 것은 이제 앞으로 20세기 초까지는 과학과 도덕률에 적용된 인간 이성의 자발성과 역량에 기초한 기계론적 합리주의의 시대가 펼쳐질 것이었다. 이러한 신념에 대한 반명제가 없었던 것은 아니다.

《방법서설》의 출판 이후 110년 만에 출판된 데이비드 흄의 《인간 오성론 Enquiry concerning human understanding》은 자신감 넘치는 이성의 통합을 다시 한

번 해체시키는 가장 날카롭고 통찰력 넘치는 저술이었다. 그러나 이 저술에서 지적하는 인간 이성의 한계와 불확실성은 앞으로 한참 동안 받아들여지지 않는다. 과학혁명이 불러온 엄청난 지적 혁명과 산업혁명, 정치혁명 등에 의한 물질적 삶의 향상은 불온한 분위기를 풍기는 흄의 회의주의를 그럭저럭 잘 방어하고 있었다. 이러한 분위기는 1914년의 제1차 세계대전의 발발에 의해서 새로운 방향을 취하게 된다. 그때에서야 사람들은 흄의 업적에 일제히 주목하게 되고 세계는 또다시 해체의 시대로 진입하게 된다.

데카르트는 어쨌건 16세기의 회의주의를 일소해야 한다고 생각했다. 그가 회의주의를 확신과 자신감으로 대체할 수 있다고 믿었다는 것 자체가 이미 그는 17세기의 합리론적 세계에 속했다는 사실을 말한다. 경험론의 세계에 속한 사람들은 지적 회의주의 이외에 인간이 택할 수 있는 다른 형이상학적 태도는 없다고 믿는다. 그러나 데카르트는 인간 이성이 구축하는 확고하고 선명하고 무오류인 세계를 원했다. 그는 말한다.

"몇 년 전에 나는 어린 시절에 참인 것으로 받아들인 많은 거짓에 그리고 그 거짓 위에 쌓아 올린 전체 구조물의 매우 의심스러운 성격에 충격받았다. 나는, 안정적이고 지속적인 과학에 있어 무엇인가를 건설하기를 원한다면 모든 것을 완전히 부수고 바로 그 기초 위에서 출발하는 것이 삶의 어느 시기엔가는 필요하다는 사실을 깨달았다."

그렇다면 데카르트가 구축하는 세계의 기초는 무엇이며 그것은 어떻게 얻어지는 것인가? 데카르트는 모든 학문이 수학적 형식을 취해야 한다고 말한다. 따라서 그의 지적 체계는 수학에서와 마찬가지로 '직관과 연역'에 입각해야 한다. 직관은 모든 현존을 연역시킬 수 있는 최초의 본질essence, 혹은 전제를 일거에 확립시킬 수 있는 명석 판명한clear and distinct 정신 상태이다. 데카르트는 모든 합리론자 혹은 관념론자들과 마찬가지로 최초의 전제가 귀납 추론에 의해서 얻어지는 단지 확률적인 패턴, 혹은 관습custom — 흄의 용어인바 — 이라는 사실을 받아들일 수 없었다. 그것은 생득적innate이어야 했다. 생득적 본유관념에 의한 전제 없이는 합리론은 존재할 수 없다. 합리론은 최초의 원리의 진리성과 확고함을 가정하는바 이것은 경험에 의해서는 얻어질 수 없기 때문이다. 경험에 대한 데카르트의 생각은 플라톤의 그것과 완전히 같다. 플라톤은 동굴 속의 어른거리는 검은 그림자가 진정한 지식일 수는 없다고 말한다. 데카르트는 그것에 대해 다음과 같이 말한다.

"우리가 비록 매우 선명하게 태양을 보지만 우리는 그것이 우리 시지각이 (우리에게) 제시하는 크기에 지나지 않는다고 판단해서는 안 된다; 또한 우리가 염소의 몸체에 부착된 사자의 머리를 매우 분명하게 상상할 수 있다고 해서 키메라chimera의 존재를 결론짓는 쪽으로 가서도 안 된다; 왜냐하면 우리가 그런 방식으로 (태양을) 보는 것이나 (키메라를) 상상하는 것이 실제로 존재하는 것이라고 말하는 것은 이성이 하는 것은 아니기 때문이다."

우리 감각 인식sense-perception과 경험에 관한 이와 같은 데카르트의 주장에는 소피스트들의 지식의 상대성 주장을 반박하는 플라톤의 논증이 메아리치고 있다. 말한 바와 같이 모든 철학은 관념론적 독단과 유물론적 회의주의를 양 끝으로 하는 스펙트럼의 어디엔가 존재한다고 할 때 근대의 관념론이 바로 기계론적 합리주의이고 근대의 유물론이 바로 영국의 경험론이다. 따라서 고대 그리스에 플라톤과 소피스트가 대립하고, 중세에 실재론과 유명론이 대립하듯 근대에는 대륙의 합리론과 영국의 경험론이 대립한다. 전자는 본유관념, 선험성, 필연성, 일반성, 사유, 추상 등에 대해 말하고 후자는 유사성, 경험, 우연, 개별성, 감각, 패턴 등에 대해 말한다.

우리가 다루는 큰 주제인 통합과 해체는 근대에 이르러서는 17세기와 18세기에 나뉘어 발생하게 된다. 17세기의 이성에 의한 통합은 철학에서는 데카르트에 의해, 과학에서는 요하네스 케플러, 갈릴레오 갈릴레이, 아이작 뉴턴 등에 의해 가능하게 된다. 17세기의 이 세 명의 과학자들의 업적은 마치 인간이 스스로의 이성에 바치는 경의homage와도 같은 것이었다. 이때 천명된 과학적 법칙들은 너무도 완벽하고 깔끔해서 도저히 경험이라는 저급한 영역에서 나온 것으로는 보이지 않았다.

케플러의 세 개의 법칙이나 뉴턴의 만유인력의 법칙은 마치 유클리드 기하학의 공준과 같아서 거기에서 모든 천체의 운동 양상이 연역될 수 있었다. 데카르트가 그의 《방법서설》을 저술할 당시의 유럽의 시대적 분위기는 이와 같았다. 인간 이성의 자신감과 역량은 그 유례를 찾아볼 수 없을 만큼 대단했다. 데카르트는 기하학에 있어 유클리드가, 과학에 있어 케플러가 한 일과 같은 것을 철학의 영역에서 하고자 했다. 그렇다면 철학의 제1원리를 찾아내야 했다. 철학은 존재하는 것을 존재하게 하는 근원을 밝히는 학문이다. 그 근원의 탐구는 어디에서 출발해야 하는가? 즉, 존재의 확실성은 어디에서 구해져야 하는가?

데카르트의 방법론적 의심methodological doubt은 유명하다. 그는 먼저 모든 것이 환각이라고 가정한다. 심지어는 스스로조차도 환각이라고 가정한다.

"그러나 나는 세계 전체에 아무것도 없다고, 하늘도 땅도, 마음도 육체도 없다고 설득되었다; 그때 나는 마찬가지로 내가 존재하지 않는다고 설득되지는 않겠는가? 절대 그렇지 않다; 나는 확실히 존재한다. 왜냐하면 나는 스스로에게 무엇인가를 설득했기 때문에 나 스스로 확실히 존재한다. 그러나 너무도 강력하고 너무도 교활한, 그의 모든 재능을 나를 기만하는 데 사용하는 어떤 기만자가 있다. 그가 나를 속인다고 해도 의심의 여지없이 나는 그대로 존재한다. 그가 원하는 만큼 마음껏 나를 기만하게 하라. 그러나 내가 무엇이라고 생각하는 한 그는 내가 아무것도 아니게 만들 수는 없다."

데카르트의 요지는 "의심한다는 사실 자체를 의심할 수는 없다."는 것이다. 내가 모든 것을 의심해서 심지어는 나의 존재까지도 의심한다고 해도 결국 거기에는 '의심한다'는 사실은 남는다. 의심한다는 것은 사유한다는 것이고, 그 사유는 모든 기존의 불확실성과 회의를 일소하고 본질적이고 확고한 사실로서 자리 잡는다. 데카르트는 나의 존재, 외부의 존재, 신의 존재 등을 모두 사유에서 연역한다. 즉, 사유thinking가 그의 철학에서 이를테면 유클리드의 공준의 역할을 한다. 그것은 확실한 사실이다. 제일 먼저 나의 존재가 나의 사유에서 연역된다. 따라서 "나는 사유한다. 고로 나는 존재한다."

데카르트의 이러한 이념은 결국 플라톤의 이데아론의 근대적 변용이다. 사유는 이성을 전제한다. 인간 이성은 궁극적으로는 기하학을 할 수 있는 능력을 의미한다. 사물과 관련하여서는 개념을 전제하는 능력이다. 여기서 개념은 형상, 말씀(요한복음), 보통명사, 보편자universals, 공통의 본질common nature 등으로 달리 불릴 수 있다.

그리스 철학은 본질적으로 개념의 철학이다. 플라톤에게 이것은 이데아이며 아리스토텔레스에게 이것은 공통의 본질이 된다. 인간에게 여기에 대응하는 선험적 역량이 있다는 주장에 있어서 플라톤과 데카르트는 일치한다. 그것이 곧 이성이다. 이때 그 이성의 행사가 데카르트에게는 사유이다.

데카르트와 플라톤의 차이가 근대와 고대의 차이를 부른다. 데카르트는 사물보다는 사실에 관심을 가졌다. 고정된 고대 사회는 사물에 관심을 기울이지만 역동적으로 변해나가는 근대는 사실에 관심을 기울인다. 고대 철학은 사물의 본질에 관해 질문하지만 근대 철학은 운동의 본질에 관해 질문한다. 이것은 두 시대의 철학이 유사성 못지않게 차별성을 갖는다는 사실을 말한다. 플라톤이나 아리스토텔레스는 변화 혹은 운동의 이유를 사물의 본질에서 찾았다. 그리스 시대인들도 근대인들과 마찬가지로 지구의 운동을 알고 있었다. 그때 아리스토텔레스는 그 운동이 지구라는 사물의 본질에서 유추된 것이라고 말한다. 아리스토텔레스는 존재의 4원인(질료인, 형상인, 작용인, 목적인)에 대해 말한다. 이때 운동이나 변화는 작용인the efficient cause에 의한다. 아리스토텔레스는 지구의 작용인은 지구라는 행성의 속성에 속하는 '회전운동의 충동'이라고 말할 것이다. 이때 중요한 것은 운동한다는 사실이 아니라 운동하고자 하는 본래적인 원인이 된다.

근대는 운동을 사물에서 독립시킴에 의해 고대와 결별한다. 사물은 그 안에 어떠한 속성을 내재한 것이 아닌 그냥 3차원의 공간을 차지하고 있는 무기물적 연장extension에 지나지 않는다. 만약 그것이 운동한다면 운동의 원인은 그 안에 내재할 수 없다. 그것은 '수동적이고 무력한 무기물'이기 때문이다. 코페르니쿠스가 지동설을 발표하고 나서 80여 년간 천체 물리학은 주춤거릴 수밖에 없었다. 16세기는 고대와 근대가 충돌하던 시대였다. 지동설의 주장으로 인해 16세기는 고대와 결별하지만, 한편으로 지구의 운동이 스스로에 내재한 원인에 의한다고 믿음에 의해 아직 고대에 묶여 있었다.

행성은 회전 운동을 한다. 그리고 그 운동의 원인은 행성 내에 있는 스스로가 완전한 존재가 되기 위한, 다시 말해 형상인the formal cause을 충족시키기 위한 동기에서이다. 이때 궤도는 당연히 원이어야 한다. 원이야말로 가장 말끔하고 완벽하고 흠결 없는 궤도이기 때문이다. 코페르니쿠스가 지동설을 발표한 이후에도 행성의 운동에 대한 천체물리학에서의 진척이 없었던 이유는 아리스토텔레스의 유산이 아직도 근대인들을 사로잡고 있었기 때문이다. 이러한 지체 상태는 케플러가 타원궤도를 들고나옴에 의해 해소된다. 행성의 운동을 결정짓는 것은 행성 내에 있는 작용인이 아니라 행성 외부에 있는 항성과의 거리에 의해 결정되는 것이었다. 케플러가 타원 궤도에 따른 세 개의 법칙을 발표했을 때 이제 '세계는 사물의 총체가 아니라 사실의 총체The world is the totality not of facts, but of things.(비트겐슈타인)'가 된다. 행성은 결국 무기물이었다. 그것은 결국 그것 밖에 있으며 거기에 영향을 주는 무엇인가에 의해 좌우되는 사물이었다. 뉴턴이 그 무엇인가에 대해 '힘'이라고 포괄적으로 규정지었을 때 근대 역학은 완성된다.

$F = G \cdot M1 \times M2 / r^2$ 라는 만유인력의 법칙이 이제 만물의 운동을 설명할 수 있게 된다. 이것은 물론 데카르트 사망 한참 후에 발생한 일이다. 그러나 어쨌건 데카르트가 원한 것은 이것이었다. 이제 중요한 것은 사물이 아니라 사실이 된다. 이 사실이 곧 과학 법칙 혹은 인과율이라고 불리게 된다. 데카르트가 구한 것은 사물의 개념이 아니라 이를테면 사실fact의 개념이었다.

여기에 멜루, 로쪼, 루디, 콩이 등의 이름을 가진 강아지들이 있다. 그리고 f라는 함수를 '짖는다'라고 정의하자.(명제를 함수로 포착한 것은 러셀이 확립한 방법이다.) 이때 우리가 fm, fl, fr, fk ... 등을 말한다고 하자. 이것들은 개별적인 사실들에 대한 언급이다. 데카르트가 구한 것은 이 개별적인 사실들 전체를 포괄할 수 있는 언명이었다. 우리가 만약 "모든 개가 짖는다."라고 말하며 그것을 $(x).fx$라고 표현했다고 한다면 이것이 바로 데카르트가 구한 '직관intuition'에 의한 연역의 기초의 도입이다. "모든 개가 짖는다."에서 각각의 개가 짖는 것은 당연히 연역되기 때문이다.

고대인들은 개에게는 짖는 속성이 내재되어 있다고 말할 것이다. 합리론자인 데카르트 역시도 그렇게 생각했다. 그러나 중요한 것은 개의 내재적 속성이 아니라 개가 짖는다는 사실이다. 데카르트는 보편적 사실이 존재할 수 있다고 믿었다. 수학은 보편적 사실에 관한 사유체계라고 믿어지기가 쉽다. 기하학의 공준은 너무도 자명해 보이기 때문이다. 공준과 정리 사이는 논리에서의 전제와 결론 사이처럼 닫힌 체계이다. 그것은 경험을 향해 열려있을 필요가 없다. 그러나 이것은 경험적 사실에 있어서도 마찬가지이다. "모든 개는 짖는다."라는 언명이 이미 참인 것으로서 있다고 하자. 그렇다면 개별적인 개들이 짖는 것 역시 참이다. 이것이 아리스토텔레스의 '편유편무의 법칙law of all or nothing'이다.

기하학에서의 공준과 일반적인 자연과학적 세계에서의 법칙이 그 성격을 달리한다고 말할 수는 없다. 뉴턴의 만유인력의 법칙은 상대역학 이전의 물리학에 있어서는 당연히 천체물리학의 공준이었다. 데카르트가 원한 것은 바로 이러한 것이었다. 직관에 의해 얻어진 확고부동한 전제와 그로부터 연역되는 세계에 관한 여러 지식이 그가 원하는 지적 시스템이었다.

나중에 칸트는 수학적 지식과 과학적 지식의 차이를 각각 분석적analytic이고 종합적synthetic인 데에 둔다. 칸트는 수학적 지식은 '분석적이고 선험적analytic a priori'인 것이고, 과학적 지식은 '종합적이며 선험적synthetic a priori'인 것이라고 말한다. 예를 들어 "삼각형의 내각의 합은 180도이다."라는 지식은 분석적인 것이라고 말한다. 이 명제는 경험에 호소할 필요 없이 이미 그 안에 선험적인 요소를 지니고 있다. 이 명제는 단지 분석적이기 때문이다. 확실히 그렇다. '삼각형의 내각의 합'은 단지 '동위각과 엇각은 같다'라는 사실에 의해 180도라는 것이 밝혀진다. 이때 만약 우리가 그 증명 과정을 끝까지 밀고 나가기를 원한다고 하자. 그럴 경우 우리는 그 종단에서 공준에 부딪힌다. 물론 공준은 그 참임이 증명되지 않는다. 참임이 증명되지 않는 전제를 어떻게 수용할 수 있겠는가?

이에 대해 데카르트는 '명석 판명'한 정신적 직관에 의해 참임을 보증받는다고 말할 것이다. 여기가 합리론자들의 종점이며 또 동시에 그들의 아킬레스건이다. 경험론자들에게 있어 명석 판명한 정신이란 또 하나의 환상에 지나지 않기 때문이다. 데카르트는 물론 칸트조차도 수학적 지식이나 과학적 지식이나 동일한 종류의 지식이란 사실을 알아채지 못하고 있었다. 언제나 문제는 그 전제에 있다. 수학적 전제도 참임을 보증받지 못한다는 사실에 있어서는 과학적 인과율의 처지와 같다. 따라서 궁극적인 견지에서는 수학적 지식도 물론 분석적인 지식이 아니다. 수학적 지식조차도 귀납 추론에 의한 전제의 도입이라는 문제와 동일한 문제에 처해 있다는 사실은 훨씬 나중에 볼료이, 료바체프스키, 리만, 비트겐슈타인 등에 의해 밝혀지게 된다.

데카르트는 철학과 과학의 모든 영역이 수학적 형식을 지님에 의해 그 확고한 참을 보증받는다고 생각했다. 그리고 그의 지식은 사물의 본질에 대한 것이 아니라 사물을 운동시키는 그 법칙의 발견에 대한 것이었다. 데카르트는 함수의 도입에 의해 수학사에 신기원을 이룩한다. 함수야말로 이를테면 과학의 인과율의 수학적 표현이다. 함수의 좌표 체계(x, y)는 단지 원인과 결과의 묶음이다. x는 독립변수이고 y는 종속변수이다. 이 두 개가 f function라는 작동operation에 의해 엮인다. 이것은 일반화 중의 일반화이다.

x를 고용된 일꾼이고 y를 그들이 생산하는 어떤 물품의 생산량이라고 하자. 이때 x와 y의 관계가 $y = 5x$로 규정된다고 하자. 즉, 한 명을 고용하면 다섯 개의 물건이 만들어지고, 두 명을 고용하면 열 개의 물건이 만들어진다. 이때 x가 독립변수로서 피고용인이고 y가 종속변수로서 생산량이 된다. 여기에서 '5'가 f가 된다. 즉, 피고용인과 생산량의 사이에는 곱하기 5라는 함수function가 존재한다.

고대 세계는 x에 속한 사람들의 속성에 대해 생각했고 따라서 그들이 만드는 각각의 물건이 그들을 닮았다고 생각한다. 그러나 함수적 사고방식 하에서는 고유의 속성을 지닌 것으로서의 x의 존재는 증발한다. 이때 중요한 것은 '5'라는 함수이다. 결국 근대 과학의 목표는 이 함수의 발견이다. 이것이 이를테면 데카르트가 생각하는 가장 근원이 되는 연역의 근원이다. 이 함수만 얻어낼 수 있다면 단순히 변수 x에 특정한 상숫값을 집어넣음에 의해 그 결과를 예측할 수가 있었다. 이것이 근대 과학의 인과율의 모형model이었다.

이때 독립변수는 여러 개일 수 있다. 만유인력의 법칙에 있어서의 변수는 두 물체 사이의 거리와 두 물체 각각의 질량으로서 총 세 개다. 종속변수 F(힘)는 먼저 거리의 제곱에 반비례하고 두 물체의 질량의 곱에 비례한다. 만유인력의 법칙 자체가 근대의 함수적 사고방식의 커다란 개가였다. 이것은 물론 그 이전의 갈릴레오 갈릴레이의 자유낙하 하는 물체의 운동 거리와 시간과의 관계에서도 잘 나타난다. $S = 1/2gt^2$이라고 할 때 g는 지구 중력 가속도를 나타내는 상수이다. 따라서 이 함수는 시간이라는 독립변수와 낙하 거리라는 종속변수 사이의 함수이다. 갈릴레오 갈릴레이가 "세계는 수학이라는 언어로 읽을 수 있는 책"이라고 말할 때 그는 "세계의 물리적 현상은 언제라도 함수에 의한 표현으로 가능하다."는 사실을 말하고 있다.

데카르트는 그의 《방법서설》에서 지식을 얻는 네 가지 '방법의 규칙'에 대해 말한다. 이 규칙은 기하학적 모델을 가진 것으로서 기하학적 논증에 있어서는 고대 이래 이미 사용되어온 것들이었다. 데카르트의 업적은 유클리드 기하학에 숨어있는 방법론을 포착하고 그것을 밖으로 드러내어 독립된 지식 추구의 양식으로 만들었다는 데에 있다. 그가 말하는 네 가지는 다음과 같다.

"첫 번째는, 내가 선명하게 참이라고 알지 못했던 사실은 무엇이라도 참으로 받아들이지 않는다는 것이다. ... 즉 완전히 명석 판명하게 의심의 모든 근거를 배제할 정도로 내 마음에 인식되지 않는 그 무엇도 내 판단 속에 내포하지 않는 것이다. 두 번째는, 고찰 중인 모든 난점을 가능한 한 많은 부분으로 나누는 것이다. 세 번째는, 나의 사유를 알기에 가장 단순하고 쉬운 대상으로부터 시작하여 조금씩 조금씩, 즉 한 계단씩 더 복잡한 지식으로 향하도록 순서 짓는 것이다. ... 마지막으로는, 모든 경우에 (요소의) 나열을 아주 완벽하게 하고, 검증을 완전히 포괄적으로 하여 무엇도 빠지지 않았다는 사실을 확실히 하는 것이다."

여기서 첫 번째는 물론 공준의 설정이다. 앞에서도 여러 번 말한 바대로 데카르트는 최초의 전제, 즉 모든 연역과 지식의 근거가 되는 전제의 도입은 우리의 직관intuition에 의한다고 주장한다. 데카르트가 직관이라고 말할 때 그것은 명석 판명한 정신 상태로서의 이성적 태도이다. 이것은 데카르트뿐 아니라 모든 관념론 혹은 합리론 철학자들의 공통된 태도이다. 자명한self-evident 것으로서의 전제를 설정하지 않는 한 지식의 확실성을 보장받을 수는 없기 때문이다. 하지만 경험론적 철학자들에게 있어서 이것은 자명한 독단dogma의 다른 이름에 지나지 않는다. 경험론자들에게 있어 모든 원리는 사실은 귀납 추론inductive reasoning일 뿐이다. 즉, 연역의 토대가 되는 그 전제 자체가 누적된 경험에 의해 응고된 관습 혹은 습관에 지나지 않는 것이다. 따라서 합리론자들이 제1원리라고 말하는 그 명석 판명한 정신의 소산은 사실은 그 출신 성분에 있어 일상적인 경험의 그것과 다르지 않다.

프레게는 경험의 소산인 관념이 오히려 경험에 앞서 선험적 개념으로 작동하는 사실에 대해 '우리 언어의 괴상망측함the awkwardness of our language'이라고 말한다. 또한, 비트겐슈타인은 이러한 특혜를 가진 명제의 존재 자체를 부정한다. 모든 경험적 사실에 앞서 그것들을 포괄하는 것으로서의 특권적이고 우월한 명제는 이미 명제가 아니다. 명제는 단지 개별적 경험에 관한 것이기 때문이다. 그는 "모든 명제는 등가이다All propositions are of equal value."라고 말하며 선험적이고 일반적인 성격을 지니는 언명을 그의 명제의 세계에서 구축한다.

이러한 새로운 이념의 철학은 18세기 중반부터 발생하기 시작한다. 데이비드 흄의 경험론과 회의주의는 심지어 데카르트의 철학에 대해서도 비판적이다. 흄이 공격하는 것은 과학혁명에 의해 얻어진 성취들이었다. 과학혁명은 데카르트적 이념에 의해 가능한 것이었지만 흄의 이념에 의해 붕괴될 것이었다. 과학혁명을 가능하게 한 가장 중요한 신념은 사실들facts의 연역의 근거로서의 과학의 제1원리였다. 이 제1원리의 포착이 데카르트의 '방법의 규칙'의 첫 번째 요강이었다.

두 번째 '방법의 규칙'은 분석에 관한 것이다. 데카르트는 가장 단순한 사실에까지 분석해 들어가야 한다고 말한다. 기하학에서의 분석은 증명에 의해 드러난다. 예를 들어 "삼각형의 내각의 합은 180도이다."라는 언명은 평행선, 동위각, 엇각 등의 요소로 삼각형을 분석함에 의해 증명 가능하다. 정리theorem의 참 혹은 거짓은 그 구성요소의 철저한 분석에 의해 가능해진다. 이 분석은 또한 물질에 대해서도 적용할 수 있다. 예를 들어 나무 테이블을 가장 철저히 분석하면 원소주기율표에 있는 근원적 원소들의 일부에까지 이를 것이다.

세 번째는 연역 혹은 종합에 관한 것이다. 이것은 두 가지로 생각해 볼 수 있다. 기하학에서의 연역과 과학에서의 연역으로. 기하학에서 연역의 소산은 정리이다. 피타고라스의 정리가 자못 복잡해 보인다 해도 그 분석의 결과는 다섯 개의 단순한 공준에 닿는다. 이 과정의 역이 연역 혹은 종합이다. 데카르트는 가장 단순한 사물들로부터 좀 더 복잡한 것들로의 점진적인 연역이 가능하다고 말한다. 이것은 원소주기율표와 그것들로 이루어진 사물들과의 관계에서도 분명하다. 가장 단순한 원소들의 점차적인 결합에 의해 좀 더 복잡한 사물들이 만들어진다. 고전물리학에서의 연역은 뉴턴의 만유인력의 법칙과 행성의 운동 사이에서 가능하다. 만유인력의 법칙이라는 단일하고 단순한 원리로부터 모든 운동하는 천체의 위치와 운동량이 연역될 수 있다. (최소한 상대성 이론이 나오기 전까지는 그와 같았다.) 천체의 운동은 매우 복잡하다. 하다못해 행성 하나의 운동조차도 복잡하다. 그러나 그 복잡한 행성의 운동이 단일한 하나의 법칙에서 연역된다.

네 번째는 열거와 검증에 관한 것이다. 이것은 화학에 있어 잘 드러난다. 복잡한 물질의 분석에 있어서 빠진 요소가 없는지를 검증하는 것은 매우 중요하다. 이것은 치밀하고 철저한 열거와 그 검증에 의해 가능해진다.

데카르트에 의해 세계는 다시 통합된다. 그가 이성의 존재와 그 작동의 기제를 가장 근본적이고 유일한 형이상학적 실체로 삼음에 따라 세계는 그 이성 위에서 다시 한번 정합적 모습을 지니게 된다. 근대의 합리론은 고대의 실재론에 이어 인간 이성의 존재와 가능성을 천명함에 따라 또다시 자신과 세계에 관한 낙관적 자신감을 지니게 된다. 이에 따라 당연히 거대담론과 계몽서사가 도입된다.

데카르트는 세계를 둘로 나눈다. 하나는 사유하는 존재이고 다른 하나는 연장되어 있는extended — 공간을 차지하고 있는 — 무기물적인 사물이다. 데카르트는 실체substance는 그 속성attributes에 의해 알려지는바, 우리는 사유와 연장이라는 두 개의 확연히 구분되는 속성을 명석 판명하게clearly and distinctly 알 수 있다고 말한다. 이때 사유는 정신적 실체를 지니고 연장은 물리적 실체를 지닌다. 데카르트가 정의하는바 실체는 그 존재를 보증받기 위해 다른 무엇도 요청하지 않는 것이다. 실체는 원인 그 자체causa sui이다. 따라서 이 두 개의 실체는 서로 독립적이다. 정신은 그 존재를 위해 물리적 기반을 지닐 필요가 없고, 연장을 지닌 물리적인 것들은 또한 정신적인 기반을 가질 필요가 없다. 따라서 인간의 정신을 제외한 모든 것들은 단지 기계장치의 일부일 뿐이거나 기계장치 그 자체이다.

고대 그리스의 실재론적 철학자들은 사물 자체에도 정신과 같은 것이 존재한다고 믿었다. 자연 속에 스스로 존재하는 것들은 스스로에 내재한 원인causes을 지녔다. 데카르트는 이것을 부정한다. 인간의 정신을 제외한 모든 것들은 스스로에 내재한 어떤 정신적인 것을 지니지 못한다. 그것들은 단지 물리적 물질이며 따라서 과학적 견지에서 탐구되기만 하면 충분하다. 이것이 데카르트 고유의 이원론dualism이다.

인간은 다시 만물의 영장이 된다. 인간은 이성에 의해 세계 전체를 자기 정신 속에 투사시킬 수 있을 만큼의 소우주가 될 수 있다. 인간 이성은 세계의 이면에 있는 세계를 지배하는 근본적인 원리를 포착할 수 있다. 세계 또한 그 근원적인 원리에 있어서는 이성을 닮았다. 인간 정신과 세계는 모두 동일하게 수학적인 언어를 사용한다. 세계는 다시 통합되었으며 인간은 자신감과 우월감 속에서 살 수 있게 되었다. 휴머니즘은 고대 그리스시대 이후 다시 한번 그 개가를 올리게 되었다.

합리론은 물론 위계를 불러들인다. 감각과 경험은 인간과 다른 동물을 차별화하지 않고 또한 인간 사이도 차별화하지 않는다. 감각은 모두를 평등하게 만들고 경험은 모든 것을 상대화한다. 감각과 경험에서 우열은 없다. 경험은 각자에게 속한 것이다. 경험론은 단지 개별자individuals만을 존재하는 것으로 본다. 그러나 합리론은 우선 인간을 다른 동물과 차별화하고 인간 사이에도 차별을 불러들인다. 이성은 인간 고유의 것이다. 문제는 그것이 인간 사이에 균등하게 배분되지는 않는다는 사실이다. 합리론자들은 인간에게 공유되는 보편적 이성에 대해 말하면서 사실은 세계에 위계를 불러들인다. 추상화 능력과 그 이해 그리고 명석 판명한 정신은 모든 사람에게 공정하게 배분되지 않는다. 수학은 점수로 환산된다.

서구 합리주의가 휴머니즘을 불러들이는 동시에 인간 이외의 모든 존재를 인간보다 열등한 미물로 대할 수 있는 것은 인간만이 이성적 동물이라는 명분하에서이다. 또한, 그 이념은 상당히 귀족적인 것이었다. 실재론과 합리론의 이념이 인간들 사이의 계급 차이를 당연한 것으로 말할 수 있었던 동기도 이것이었다.

데카르트는 신의 세계를 인간의 세계로 대체했다. 중세 내내 인간은 신에게 종속된 존재였다. 인간이 무엇인가를 안다는 것은 신이 그것을 알도록 허용했기 때문이었다. 따라서 인간은 마치 허깨비와 같이 세계에 존재했다. 모든 것이 인간에게 직접적일 수 없었다. 인간이 무엇을 본다는 것은 신의 매개자agent로서 세계를 본다는 것이었다.

데카르트는 인간과 세계 사이에 존재하는 신을 제거했다. 이제 인간은 세계에 대한 선명하고 직접적인 인식을 순수하게 자발적인 역량에 의해 행사할 수 있었다. 그러나 사실 그것 역시 전적으로 자발적인 것은 아니었다. 신이 물러난 자리를 인간의 이성이 차지했다. 인간은 신의 감옥을 벗어나면서 동시에 이성의 감옥에 갇히게 되었다. 그 감옥은 신의 감옥 못지않게 터무니없고 근거 없고 전제적인 감옥이었다. 신을 빙자한 차별이 이성을 빙자한 차별로 바뀔 예정이었다.

데이비드 흄의 《인간 오성에 관한 탐구Enquiry Concerning Human Understanding》는 데카르트의 《방법서설》이 출판된 110년 후에 나오게 된다. 형이상학에 있어서의 하나의 세계가 그와 완전히 상반된 세계로 바뀌는 데 필요한 시간이

110년이었다. 이 두 개의 세계 사이에는 과학혁명이 끼어있다. 과학혁명은 데카르트적 이념의 개화였지만 흄이 제시한 새로운 이념하에서 의심과 회의의 대상이 될 예정이었다.

과학혁명은 이를테면 양날을 가진 검이었다. 그것이 연역의 기초가 될 선험적이고 보편적인 제1원리를 발견했다는 점에 있어서는 데카르트적 이념의 궁극적인 성취로 보였다. 그러나 다른 한편으로 그것은 데카르트적 합리론에 대한 가장 커다란 반박이었다. 케플러의 행성의 운행에 관한 세 개의 법칙에서부터 뉴턴의 만유인력의 법칙에 이르는 과학적 성취 어디에도 직관에 의한 성취만으로 가능한 법칙은 없기 때문이다.

'과수원의 사과'는 이를테면 뉴턴의 만유인력의 법칙이 귀납 추론에 의한다는 것을 의미심장하게 암시하고 있다. 모든 실증적 원리에 있어 경험에 대응하지 않는 것은 없다. 어떠한 명석 판명한 정신을 가정한다고 해도 일련의 경험적 요소 없이 과학 법칙이 나올 수는 없었다. 따라서 과학혁명의 성취는 아리스토텔레스가 이미 의식하고 있었던 귀납 추론의 문제를 벗어난 것은 아니었다.

로크는 모든 지식은 경험에서 온다고 말하면서도 내적 일관성을 저버린다. 그는 사물의 성질을 제1성질the primary qualities과 제2성질the secondary qualities의 두 가지로 분류한다. 이것은 형상과 질료에 관한 그리스적 철학의 근대적 개정판일 뿐이었다. 모든 지식이 경험에서 온다면 거기에 보편적이고 선험적인 지식은 없어야 했다. 그러나 로크는 거기까지 밀고 갈 수는 없었다. 그것은 궁극적으로 이성의 완전한 공허와 과학의 진공상태를 의미하기 때문이다.

경험론의 시작은 상식이다. 그러나 그것을 일관되게 밀고 나가면 매우 비상식적인 결론에 이르게 된다. 그것은 결국 합리론자들이 지식knowledge이라고 부르는 것의 완전한 소멸을 의미하는 것은 물론 그것을 유출시킨 인간 이성의 존재 자체를 부정하는 쪽으로 밀려가기 때문이다. 아니면 지식과 이성에 대한 기존의 정의definition를 새로운 것으로 바꾸는 쪽으로 밀고 가든지. 이것들은 어느 쪽이든 혁명을 의미했다.

"지식은 경험에서 온다."라고 할 때 지식과 경험은 어떻게 정의되는가? 경험론자들은 합리론자들의 지식을 단지 관습custom 혹은 습관habit이라고 부른다. 그들은 합리론적 의미에서의 지식의 가능성을 믿지 않는다. 합리론적 의미에 있어서의 합리론자들의 지식은 경험적 감각 인식에 의해 얻어진 단편적이고 흩어진 일상적 사실을 의미하지 않는다. 그들은 포괄적이고 일반화된, 두껍고 고형화되고 입체적인 언명만을 지식으로 본다. 그들은 확고함과 선험성이 가능하다고 믿기 때문이다. 경험론자들이 이 지식에 부여하는 의미는 그것은 단지 개연적인 추론probable reasoning에 의한 관습적 가치만을 가진다는 것이다. 물론 그렇다고 해서 이러한 종류의 관습이 의미 없다거나 쓸모가 없는 것은 아니다. 그것은 매우 실천적인 효용을 가진다. 확률적 개연성이 높기 때문이다.

로크는 영국 경험론British empiricism의 문을 열었다고 해도 모든 지식, 특히 과학혁명이 이룬 업적을 단지 관습으로 볼 수는 없었다. 그는 그만큼은 보수적이었고 결국 애매한 입장에 처한다. 절충주의는 로크의 경험론에서 잘 보인다. 그는 모든 지식이 경험에서 오지만 어떤 지식은 경험에서 왔음에도 불구하고 경험의 상대성과 변덕을 초월하는 항구성과 보편성을 가진다고 말한다. 최초의 경험론은 모든 지식의 기원을 경험에 놓음으로써 기존의 합리론적 이념을 앞문으로 내쫓지만 어떤 지식은 경험을 초월한다고 말함에 의해 그것을 뒷문으로 불러들인다.

조지 버클리는 망설이는 로크의 약점을 날카롭게 물어뜯는다. 그는 '모든 지식은 경험에서 온다.'는 가정이 옳다고 받아들인다. 그러나 이것은 방법론적인 수용이다. 모든 지식이 경험에서 온다면 동시에 어떤 지식도 우리의 경험에서 독립하지 못한다. 이것은 사물에 있어서도 마찬가지이다. 사물의 존재 역시도 우리의 경험적 인식empirical perception에서 독립하지 못한다. 그는 "존재는 피인식이다Esse est percipi."라고 말한다. 즉, 인식되지 않는다면 무엇도 존재하지 않는다. 경험이 모든 지식의 기원이라면 외부세계는 사라지고 거기에 우리의 경험만이 남는다. 이 경험은 인식이다. 합리론은 세계와 우리 이성을 마주 보게 한다. 거기에 우리 인식에서 완전히 독립한 세계가 있고 우리 명석 판명한 이성은 순식간에 그 세계의 본질에 육박하여 그 정체를 밝혀 놓는다고 가정한다. 이성은 객관적이며 충분히 통찰력이 있어서 우리 감각 인식의 벽을 돌파하여 사물 혹은 사실의 본질에 닿는다.

경험론은 우리가 알 수 있는 것은 단지 우리의 감각 인식일 뿐이라고 가정한다. 우리가 무엇인가를 볼 때 확실한 사실은 하나밖에 없다. 나는 단지 내 감각 인식만을 보고 있다. 그 감각 인식의 원인이 되는 외부대상은 단지 내 감각 인식에서 추론되었을 뿐이다. 따라서 내 감각 인식이 대상에 앞선다. 실존주의자들이 실존은 본질에 앞선다고 말할 때 경험론자들은 인식론적인 견지에서 "감각 인식은 그 대상에 앞선다."고 말할 것이다.

조지 버클리는 이러한 세계가 얼마나 괴물 같은 세계인가를 말한다. 집 앞에 개울이 있고 그 건너편에 작은 산이 있다고 하자. 그러나 여기에는 전제가 필요하다. 내가 현재 그것을 보고 있다는. 내가 그것을 보고 있지 않다면 내가 그 존재를 믿을 근거가 없다. 조지 버클리는 이렇게 잠정적이고 부질없는 세계를 견딜 수는 없다고 말한다. 그는 내가 보지 않더라도 신이 보고 있다는 가정을 한다면 세계는 합리론자들이 말하는 객관성과 확고함을 유지할 수 있을 것이라고 말한다. 신 없는 환각을 받아들일 것인가? 아니면 신 있는 확고함을 받아들일 것인가?

버클리의 이러한 통찰은 지극히 혁신적이고 날카로운 것이었다. 토머스 영의 '이중 슬릿 실험doule slits experiment'은 대상이 피인식 상태일 때와 그렇지 않을 때는 전적으로 다른 것이 된다는 것이었고, 이는 결국 1927년의 데이비슨 거머 실험The Davisson-Germer's experiment에 의해서 입증된다. 관찰되는 대상은 존재하게 되지만 그렇지 않은 대상은 존재하지 않는다. 우리가 일반적으로 존재being라고 말할 때 그것은 확정된 질량과 차원dimension을 가진 입자임을 말한다. 만약 어떠한 것이 파동으로 드러난다면 그것은 우리가 존재라고 말할 때의 의미에서의 존재는 아니다. 관찰되지 않을 때 파동이던 것들이 관찰될 때에는 입자가 된다. 즉 그것들은 피인식에 의해 존재를 얻는다.

'존재란 피인식'이란 버클리의 금언은 단지 철학적 과격이나 유비에 그치는 것이 아니었다. 버클리는 모든 것을 존재로 만들기 위해 일단 모든 것을 비존재로 만들었을 뿐이다. 그는 편재하는ubiquitous 신이 언제나 모든 것을 보기 때문에 세계와 그 안의 사물들이 존재할 수 있다고 말한다. 그의 과격은 이렇게 방법론적인 것이었다.

버클리는 이후의 철학자들 중 한 명이 그의 철학에서 신을 제거할 수도 있을 거란 사실을 꿈조차 꿀 수 없었을 것이다. 그렇다면 그 철학은 너무도 과격하고 희망 없는 회의주의를 불러들이기 때문이다. 그러나 극단적인 회의주의는 극단적인 자기 포기와 함께한다면 받아들여질 수도 있는 이념이었다. 경험론의 극단을 그 끝까지 밀고 간 사람이 데이비드 흄이었고 그 절망을 하나의 철학으로 만든 사람들이 실존주의자들이었다.

흄은 모든 지식은 경험에서 온다는 경험론의 전제를 문자 그대로 받아들일 경우 지식에 대한 우리의 전통적인 신념이 어떠한 것이건 간에 그것에 상당한 제한이 가해져야 한다고 생각한다. (이 제한이 곧 경험론자들의 오컴의 면도날이다.) 이성이 아니라 경험이 지식의 원천이라고 한다면 전통적으로 인간이 이성에 대해 가져온 신념은 결국 붕괴될 수밖에 없다. 인간의 지적 역량의 허약함과 한계에 대한 논증만큼 경험론적 회의주의를 만족시키는 것도 없다. 경험론적 회의주의자들은 냉소와 야유와 겸허가 자부심과 고상함과 의연함보다 더 가치 있는 삶의 태도라고 말한다. 그들은 이성적 존재라는 스스로에 대한 자부심이 모든 것을 망쳤다고 생각했다. 그것은 세계를 위계화했으며 위선을 불러들였고 허위의식과 허영을 배양했다. 인간이 세계의 본질에 육박할 수 있다는 믿음 자체가 세계를 망친 이유였다. "유럽인의 눈이 세계를 망쳤다.(프란츠 마르크)"

인간 이성은 세계에 대해 알 수 있다고 말하면서 동시에 알아야 한다고 말한다. 그 앎의 대상이 곧 존재이며 따라서 그것은 고정되고 확고하고 무변화여야 한다. 운동과 변화는 그것이 아직 이성적 형식에 다다르지 않았기 때문이다. 이러한 합리론적 이념은 따라서 원형을 제시하고 모든 사실이 거기에 준해야 한다고 생각한다. 이것이 또한 이성의 오만이다. 이성은 당위Sollen와 필연에 대해 말한다. 이성은 'all'이라는 양화사quantifier를 가정한다. 이를테면 "모든 개는 짖는다."는 언명은 이성의 유의미한 소산이다. 그러나 "멜루가 쫓는다.", "로쪼가 짖는다." 등은 큰 의미를 지니지 못한다. 포괄적이고 일반화된 언명이 아니기 때문이다.

경험론자들은 이때 간단히 묻는다. 누가 'all'에 대해 말할 수 있는가? 누가 'all'을 경험했는가? 제한된 경험의 영역에서 느닷없이 일반화로 거짓 도약한 것이 합리론자들의 제1원리 혹은 과학 법칙 아닌가? 귀납 추론에 의한 전제가 어떻게 전체 사례에 대한 포괄적 원칙이 될 수 있는가? 이러한 물음 가운데 경험론의 이념하에서는 합리론적 의미에 있어서의 '지식knowledge'은 소멸한다. 결국 지식은 세계의 본질에 대한 것일 수는 없었다. 흄은 과학혁명의 의미에 대해 다음과 같이 말한다.

"뉴턴이 자연의 어떤 미스터리한 베일을 벗긴 것처럼 보였지만 그는 동시에 인간의 타고난 허영과 호기심에 그렇게 들어맞는 기계론적 철학의 불완전성을 보였다. 결국 그는 자연의 궁극적인 비밀을 본래의 애매함 속으로 되돌렸다. 자연의 그 비밀들은 과거에도 그리고 미래에도 영원히 그 애매함 중에 서술될 것이다."

흄은 과학의 인과율과 형이상학의 여러 문제를 간단히 '난해한 의문들abstruse questions'이라고 말한다. 그는 한 명의 경험론자로서 이 난해한 의문들에 대한 답변은 세계를 탐구함에 의해서가 아니라 우리 자신의 인식 역량의 정체에 대한 탐구에서 주어져야 한다고 주장한다. 이제 세계가 무엇인가를 묻기 전에 우리가 무엇을 알 수 있는가를 물어야 한다. 흄은 몽테뉴가 했던 그 질문, 즉 "나는 무엇을 아는가?Que sais-je?"를 다시 들고나온다. 당연하게도 모든 지식이 경험에서 온다면 먼저 그 경험의 정체부터 밝혀야 하기 때문이다. 그는 인간이 자기 경험으로부터 지식을 구성해내는 조작 능력을 인간 오성human understanding이라고 정의한다. 그는 이 인간 오성의 힘과 역량과 한계에 대한 엄밀한 분석은 그것이 난해한 의문들을 해결하는 데에 있어 전혀 적절한 것이 되지 못한다는 사실을 보인다고 말한다.

인간들은 먼저 묻지 말아야 할 질문을 했고 더군다나 거기에 확신에 찬 답변을 했다. 하나의 질문과 답변을 상상해 보자. 누군가가 5차 방정식의 일반해에 대한 질문을 했다고 하자. 이때 이 질문에 대한 적절한 답변은 "우리는 5차 방정식의 일반해를 구할 수 없다."가 되어야 한다. 그런데 누군가가 이 방정식의 (엉터리) 일반해를 제시했다. 그러고는 질문과 답변에 대한 훌륭한 모델이 제시되었다고 주장한다. 이러한 형국이 흄이 생각하는 당시의 지적 풍토였다. 흄은 인간 지식의 기원에 대한 면밀한 탐구를 통해 인간들은 답변이 있을 수 없는 질문을 했고 거기에 더해 그 질문에 대한 답변을 했다고 말한다. 이 문제는 나중에 비트겐슈타인에 의해 '침묵 속에서 지나가야 할 것what should be passed over in silence'으로 정리되게 된다. 흄은 야유와 냉소를 섞어 다음과 같이 말한다.

"난해한 사유와 심오한 탐구를 나는 금한다. 그리고 가혹하게 처벌할 것이다. 그것들이 불러들이는 암울한 멜랑콜리를 이유로, 그것들이 너를 끌고 들어가는 끝없는 불확실성을 이유로, 전달되었을 때 너 나름의 발견이 맞이하게 될 차가운 접대를 이유로. 철학자가 돼라. 그러나 너의 모든 철학 가운데에서 인간이 돼라."

흄은 여기에서 대륙의 합리론의 진지함과 심각함, 오만함과 불확실성을 통렬하게 야유하고 있다. 흄은 상식을 권한다. 이것이 그가 말하는 '인간'이다. 그는 합리론이 이성의 역량에 대한 자부심 가운데 근거 없는 논증을 하고 비실증적인 제1원리를 끌어들인다고 생각한다. 이것은 경험론자들이 언제나 강조하는 삶의 태도이다. 비트겐슈타인은 "너의 상식을 우산처럼 대하지 말라. 철학의 방에 들어올 때는 그것을 밖에 두지 말고 안으로 가져오라."라고 말한다.

실증성을 초월한 보편적 개념과 인과율은 경험론자들에게 상식과 배치되는 과도함eccentricity이다. 우리 경험의 어디에 보편적 인과율, 형이상학적 전제들, 윤리적 명령들, 미학적 원리들 등이 있는가?

흄은 먼저 우리 정신을 채우는 사유의 재료를 찾는다. 그 사유의 궁극적인 재료는 인식perception이라고 불리는 감각과 그 경험이다. 인간 정신은 그 상상력에 의해 많은 것들을 만들어 낸다. 그러나 그 모든 것들의 재료는 결국은 감각 인식이다. 이때 이 감각 인식은 두 가지로 구성된다. 그것은 인상impression과 개념idea이다. 이 두 가지가 우리 사유의 원초적인 재료이다. 그 중에서도 가장 원초적인 것은 인상이다. 흄은 '개념'에 대해 기존의 합리론적 철학과는 다른 정의를 한다. 개념에 대한 흄의 정의는 중요하다. 이것은 곧 '개별자만이 존재한다.'라는 경험론의 중심 주제와 연결되기 때문이다.

"'인상impression'이라는 용어는 우리가 듣거나 보거나 느끼거나 사랑하거나 증오하거나 욕망하거나 의지할 때 우리의 모든 생생한 인식을 의미한다. 이것은 우리가 그것들을 사유할 때 의식하게 되는 좀 더 희미한 인식인 '개념idea'과는 구분되어야 한다."

흄은 이처럼 먼저 인상과 개념을 구분한다. 전통적인 실재론적 철학에서 개념은 전체적으로 보편자universal 혹은 보편개념universal concept을 의미했다. 예를 들어 우리가 '개'라고 말한다면 모든 개별적 개들을 포괄하는 추상적인 것으로서의 개념을 의미했다. 그러나 흄에게 개념은 개별자individual이다. 그것은 단지 인상의 그림자 혹은 인상의 희미한 복사물을 의미하는 것으로서 그 자체로서 개별적인 것이었다. 다음은 개념에 대한 흄의 설명이다.

"우리에게 자주 나타나는 몇 개의 대상 사이에서 어떤 유사성resemblance을 발견했을 때, 그것들의 양과 질의 정도에 있어 어떤 차이를 주목하거나, 혹은 그 외에 어떤 차이가 그것들 사이에서 나타나더라도 우리는 그것들에 동일한 이름을 붙인다. 우리가 이러한 종류의 관습custom을 획득한 후에는 그 이름의 청취가 그 대상들 중의 하나에 대한 개념을 되살린다. 이것은 또한 상상력을 통해 그 대상을 그것의 모든 특정한 상황과 비례와 함께 떠오르게 한다."

인간은 스스로가 개념을 사유할 수 있다고 생각한다. 그러나 흄은 인간이 순수개념을 사유한다는 사실 자체를 부정한다. 흄은 관습이 사유로 하여금 떠오르게 하는 것은 그 개념에 포괄된 개별자들 가운데에 하나라고 주장한다. 여러 마리의 개를 경험한다고 하자. 각각의 개들은 그 차이들에도 불구하고 어떤 유사성을 가진다. 우리는 그 유사성에 입각해서 그것들에 '개'라는 개념을 덮어씌운다. 만약 '개'라는 개념이 거기에 따르는 어떤 실증적 자료를 가진다고 주장하면 흄은 즉시 반박할 것이다. 흄은 모든 일반화를 단지 관습 혹은 습관이라고 부른다. 모든 개를 포괄할 '개'라는 개념은 존재하지 않는다. 모든 두 물체 사이를 규정짓는 만유인력의 법칙 역시 근거 없는 것이다.

관습이 그렇게 작동한 다음에 우리가 '개'라는 단어를 듣거나 읽는다고 하자. 그때 사유가 되살리는 것은 실증적인 '개'라는 것에만 작동한다. 따라서 그 단어가 상기시키는 것은 그 유사성에 포괄되었던 어떤 하나의 개별적인 개다. '개'라는 단어의 존재가 마치 거기에 대응하는 어떤 실재reality가 있는 것처럼 우리를 기만한다. 그러나 "언어는 사유를 위장한다 Language disguises thought.(비트겐슈타인)"

사유의 원초적 재료는 인상이다. 사유는 물론 개념에도 작동한다. 그러나 그 개념은 단지 개별적 사물의 인상에 따르는 개별적 기억일 뿐이다. 만약 우리가 어떤 언명에서 어떤 용어가 의미나 개념에 따르지 않는 채로 사용되었다는 느낌을 받는다면 우리는 이 용어가 어떤 개념 그리고 궁극적으로는 어떤 인상에서 도출된 것인가를 살피는 것으로 충분하다. 흄의 이러한 논증은 나중에 언어철학에서 매우 중요한 것으로 드러나게 된다. 비트겐슈타인은 흄의 용어term와 개념idea을 기호sign와 상징symbol으로 바꾼다. 만약 어떤 기호인가가 지칭 대상, 즉 상징을 지니지 못한다면 그것은 무의미한 것이라고 말한다. 비트겐슈타인은 다음과 같이 말한다.

"어떤 기호가 불필요하다면 그것은 무의미한 것이다. 이것이 오컴의 금언이다When a sign is useless it is meaningless. It is the Ockham's maxim."

여기에서 오컴의 금언은 당연히 오컴의 면도날을 가리킨다. 만약 어떤 용어인가가 거기에 따르는 개념을 지니지 못한다면 그것은 면도날의 세례를 받아야 한다. 여기에서 개념은 물론 인상의 소산을 의미한다. 인상은 실증적 대상을 전제한다. 경험론은 당연히 실증적 인식의 범주를 넘어서는 것을 그 탐구의 영역에서 구축해낸다. 이때 배제되는 것은 먼저 보편개념과 인과율이다. 보편개념은 유사성resemblance에 지나지 않고 인과율은 전적으로 우리 사유의 관습custom에 지나지 않는다. 따라서 이것들이 주장하는 참은 하나의 확고한 개념 혹은 법칙의 범주에 포함되지 않는다. 나중에 비트겐슈타인은 "인과율에 대한 믿음이 곧 미신이다Belief in causal nexus is the superstition."라고 말한다.

신, 윤리, 미학, 정치철학, 형이상학 등과 관련한 모든 개념과 원리들도 마찬가지로 증발하여야 한다. 이것들 역시도 그것들의 주제에 따르는 개념을 가질 수 없기 때문이다. 흄은 신의 존재에 대한 우리의 신념은 단지 우리의 사유가 인간 사이에서 경험하는 선과 지혜를 무한대로 증폭시킴에 의해 생겨났다고 말한다.

흄은 이러한 근거 없는 개념과 원리들이 산출되는 기제를 개념의 연상association of ideas이라는 주제로 분석해 나간다. 그는 개념의 연쇄는 세 가지 특질을 가진다고 말한다. 우선 첫 번째는 유사성resemblance이고, 다음으로는 시공간의 근접성, 마지막으로는 원인과 결과(인과율)이다. 여기서 유사성은 개념의 형성과 관련 맺고, 근접성은 인과율과 관계 맺는다. 유사성은 앞에서 논의된 바 있다. 시공간의 근접성은 예를 들어 크레파스 한 자루는 전체 크레파스에 속한 다른 크레파스 한 자루를 상기시킨다. 혹은 아파트 한 채에서 한 집에 대한 개념은 다른 집의 개념과 관계 맺는다. 이것은 시간적인 경우에도 그러하다. 예를 들어 냄비에 들어있는 물과 거기에 가해지는 열이라는 개념은 끓는 물이라는 다른 개념과 시간상으로 근접해 있다.

이 세 개의 연상 작용 중 인과관계가 가장 중요하다. 인과율은 우리 모든 지식의 유효성이 기초하는 근거가 되기 때문이다. 모든 지식은 인과율의 형태로 나타난다. 함수조차도 인과율이다. 이때 원인은 독립변수이고 결과는 종속변수이다. 인과율은 간단히 말해 어떤 두 개의 독립적인 개념 혹은 사실이 인과관계로 얽힌다는 것을 의미한다. "질량을 가진 두 물체 사이에는 끄는 힘이 존재한다."라는 뉴턴의 법칙을 상기하자. 이때 '질량을 가진 두 물체 사이'와 '끄는 힘'은 인과관계로 엮어져 있다고 말해질 수 있다.

어떤 사물 혹은 사건이 일관되게 동일한 사물 혹은 사실을 산출한다면 우리는 어떤 특정한 사물 혹은 사실은 다른 어떤 특정한 사건에 선행한다고 결론짓게 된다. 이때 전자가 원인이고 후자가 결과가 된다. 문제는 이러한 경험적 관찰에서 일반적이고 선험적인 원리로의 도약이 일어난다는 것이다. 이 도약은 인과관계가 지닌 세 가지 사실에서 이루어진다. 근접성, 선후 관계, 항상성이 그것이다. 원인과 결과는 시간적, 공간적으로 가깝게 붙어있다. 물과 열에서 끓는 물이 나오는 것은 근접한 사건이다. 또한, 여기에는 선후 관계가 있다. 먼저 물과 열이 있고 다음에 끓는 물이 있다. 마지막으로 이러한 상황이 경험상 예외 없이 항상 발생했다. 이 세 가지 사실이 인과관계에 필연성을 불러들인다. 그러나 이 세 가지 사실이 아무리 확고하게 발생했어도 그것은 결국 경험에 지나지 않는다. 경험은 미래의 물과 열이나 다른 행성의 물과 열에까지 미치지 못한다. 따라서 그것은 법칙은 아니다. 결국 이것 역시 귀납 추론이다.

흄은 이러한 경험의 결론이 무의미하거나 무용하다고 말하지는 않는다. 흄은 이것을 관습custom이라고 부른다. 흄은 관습은 우리에게 미래에 발생할 이러한 인과의 연쇄가 과거 위에 기초해 있고 따라서 우리로 하여금 예측 가운데 삶을 살아가는 것을 가능하게 한다고 말한다.

"관습은 인간 삶의 커다란 지침이다. 경험이 우리에게 유용하게 만들어주는 그 원리, 우리에게 미래에도 과거에 나타났던 사건의 연쇄the train of events와 비슷한 것이 발생할 것을 기대하게 만드는 그 원리이다. 관습의 영향이 없다면 우리는 바로 우리에게 닥치는 기억과 감각을 넘어서는 모든 사실문제matters of fact에 대해 완전히 무지할 것이다. (이 경우) 우리는 목적에 이르는 수단의 조정을 할 수 없고 어떤 결과를 산출할 우리의 타고난 힘을 사용할 수 없을 것이다. 사유의 가장 주된 부분뿐만 아니라 모든 행위는 즉각적으로 정지상태에 이르게 될 것이다."

관습의 실천적 효용이 이렇게 큼에도 불구하고 그것이 관습을 필연적인 법칙으로 만들지는 못한다. 관습은 삶의 길잡이이다. 그러나 그것은 '기대expectation'를 의미하지 필연necessity을 의미하지는 않는다. 경험은 필연적인 법칙에 반드시 필요한 원인과 결과 사이의 선험적인 관계를 규정짓지 못한다. 선험성은 모든 실례를 가정하지만 경험은 그 '모든'의 공급처가 될 수 없다. 그럼에도 불구하고 모든 과학이 인과율의 선험성을 주장한다. 과거의 누적된 경험은 습관이라는 거듭된 인장으로 계속 그 인과과정을 새기기 때문이다. 인과율에 대한 흄의 입장은 분명하다. 그것은 하나의 실천적 예측으로서 매우 유용하다. 그러나 그것을 법칙으로 승격시킬 수는 없다. 경험의 문제, 즉 사실문제에 있어 법칙은 없기 때문이다. 흄은 합리론적 의미에 있어서의 인과율을 단지 개연성이나 확률의 영역으로 축소시킨다.

흄은 단지 두 가지 추론만이 있다고 말한다. 하나는 논증적 추론

demonstrative reasoning이고 다른 하나는 개연적 추론probable reasoning이다. 추론reasoning은 개별적 사실들로부터 그것들을 유출시키는 근원적 원리의 탐구로 정의될 수 있다. 논증적 추론의 한 예는 "삼각형의 내각의 합은 180도이다."가 될 수 있다. 어떤 꼴의 개별적 삼각형이라 할지라도 그것의 내각의 합은 180도이다. 이러한 추론은 논리학에서는 논리명제proposition of logic라고 불린다. 이것은 단지 논증적일 뿐이다. 다시 말하면 주부에 이미 술부가 들어있다. 주부를 분석하면 거기에 이미 술부가 있다는 사실을 곧 알 수 있다. 이것을 기하학에서는 증명이라고 한다. 이것은 항상 참이다. 단지 분석적이기 때문이다. 물론 이 분석을 끝까지 밀고 나가서 공준에까지 이르렀을 때에도 그것이 단지 분석적인 언명이라고는 말할 수 없다. 공준은 증명이 불가능하기 때문이다. 그러나 18세기 중반에 기하학이나 논리명제의 출발점이 오류일 수 있다는 생각은 흄뿐만 아니라 누구에게도 떠오르지 않았을 것이다.

후자의 개연적 추론이 바로 과학 명제이다. 케플러의 세 개의 법칙, 갈릴레오의 자유 낙하하는 물체의 시간에 따르는 운동 거리의 법칙($S= 1/2gt^2$), 뉴턴의 만유인력의 법칙 등이 바로 이 개연적 추론probable reasoning의 예들이다. 개연적 추론에 의해 얻어진 지식은 합리론적 의미에서 있어서의 지식은 아니다. 그것은 단지 관습일 뿐 확정된 참의 언명이 아니기 때문이다. 나중에 비트겐슈타인은 하나의 세계에서 다른 하나의 세계를 추론할 수는 없다고 말한다. 뉴턴은 만유인력의 법칙으로 어떤 시점의 어떤 행성의 위치와 운동량으로부터 다른 시점의 어떤 행성의 위치와 운동량을 미리 알 수 있다고 말한다. 그러나 이것은 사실은 허황된 꿈이다. 먼저 만유인력의 법칙은 법칙이 아니기 때문이다. 그것은 단지 개연성에 대한 이야기일 뿐이다.

흄은 인간에게는 단지 두 종류의 지식만이 가능하다고 말한다. 하나는 개념 관계relations of idea이고 다른 하나는 사실문제matters of fact이다. 개념 관계는 분석적 지식을 말한다. 이것은 이를테면 논증적 지식이다. "물 분자는 두 개의 수소원자와 하나의 산소원자로 이루어진다."라는 언명은 분석적 지식이다. 물 분자를 분석하면 수소 원자와 산소 원자가 나타난다. "63은 3 × 3 × 7이다."라고 한다면 이것 역시도 개념 관계이다. 63과 3과 7 사이의 개념의 문제이기 때문이다. 이러한 지식은 물론 참이다. 그러나 세계에 대한 새로운 지식을 더해주는 지식은 아니다. 개념의 연쇄만으로 세계에 대한 지식을 얻을 수는 없다. 개념 관계는 경험에 대한 호소 없이 단지 분석에 의해 진행되는 관계이다. 따라서 분석적이며 선험적이다. 그러나 경험 없이는 지식 역시 없다.

만약 지식을 세계에서 발생하는 사실에 대한 인식perception이라고 경험론적으로 정의한다면 개념 관계는 지식이 아니다. 경험론의 견지에서 지식은 오로지 사실문제에서 나온다. 사실의 발생과 비발생에 대한 인식이 곧 지식이다. 따라서 이 지식은 세계에 대한 어떤 새로운 인식을 준다. 이런 점에서 이 지식은 종합적synthetic이다. 이 지식은 개별적이고 우연적인 사실에 대한 것이다. 따라서 이 지식에 필연성이나 포괄성이나 선험성은 없다. 우리가 아무리 많은 "개별적 개별이 짖는다."는 사실을 수집했다 해도 "개가 짖는다."는 논증은 개연적 추론probable reasoning이다.

결국 추론은 법칙을 산출하지 못한다. 물론 수학적 추론은 선험적 법칙을 산출한다고 말해지지만 — 흄 스스로 말했듯 — 수학적 공준이나 공리는 독단이거나 무의미한 것으로 드러나게 된다. 그러나 이것은 19세기 말에나 밝혀지게 된다.

따라서 세계에 대한 지식은 개념의 연상association of ideas에 의해서 얻어지지는 않는다. 지식은 오로지 감각 인식에 의해 제한되며 이것이 사실문제이다. 나중에 비트겐슈타인은 흄의 개념 관계를 '논리 명제proposition of logic'로, 흄의 사실문제를 '뜻을 가진 명제proposition with sense'로 분류한다. 비트겐슈타인에게 있어서도 세계에 대한 지식을 주는 것은 단지 '뜻을 가진 명제'일 뿐이었다.

흄은 논증적(혹은 수학적) 추론과 사실문제(실증적 존재)에 대한 개연적 추론 이외에 다른 추론은 없다고 말한다. 논증적 추론은 분석적 추론이므로 어쨌건 유용하다. 개연적 추론은 관습을 산출함에 따른 행동의 지침을 주므로 유효하다. 형이상학이나 신앙 등에 관한 논증은 무의미하다. 흄은 개연적 추론을 실험적 추론experimental reasoning으로 바꿔 말한다.

"예를 들어 우리가 손에 신이나 강단 철학에 관한 책을 쥐고 있다고 하자; 이제 (스스로에게) 물어보자. 그것이 양이나 수에 관한 추상적 논증을 포함하는가? 그렇지 않다. 그것이 사실문제나 존재에 관한 실험적 논증을 포함하는가? 그렇지 않다. 그렇다면 그것을 불태워라; 왜냐하면 그것은 단지 궤변이나 환각 외에 아무것도 포함하지 않기 때문이다."

이것은 비트겐슈타인이 말한바 새장을 벗어나고자 하는 시도의 무용함에 대한 얘기이다. 인간 지식은 실증적 세계(새장 안)에 한정된다. 그것을 초월한 모든 이야기는 단지 거짓이거나 환상일 뿐이다. 합리론자들은 인간 이성의 선험적이고 비실증적 성격을 확신하는 가운데 비실증적 세계에 대한 것들을 삶과 우주의 가장 근본적인 가치로 설정했다. 플라톤은 이데아에 대해 말하고 아리스토텔레스는 존재하는 것을 존재하게 하는 제1원리 등에 대해 말한다. 인간 이성은 비실증적인 수학적 세계에서 능란하듯이 이러한 새장 밖의 세계에 대해서도 능란하다. 그것은 형이상학과 신학 등에 있어 근거 없는 원칙들을 설정했다. 인간 이성은 삼등석 표를 지니고는 일등석의 자리에 앉아 여행했다.

흄은 인간 이성은 이러한 것이 아니라고 말한다. 흄은 인간 이성 역시 근원적으로 다른 동물들의 이성과 다르지 않다고 생각한다. 그것은 세계에 대한 유사신적quasi-divine 통찰보다는 동물적 본능에 기초한 것이다. 이성은 정념의 노예이며 또한 노예여야 한다. 그것은 또한 정념에 봉사하고 복종하는 일 외에 다른 일을 수행한다고 나서지 말아야 한다. 흄이 정념이라고 말하는 것을 나중에 쇼펜하우어는 의지라고 말한다. 모든 경험론적 철학자들과 마찬가지로 흄은 이성을 우리의 동물적 본능에서 독립하여 우리를 신적인 고귀함으로 이끄는 주인으로 보지 않는다. 그것은 오히려 우리의 정념이 그 목적을 달성하도록 돕는 하나의 도구에 지나지 않는다. 이성에 대한 확신은 한편으로 희극이며 다른 한편으로 오만이다. 그것은 스스로에 대한 온갖 자만심 가운데 인간을 정신적으로 압제하고 삶에 위계와 오만과 전체주의를 불러들인다. 이성이라는 강하고 영속적이고 무오류인 판단에 비추어 모든 공감과 연민과 초연함은 사라진다. 그리고 그 자리에 독선과 아집과 잔인함이 자리 잡는다. 흄은 이성을 기반으로 하는 강단 철학에 대해 다음과 같이 말한다.

"철학에 대한 정열은 종교에 대한 정열과 마찬가지로 어떤 위험을 포함한다. 그것은 비록 우리의 행위를 교정하고 우리의 악덕을 쓸어 내는 것을 목표로 하지만, 그것이 적절히 조정되지 않을 경우, 단지 우리가 이미 천부적으로 따르도록 운명지어진 그 방향으로 우리를 밀고 가는 것으로 끝나게 된다."

흄은 날카롭게도 이성에 대한 믿음과 자부심이 일반적인 인간의 타고난 경향임을 폭로하고 있다. 인간은 자신의 추상화 능력이 경험에서 독립한 천상적인 고귀함이라고 믿는 경향이 있다. 그러고는 근거 없는 형이상학적 체계를 세우고 인간과 세계가 체계에 들어맞아야 한다고 주장한다. 여기에서 독단과 오만이 생긴다.

흄은 우리의 도덕률의 기반이 이성일 수 없다고 말한다. 이성은 환각이다. 합리론자들이 말하는 바의 이성은 사실은 존재하지 않는 것이다. 흄은 최악의 회의론자(경험론자)가 최선의 독신가보다 낫다고까지 말한다. 이성이 조장하는 오만과 자부심처럼 위험하고 역겨운 것도 없기 때문이다. 흄은 우리의 판단은 틀릴 수 있지만, 우리의 정서sentiment는 틀릴 수 없다고 말한다. 그것은 무조건적이기 때문이다. 흄은 이것을 다음과 같이 말한다.

"모든 정서는 옳다. 왜냐하면, 그것은 스스로를 넘어서는 자기 자신 이외의 어떤 기원도 가지지 않기 때문이다. 그리고 인간이 그것을 어디에서 느끼건 항상 참이다. 이에 반해 오성의 판단은 모두 옳지는 않다. 왜냐하면 그것들은 스스로를 넘어서는 어떤 다른 지침 — 간단히 말하면 실제의 사실문제라는 — 을 지니며, 따라서 항상 그 기준에 들어맞지는 않기 때문이다."

이성의 붕괴는 도덕률, 미학, 정치철학 등의 제1주제가 이성의 토대에서 해체되어 스스로의 영역으로 수렴되는 것을 의미한다. 경험론은 실증적인 사실만을 유의미한 지적탐구의 대상으로 삼음에 의해 비실증적인 것을 새장 밖으로 밀어낸다. 도덕, 예술, 정치 등은 새장 안에 남는다. 그러나 이것들은 더 이상 형이상학적 기반 위에 존재하지 않게 된다. 형이상학 스스로가 파산했기 때문이다. 다시 말하면 이것들이 새장 안에 남는다고 해도 이것들의 이론적 기반이었던 윤리학, 미학, 정치철학 등은 새장 밖으로 밀려난다.

실증과학은 개연적 추론에 의한 관습으로 남게 된다. 우리는 도덕, 예술, 정치 등에 이론적 토대를 제공할 수 없게 되었다. 따라서 이것들은 스스로의 기반만을 가지게 되었다. 도덕률의 경우에는 그것은 도덕적 정서moral sentiment 이외에 아무것도 아닌 것이 되었다. 예술은 '예술을 위한 예술art for art's sake'이 되고 정치는 법이라는 규약으로 대치된다.

비트겐슈타인은 나중에 도덕률은 선험적transcendental이라고 말한다. 이 의미는 도덕은 어떤 실증적인 사실문제에 기반하지 않는다는 경험론 고유의 원칙을 말한다. 도덕률은 형이상학적 기반을 갖지 않는다. 도덕이 형이상학을 제거하지 않았다. 그것은 경험론적 이념하에서 스스로 증발했다. 도덕률은 또한 실증적 기반도 갖지 않는다. 실증적 기반을 갖는 것은 오로지 사실문제와 그것을 기반으로 하는 개별적 추론 외에 없기 때문이다.

《태양은 다시 떠오른다》에서 브렛은 어린 투우사를 떠나보낸 후 기분이 좋다고 말한다. 서른네 살인 여자가 열아홉 살의 어린 투우사의 미래를 망쳐서는 안 된다고 하면서. 여기서 브렛은 자기 도덕적 판단의 기준으로 자기 기분을 내세운다. 무엇인가를 해야 한다는 기분, 그것은 해서는 안 될 것 같다는 기분 등이 유일한 도덕적 토대이다. 윤리적 행위의 토대는 지식일 수 없다. 그것은 단지 정서이고 느낌일 뿐이다. 흄은 다음과 같이 말한다.

"도덕은 정열을 일깨워 어떤 행위를 유도하거나 어떤 행위를 막거나 한다. 이성은 이 특정 분야에서 완전히 무능하다. 따라서 도덕률의 법칙은 우리 이성의 결론은 아니다."

흄은 누누이 실증적인 지식 이외에 다른 지식은 없다고 말한다. 실증적인 사건들, 즉 사실문제matters of fact만이 지식이다. 과학 법칙은 엄밀한 의미에서 법칙일 수는 없다. 그것들은 사실관계에서 추론된 개연성 있는 가능성일 뿐이다.

그렇다면 자아self는 무엇인가? 그것은 실증적인 것처럼 보인다. 우리는 일반적으로 일단 판단의 주체, 사유의 주인으로서의 형이상학적 자아 혹은 주체의 존재를 당연한 것으로 여기고 있다. 우리의 이러한 전제에는 판단의 주체로서의 자아는 사실문제matters of fact를 초월하는 존재라는 의식이 깔려 있다.

데카르트 철학의 전제가 바로 이 세계에서 독립하여 소우주로서 존재하는 자아이다. 데카르트는 인간의 의의를 인간이 지닌 이성 위에 놓는다. 이성은 경험에서 독립하여 세계를 수학적으로 설명할 수 있다. 또한 이성은 구속력 있는 인식기제이다. 이성은 강제성을 가진다. 이것이 합리론자들이 생각하는 이성의 보편성universality이다. 만약 이성이 환상이라면 주체로서의 인간도 환상이다.

경험론은 인간에게 고유한 이성이라는 주제를 부정한다. 인간 역시도 한 그루의 소나무, 하나의 바위처럼 세계 속에 포괄된 존재이다. 그것은 세계에 속해있다. 우리는 스스로가 주체로서 어떤 판단을 하고 있다고 생각한다.

그러나 견고하고 단일하고 영속적인 주체란 없다. 우리가 스스로를 들여다보면 거기에 우리를 물들이고 있는 어떤 종류의 감각 인식이나 느낌 등만이 있을 뿐이다. 이러한 경험을 넘어서서 이 경험을 수용하고 종합하고 질서를 부여하는 주체는 없다. 주체에 대한 흄의 견해는 그것은 '단지 감각의 묶음 a bundle of perceptions'에 지나지 않는다는 것이다. 주체에 대해 흄은 다음과 같이 말한다.

"나에 대해 말하자면, 내가 소위 나 자신이라고 부르는 것에 가장 긴밀하게 들어갈 때면 나는 언제나 더움, 추움, 맑음, 어두움, 사랑, 증오, 고통, 향락 등의 이런저런 인식에 부딪힌다. 나는 인식 없는 나 자신을 어느 때라도 포착할 수 없으며, 또한 인식 이외의 어떤 것을 관찰할 수도 없다.

……

나는 나머지 모든 사람에 대해서도 감히 단언할 수 있다. 그들은 단지 의식 못할 정도의 속도로 서로의 뒤를 이어 잇따르며, 또한 끊임없는 흐름과 운동을 하는 서로 다른 인식perceptions의 꾸러미 혹은 집합이라고."

결국 우리가 자아 혹은 주체라고 말하는 것은 단지 감각의 흐름 이외에 아무것도 아니다. 나중에 비트겐슈타인은 그의 언어철학에서 이 문제를 정말이지 천재적으로 기술한다. 그는 "A says P is the case."라는 언명은 잘못된 것이라고 말한다. 비트겐슈타인에게 세계는 유의미한 명제들의 집합이다. 우리에게 주어지는 모든 명제는 물론 복합적complicated인 것이다. 명제의 분석은 '요소명제elementary propositions'에 이르러 끝난다. 바꾸어 말하면 우리에게 주어지는 명제는 진리연산truth-operation에 의해 진리함수truth-function

라는 복합 명제가 된 요소명제를 기반으로 하고 있다. 따라서 명제들은 서로 공존하고 있다. 명제는 실증적인 사건에 대응한다. 따라서 명제 이외에 세계에 존재하는 것은 없다. 만약 "A says P is the case."라는 언명이 존재한다면 그것은 잘못된 것이다. A는 명제가 아니기 때문이다. p, q, r 등등의 명제는 서로 존립한다. 그러나 명제가 아닌 A는 세계에 존재하지 않는다. 이것은 다시 말하면 "P is the case."라고 말하는 판단의 주체로서의 A의 자리는 이 세계에 없다는 것이다. 거기에 무엇인가가 있다면 P라는 인식적 사실에 의해 물든 감각 인식만이 있다. 따라서 이 언명은 "P says P is the case."와 같은 것이 되고 결국 남는 것은 단지 "P is the case."이다.

비트겐슈타인은 "주체 혹은 형이상학적 자아와 같은 것은 없다There is no such thing as subject or metaphysical self."라고 말한다. 경험론 철학은 보편을 해체하는 가운데 당연히 이성을 폐기하고 자아를 폐기한다. 세계와 대립하여 세계 속에 숨어있는 본질적 요소를 탐구하고 모방하는 자아(즉 이성)와 같은 것은 없다. 따라서 경험론하에서 자아는 감각 인식으로 해체된다. 자아는 '단지 인식의 꾸러미bundle of perceptions'이다.

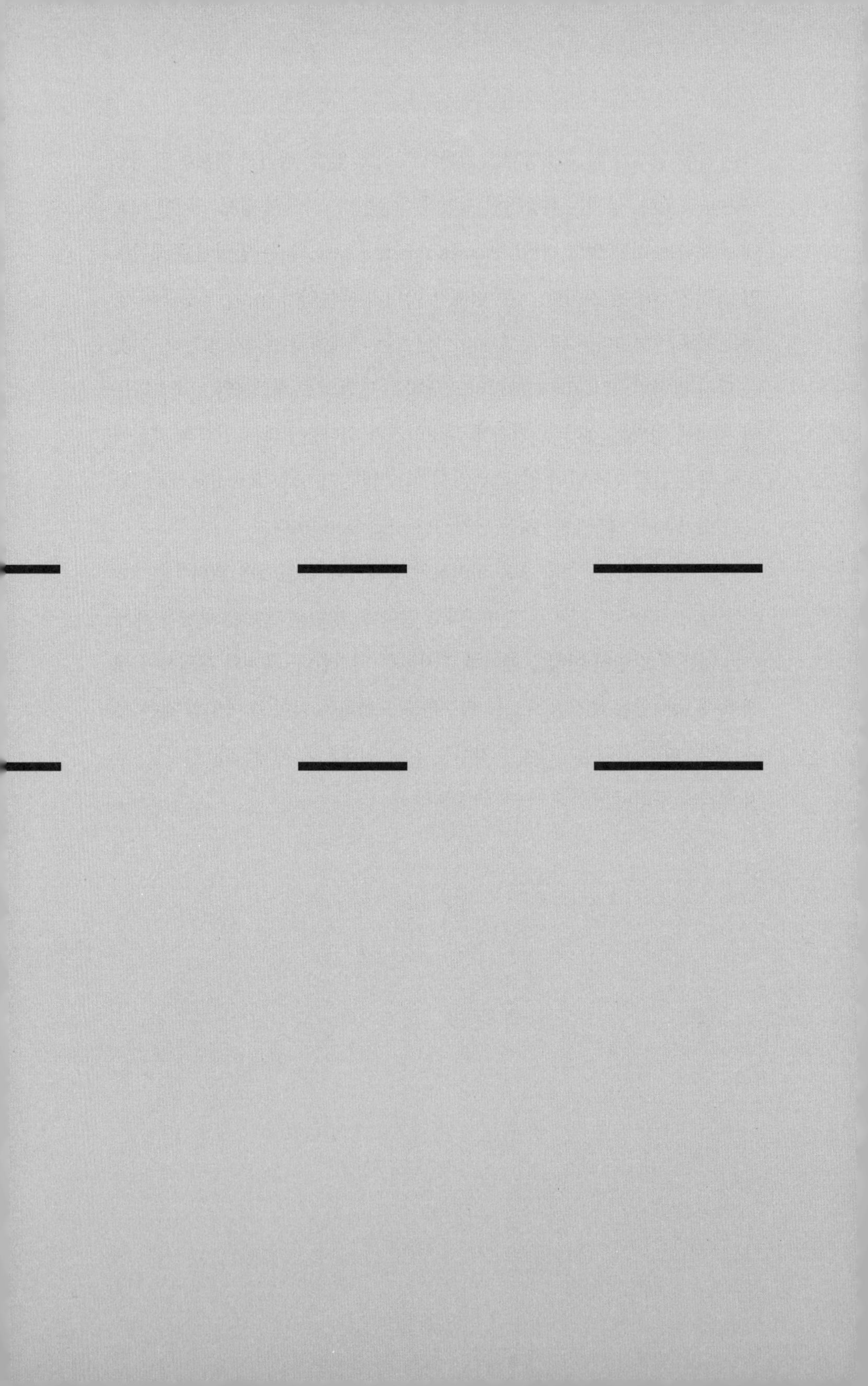

4

종합적 선험지식과 종합적 경험지식

Synthetic a priori Knowledge & Synthetic Empirical Knowledge

철학에서 중요한 것은 제시된 문제의 해결보다는 문제 자체를 선명하게 제시하는 것이다. 철학이 품고 있는 의문에 대한 객관적이고 포괄적이고 필연적인 답변은 있은 적이 없었고 앞으로도 그러할 것이다. 물론 모든 실재론자와 합리론자들은 자신들이 '삶의 문제(형이상학의 문제들)'에 대한 전면적인 답변을 제시했다고 믿었다. 그러나 이것은 곧 환각으로 드러났다. 냉정한 실증적 태도는 우리가 모르고 있었던 것을 알고 있다고 믿게 만들었다는 사실을 드러낸다. 비트겐슈타인은 다음과 같이 말한다.

"우리는 모든 가능한 과학적 의문에 대해 답을 얻었다 해도 삶의 문제는 전혀 다뤄지지 않았다고 느낀다. 물론 그때 어떤 의문도 남아 있지 않게 되고 이것 자체가 답변이 된다. ... 삶의 문제 해결은 그 문제의 소멸에서 보인다."

엄밀하게는 과학도 다르지 않다. 과학의 역사는 잠정적인 과학적 가설과 궁극적인 그 가설의 폐기의 역사이다. 과학은 단지 세계의 물리적 총체에 대한 공동체의 동의일 뿐이다. 그 동의가 데이비드 흄이 말하는 관습custom이다. 그것은 실천적으로 유용하다. 그렇다 해도 그것이 법칙은 아니다. 현대 철학에서는 심지어 전통적인 의미의 모든 과학을 폐기한다. 현대의 과학은 단지 발생하는 사건의 총체일 뿐이다. 아주 관용적으로 말한다 해도 철학은 취향의 문제이고 과학은 동의의 문제이다.

철학사상 칸트의 위대성은 그가 추구했던바 문제의 해결에 있었던 것이 아니라 그가 해결하고자 했던 그 문제에 대한 선명한 통찰에 있었다. 그가 잠겨있었던 '독단의 잠dogmatic slumber'에 대한 그의 반성은 유명하다. 대륙의 합리론자continental rationalist들에게 있어서 18세기 철학의 가장 커다란 충격은 데이비드 흄의 《인간 오성론An Enquiry Concerning Human Understanding》에서 비롯되었다. 흄은 세계와 독립하여 세계의 본질을 포괄적으로 포착한다는 인간 이성에 대해 심각한 의문을 표한다. 타협 없는 경험론자인 흄은 인간이 보는 것은 세계가 아니라 인간 스스로의 감각 인식이라는 사실을 그의 철학의 전제로 삼는다. 인간이 스스로의 경험에서 독립할 수 없다면 탐구해야 하는 것은 경험에 대응하는 인간의 오성이지 세계 자체는 아니다.

흄은 물론 형이상학과 신앙의 독단을 공격했지만, 이것은 대륙의 합리론자들 역시도 마찬가지였다. 중요한 것은 흄은 이 공격의 와중에 과학 자체도 붕괴시켰다는 사실이었다. 대륙의 계몽주의자들 역시도 전통적인 강단 철학과 신학을 폐기한다. 이 점에 있어 흄과 대륙의 합리주의자들과의 차이는 없다. 둘 사이에 대한 차이는 과학을 대하는 태도에 있었다. 대륙의 합리론자들은 과학의 가능성을 믿었다. 흄은 그러나 과학까지도 폐기한다. 흄은 인간 지식은 단지 두 가지에 그친다고 주장했다. 그것은 다음과 같다.

1. 개념 관계relation of ideas
2. 사실문제matters of fact

이 두 지식의 제시가 앞으로 오게 될 모든 철학의 중요 쟁점이 될 것이라는 사실은 흄 자신도 몰랐을 것이다. 여기서 개념 관계는 다른 말로 하면 수학적 지식mathematical knowledge 혹은 논리 명제propositions of logic에 해당하는 것이다. 우리의 모든 지식의 형식은 '주부와 술부subject & predicative'의 형식을 띤다. 이때 개념 관계는 술부가 이미 주부 안에 포함되어있는 경우(혹은 주부와 항진적인 경우)이다. 다음과 같은 언명을 생각하자.

"삼각형은 각이 세 개인 도형이다."

주부는 '삼각형'이고 술부는 '각이 세 개인 도형'이다. 이때 술부는 단지 '삼각형'을 분석해놓은 것일 뿐이다. 이 명제는 단지 개념 관계에 속한다. 즉, 삼각형이라는 개념과 세 개의 각, 도형이라는 개념들의 관계이다.

다른 하나의 명제를 생각해보자. "비가 오고 바람이 불면 비가 온다." 이 명제 역시 개념 관계의 지식에 속한다. 술부는 주부를 분석했을 때 이미 거기에 있기 때문이다. 이 명제를 '$p \cdot q$이면 p이다.'라는 진리함수로 만들어 그 진리값을 보기로 하자. 이것은 비트겐슈타인이 제시한 논리 명제에 속한다. 흄에게 있어 개념 관계는 비트겐슈타인에게 있어 논리 명제이다.

p	q	$p \cdot q$	$(p \cdot q) \supset p$
T	T	T	T
F	T	F	T
T	F	F	T
F	F	F	T

이 진리값은 모든 경우에 T true이다. 즉, 항진적이다. 이러한 성격의 명제가 흄의 개념관계이고 비트겐슈타인의 논리 명제propositions of logic이다. 이 지식은 엄밀한 의미에서는 지식이라고 할 수 없다. 지식은 언제나 '새로운 정보'를 의미한다. 즉, 주부에 대한 새로운 정보를 주어야 지식이다. 그러나 이 지식은 단지 주부의 분석에 의해 모든 것이 결정된다. 따라서 본래적인 의미에서의 지식은 아니다. 이것은 단지 분석 혹은 분해일 뿐이다. 다름과 같은 언명에 대해 살펴보자. "x^2-1은 $(x-1)(x+1)$이다." 이 언명은 하나의 지식이라고 할 수 있을까? 새로운 언명의 예를 다시 들어보자. "54는 2 × 3 × 3 × 3이다." 이것은 지식인가?

이것을 지식이라고 한다면 이 지식은 항상 참이지만 '새로운 정보를 주지는 못하는not informative' 지식이 된다. 왜냐하면 술부는 단지 주부를 분석해 놓은 것이기 때문이다. 이것이 이 지식의 딜레마이다.

흄의 두 번째 지식에 대해 살펴보자. '사실문제matters of fact'는 간단히 말해 '경험적 지식empirical knowledge'이다. 즉, 그 지식의 참과 거짓을 검증하기 위해서는 실재reality와 비교할 필요가 있다. 개념 관계는 자체 내에 갇힌 지식이며 선험적 지식이다. 그러나 사실문제라는 지식은 세계와 관계 맺는 지식이고 따라서 열린 지식이다. 그것은 참일 수도 거짓일 수도 있다.

경험적 지식은 말 그대로 경험에 의해서만, 다시 말하면 우리 감각 인식

sense perception에 의해서만 얻어질 수 있는 지식이다. 예를 들면, "이 컵은 하얗다."라는 언명은 여기에 속한다. 이것은 하나의 사실fact이다. 이 언명에서의 주부 '이 컵'에 '하얗다'는 술부는 들어있지 않다. 즉, 주부의 분석에서 술부가 나오지 않는다. 이 점에서 이 지식은 분석적 지식이거나 논증적 지식은 아니다. 이 언명을 통해 우리는 이 컵에 대한 새로운 정보를 얻게 된다. '하얗다'는 사실은 실제로 '이 컵'에 대한 경험에 의해서만 얻을 수 있다. 따라서 이 언명은 새로운 지식을 주긴 하지만 선험적인 것은 아니다. 이것은 일회적인 지식이며 우연적인 지식이다. 이것이 흄이 말하는 두 번째 지식이다. 흄은 이 두 개의 지식 이외에 다른 지식은 없다고 말한다.

흄이 과학적 지식(흄은 그것을 인과율이라 말하는바)을 공격할 때 그는 과학적 지식이 이 두 개의 범주에 들지 않는 지식이라고 말하며, 따라서 그 지식은 지식이 아니라고 말한다. 흄은 인과관계는 법칙이 될 수 없다고 말한다. 우리가 원인과 결과로서의 필연적인 결합이라고 말하는 이 법칙은 단지 습관에 의해 형성된 독특한 종류의 관습에 지나지 않는다고 흄은 말한다.

하나의 예증으로 "두 물체 사이에는 끄는 힘이 존재한다."라는 언명에 대해 생각해 보자. 이 언명이 과학적 언명 혹은 인과율인 것은 확실하다. '두 물체 사이'라는 주부에는 '끄는 힘'이라는 술부가 없다. 즉, 이 언명은 분석명제가 아니다. 이 언명은 '두 물체 사이'에 대해 '끄는 힘'이라는 새로운 정보를 제공하고 있다. 이 점에서 이 명제는 종합적synthetic 언명이다. 칸트는 종합을 분석에 대비시킨다. 그가 종합이라고 말할 때 그것은 분석적이고 항진적인 논리명제가 아니라 부가적 정보를 주는 '뜻을 지닌 명제proposition with sense'라고 말하는 것이다.

거기에 더해 이 명제는 선험적이고 필연적인 명제이다. 여기에서 말하는 '두 물체'는 어떤 특정한 두 물체를 말하는 것이 아니라 모든 '두 물체'를 의미하기 때문이다. 바로 여기가 과학지식에 있어 쟁점이 되는 부분이다. 과학철학의 모든 문제는 여기에서 발생한다. 스스로가 일반화된 패턴에 대해 지식을 얻을 수 있다고 주장함에 의해 과학이 가능해진다. 그러나 이러한 일반화된 패턴은 경험론 철학자들에게는 단지 독단일 뿐이다.

흄의 공격은 과학 언명의 이러한 성격에 대해서이다. '모든 두 물체 사이'라는 전제는 불가능하다. 어떻게 '모든 두 물체'에 대해 알 수 있는가? 미래의 '두 물체'에 대해서는 어떻게 알 수 있는가? 흄은 귀납 추론inductive reasoning이 지닌 본래의 약점을 공격하고 있다. 이것이 흄이 이 언명을 지식의 범주에 넣지 않은 이유이다.

여기가 칸트의 출발점이었다. 흄에 의하면 과학은 불가능하다. 모든 과학적 언명은 새로운 정보를 줌과 동시에 선험성과 보편성을 지닌다고 주장하는바 흄의 주장의 요지는 귀납 추론에 의해 도입된 어떤 언명도 보편성을 지닌다고 주장할 수는 없다는 것이다. 만약 흄의 주장이 옳다면 과학은 붕괴한다. 패턴의 확고함과 그것의 예외를 허용하지 않는 완벽성에 대한 신념이 곧 과학적 신념이기 때문이다. 흄은 인과율에 이러한 성격은 없다고 주장한다. 흄의 주장은 물론 과학적 패턴, 즉 과학적 인과율의 무용성에 대한 얘기는 아니다. 그 반대이다. 그는 하나의 실천적 삶의 지침으로서의 과학을 매우 중시한다. 그러나 실천적이고 개연성 있는 미래의 예견으로서의 과학은 더 이상 과학이 아니다. 그것은 관습이거나 습관이다. 과학 법칙은 그 거창한 이름을 내려놓아야 한다. 그것은 단지 개연성에 대한 얘기이다.

칸트는 그러나 과학의 붕괴를 원치 않았다. 과학은 본래 지녔던 그 중후함과 권위를 계속 가져야 한다. 그는 과학을 구원하고자 하는 거창한 작업에 착수한다. 그리고 그 작업은 우리 지식에 있어 어떤 것이 쟁점이 되는가에 대한 날카로운 통찰과 더불어 시작된다.

쟁점에 대한 통찰이 철학의 전부이다. 어떤 철학을 택할 것인가는 전적으로 취향의 문제이다. 철학적 문제에 있어서 — 과학에서도 마찬가지인바 — 참이란 없다. 단지 선택만이 있다. 과학에 있어서 동의만 있는 것과 마찬가지로.

칸트의 지식에 대한 분류는 다음과 같다.

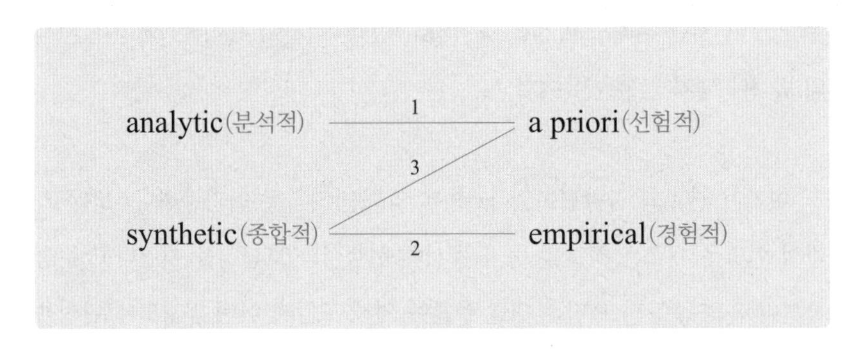

칸트는 흄이 말하는 개념 관계relation of ideas를 분석적 · 선험적 지식analytic a priori knowledge이라고 말한다. 그리고 흄의 사실문제matters of fact를 종합적 · 경험적 지식synthetic empirical knowledge이라고 말한다. 칸트의 이 분류는 매우 세련되고 정연한 것이다. 모든 수학적이거나 논리적인 지식은 동시에 선험적이다. 왜냐하면, 이 지식들은 경험에서 독립하여 참이기 때문이다.

칸트의 통찰력은 흄의 사실문제를 종합적 · 경험적 지식으로 정돈함에 의해 빛난다. 칸트는 사실문제에 대한 지식은 주부에 대한 새로운 정보가 술부에 의해 주어짐에 의해 종합적이라고 말한다. 다시 말하면 칸트가 '종합적 synthetic'이라고 말할 때 그 의미는 '정보를 주는 informative'의 의미이다.

이 지식은 경험적 지식이다. 사실에 관한 지식은 경험에 의해서만 알 수 있기 때문이다. 경험론 철학자들은 우리에게 유일하게 유의미한 지식은 이 종류라고 말한다. 그것은 경험을 초월한다. 그러나 종합적 경험지식은 세계에 대한 우리의 지식을 늘려준다. 나중에 비트겐슈타인이 "언어는 사유를 위장한다 Language disguises thought."라고 말할 때 '사유 thought'는 바로 이 명제로 정의된다. 엄밀한 의미에서는 이 종합적이고 경험적인 지식만이 진정한 명제이다. 그는 이것을 '뜻이 있는 명제 proposition with sense'라고 말한다.

이것은 물론 지식에 대한 칸트의 분류이다. 이것이 흄에게 있어서는 각각 개념 관계 relation of ideas이고 사실문제 matters of fact였다. 이 두 종류의 지식 외에 다른 지식은 없다는 것이 흄의 인간 지식에 대한 결론이다. 그는 분석적 · 선험적 지식과 종합적 · 경험적 지식만이 인간에게 가능한 지식이라고 주장한다. 이것이 소위 말하는 '흄의 포크 Hume's fork'이다.

칸트는 이 두 개의 지식 이외에 제3의 지식이 있다고 주장한다. 여기에서 칸트의 독창성이 빛을 발한다. 그는 인과율이 바로 종합적이며 선험적인 성격을 지닌 지식이라는 사실을 날카롭게 포착했다. 이 지식은 경험적 지식이다. 과학의 대상이 되는 것들은 실증적인 것들이고 세계의 사실에 대한 지식의 증가를 의미하기 때문이다.

이 지식은 선험적 지식이기도 하다. 예를 들어 "두 물체 사이에는 끄는 힘이 존재한다."라는 언명은 종합적 · 선험적 지식에 속한다. 또한, 이 지식은 과학적 지식이다. 선험적 지식은 일반성과 필연성을 전제한다. 칸트는 이 지식이 '어떤 두 물체'에 대해서가 아니라 '모든 두 물체'에 대해서 적용되는 지식이라고 생각한다. 이것이 그로 하여금 이 지식을 선험적 지식이라고 부르게 만든다.

칸트는 이 지식의 존재가능성을 증명하는 것이 과학을 구원하는 것이라고 생각했다. 이 지식이 곧 인과율이며 과학혁명의 성취이기 때문이다. 흄은 뉴턴의 업적을 헛된 것으로 돌렸다. 그는 과학지식은 환각이라고 말한다. 그것 역시도 경험에 의해 얻어진 지식의 응고에 의한 것으로서 그 출신 성분 역시 경험이다. 여기에 양질 변화는 없다. 아무리 많은 경험을 했다고 해도 그것이 모든 경험은 아니기 때문이다.

칸트의 철학적 노고의 대부분이 과학의 구원에 쏟아진다. 그리고 그는 이 과학적 지식의 형이상학적 본질을 날카롭게 포착한다. 그것이 곧 종합적이고 선험적인 지식이다. 따라서 그는 다음의 질문으로 그의 철학을 시작한다.

"어떻게 종합적 · 선험적 지식이 가능한가?How is synthetic a priori knowledge possible?" 만약 이 질문에 대해 긍정적인 답변을 할 수 있다면 과학적 지식은 구원될 수 있었다. 이 질문에 대한 거창한 답변이 곧 그의 《순수이성비판》이다.

과학은 구원되었는가? 결론적으로 칸트의 노력은 실패로 드러난다. 칸트는 그의 소위 '코페르니쿠스적 전회the Copernican revolution'를 통해 지식의 선험성을 인간의 선험적transcendental 속성에 놓고자 시도했지만, 인간에게는 선험적 감성이나 선험적 범주 등은 없었다. 그것들 모두 경험의 응고에 의해 얻어진 관습일 뿐이었다. 철학의 역사는 흄이 제시한 방향을 따라가게 된다. 에른스트 마흐와 아베나리우스의 실증주의 철학은 흄이 제시한 기초를 따라

가게 되고 이 철학은 다시 19세기 후반과 20세기 초반의 분석철학으로 이어지게 된다.

비트겐슈타인은 흄의 논증적 지식 혹은 칸트의 분석적 · 선험적 지식을 그의 논리의 영역에서 '논리 명제propositions of logic'라고 부른다. 또한, 흄의 '사실문제' 혹은 칸트의 '종합적 · 경험적 지식'에 명제proposition의 자격을 부여한다. 비트겐슈타인에게 있어서 유일하게 뜻을 가진with sense 명제는 단지 경험적 사실empirical fact의 기술인 것이었다. 비트겐슈타인은 "인과관계에 대한 믿음이 곧 미신이다Der Glaube an den Kausalnexus ist der Aberglaube."라고 말한다. 칸트의 종합적 · 선험적 지식은 단지 환각일 뿐이었다.

전통적인 실재론적 철학과 합리론적 철학에 있어서 유의미하고 고귀한 지식은 '종합적 · 선험적 지식'이었다. 그러한 철학에서는 인간의 모든 개별적 사안에 대한 판단은 이 통합적 지식에 기초해야 했다. 즉, 인과율이 먼저 있고 모든 사건은 이 인과율이 규정하는 바의 과정을 따라야 했다. 이것이 전제premise와 연역deduction이었다.

종합적 · 선험적 지식은 인간 지식의 통합을 의미한다. 이것을 제시하면 개별적 사실들은 거기에서 우수수 떨어진다. 황금을 제시하면 잔돈푼들이 저절로 떨어지듯이. 이 지식에 대응하는 것은 인간의 이성reason이다. 실재론자들은 이성이 이렇게 세계를 통합한다고 말한다. 그러나 경험론자들은 이성의 독자적이고 추상적인 능력을 인정하지 않는다. 그들에게 추상abstraction이란 환각에 지나지 않는다.

현대의 경험론적 철학은 추상적 지식의 존재를 부정한다. 현대는 개별적인 파편적 지식만이 인간에게 가능한 유일한 지식이라고 생각한다. 이 파편적 지식이 바로 종합적 · 선험적 지식의 해체로부터 나온다. 이 지식이 종합적 · 경험적 지식이다. 전통적인 과학은 계속해서 실패해왔다. 아마 우리 시대의 과학은 새로운 과학으로 교체될 것이다. 따라서 과학은 단지 유행의 문제에 지나지 않는다.

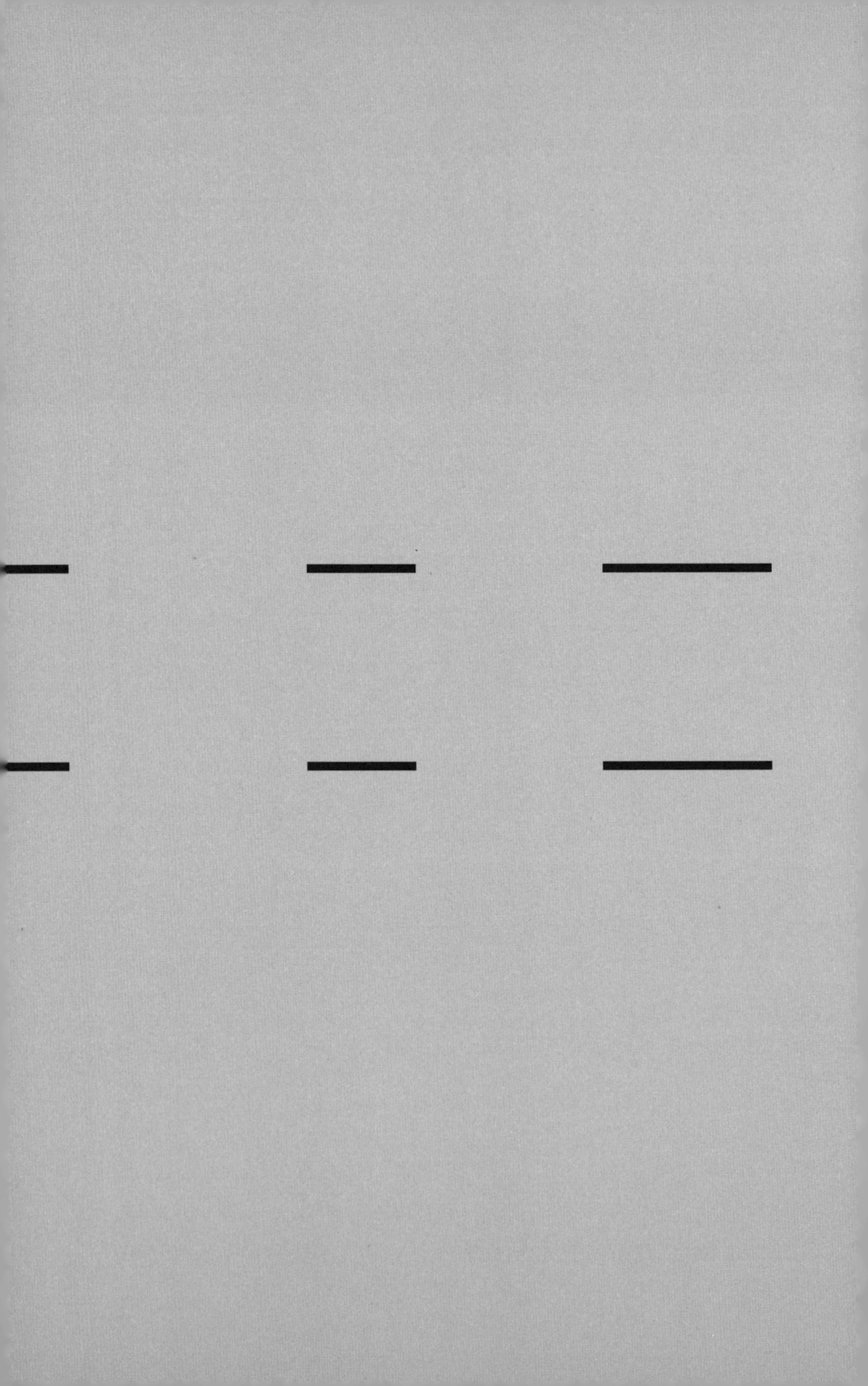

5

Postulate &
Theorem

공준과 정리

파르테논 신전을 유클리드 기하학에서의 공준의 건축적 표현이라고 한다면 고딕 성당은 그 기하학에서의 정리의 건축적 표현이라고 할 수 있다. 파르테논 신전이 이상주의적인 실재론적 철학 이념이 돌 속에 응고된 모습을 보여주는 반면, 고딕 성당은 다채롭고 다양한 많은 정리들이 병렬한 모습을 보여준다. 그것은 유클리드 기하학의 공준의 집합의 모습을 닮았다. 파르테논 신전은 두텁고 종합적이고 포괄적이란 느낌을 준다. 거기의 기둥 하나하나와 팀파눔, 페디먼트 등의 양상은 이 건조물이 모든 개별적 건조물의 하나의 잠재적 규준으로서 장차 여러 개별적 건물들을 유출시킬 하나의 이데아적 건축물이라는 사실을 보인다.

이러한 비유는 다음의 구체적인 기하학적 설명에 의해 생명을 얻을 것이다. 일상적으로 우리에게 주어지는 것은 정리이다. 피타고라스 정리, 아폴로니우스의 정리, 탈레스의 정리 등은 우리에게 매우 익숙한 정리이고 또한 이 정리들은 일상적으로 그 사용 예가 광범위하다. 일반적으로 토목공학이나 다른 공학적 연산에서 많이 사용되기 때문이다.

우리는 때때로 현존이 기초하는 본질의 확실성에 대해 질문한다. 이 정리가 참이라면 그것은 어떤 근거에 의해서인가? 그것의 참을 보증할 수 있는가? 이러한 질문에 대한 답변이 증명 혹은 분석이다. 이때 증명을 끝없이 이어갈 수는 없다. 어디엔가 출발점이 되는 기초가 있어야 한다. 모든 정리를 유출시키는 기원적인 '최초의 원인causa prima'이 있어야 한다. 이 최초의 원인이 유클리드 기하학에서는 '공준postulate'이다.

정리의 분석은 결국 공준에 닿는다. 이것은 뒤집어 얘기하면 모든 정리는 공준의 연역에 의한 것이라고 말할 수 있다.

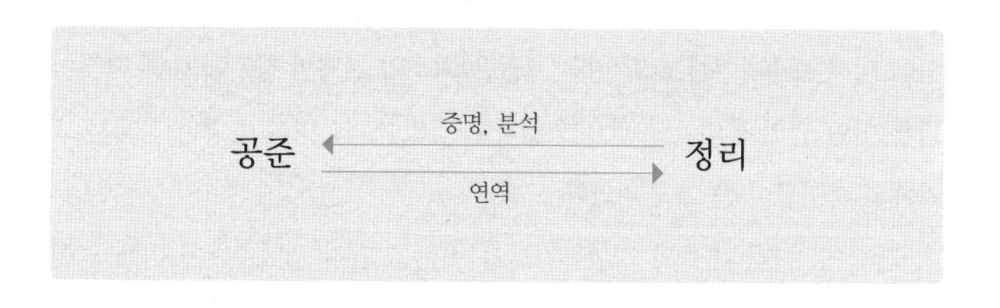

그렇다면 공준은 어떻게 얻어지는 것인가? 그리고 공준의 참임은 어떻게 보증되는가? 그것이 참 혹은 거짓이라는 판단에 노출되어 있기는 한가? 이 문제는 철학에서 매우 근본적인 쟁점을 이룬다. 많은 철학자가 유클리드 시스템을 가장 명석하고 확고한 참의 지적 체계로 보기 때문이다. 이 시스템은 부정할 수 없는 확실성을 가진 최초의 공준과 또한 거기로부터 연역되는 부정할 수 없는 정리의 체계인 것으로 보일 수 있다. 실재론자들과 합리론자들은 이 체계가 당연히 참이라고 생각했고 다른 지식 체계 역시도 이 형식을 가질 수 있다고 믿었다. 17세기 대륙의 합리론자들은 이러한 지적 체계의 확고함에 대한 신념을 가지고 있었고 결국 과학혁명의 성취는 그 기대에 부응한 것이었다. 과연 그러한가? 합리론자들의 신념은 옳은 것이었을까?

뉴턴의 만유인력의 법칙을 예로 들자. 뉴턴의 이 법칙에 대한 동시대인들의 찬사는 형언할 수 없을 정도였다. 마침내 자연은 가장 근원적인 본질을 드러냈다. 모든 천체의 운동이 단 하나의 법칙에서 연역될 수 있다. 이제 천체의 운행과 관련한 공준이 발견되었다. 케플러의 법칙과 갈릴레오 갈릴레이의 법칙 등도 모두 이 법칙에서 연역될 수 있으며 행성의 운동 전체가 여기에서 연역될 수 있었다. 그러나 이러한 자신감은 단지 60여 년 후에 데이비드 흄에 의해 전면적으로 좌절된다.

실재론자들과 합리론자들은 공준의 참임은 그것이 자명한self-evident 언명임에 의해 보증받는다고 말한다. 그들은 최초의 전제의 참됨에 대해 그것이 다른 어떤 권위에 의존할 필요가 없다고 믿었다. 그 명석 판명한 전제는 그 자체의 자명함이 곧 그 권위였다.

반면에 유명론자들과 경험론자들은 공준은 단지 귀납추론에 의해 얻어진 것이므로 그것의 참임이 선험적으로 보증된다고 말하는 것은 모순이라고 주장한다. 경험에 입각한 추론은 어쨌건 개연적 추론probable reasoning이지 연역적 추론은 아니다. 따라서 그것의 참임을 선험적으로 규정할 수는 없다. 이것은 법칙은 아니다. 그것은 단지 우리의 관습이다. 물론 매우 유용한 관습이긴 하다. 이러한 사실은 그렇게도 오랫동안 권위를 행사해 온 유클리드 기하학에도 적용될 수 있다. 중요한 사실은 이 공준을 기반으로 하는 정리의 실천적 유효성이다. 이 정리가 토목공사나 기타 공학적 응용에 있어서 현재 문제없이 작동하고 있다. 그렇다면 이 적용이 유효함에 의해 그 기반이 참임이 '요청demand'된다. 이것이 '단순자에 대한 요청demand for the simples'이다.

그러므로 공준과 정리의 관계에 대한 현대 경험론의 입장은 철저히 실천적이고 경험적인 유효성에 의해 결정된다. 기원의 참임은 현재의 유효성에 의해 결정된다. "실존은 본질에 앞선다."

이제 하나의 예를 통해 공준과 정리의 관계를 확실히 알아볼 문제가 남는다.

'탈레스의 정리Thales's theorem'를 예로 들자. 먼저 공준 전부를 나열해보도록 하자. 수백 개의 정리를 유출하고 있는 공준은 기껏 다섯 개다.

1. 주어진 서로 다른 두 점을 잇는 하나의 선분을 그을 수 있다.
2. 직선은 무한히 연장될 수 있다.
3. 주어진 점에서 주어진 거리를 반경으로 하는 원을 그릴 수 있다.
4. 모든 직각은 서로 같다.
5. 한 직선이 두 직선과 만날 때 같은 쪽에 있는 내각의 합이 180도보다 작으면 두 직선은 그 연장선상에서 만난다.

탈레스의 정리는 다음과 같다.

※ 원주상에 A, B, C 세 개의 점이 있다고 하자. $\overline{AB}$가 원의 지름이라고 하자. 이때 ∠ACB는 직각이다.

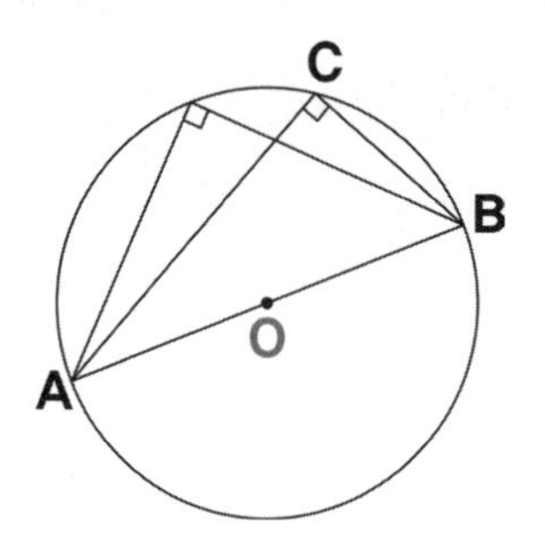

이 정리의 증명을 시도해보자.

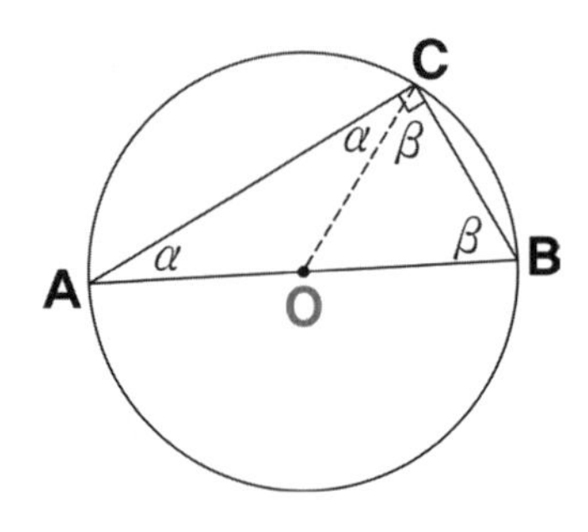

이 정리의 존립 자체에서 이미 두 개의 공준이 사용되고 있다.

1. 세 번째 공준; 원을 그릴 수 있다.

2. 첫 번째 공준; 이 공준에 의해 $\overline{AB}$, $\overline{AC}$, $\overline{CB}$ 등의 선분을 그을 수 있다.

[증명]

a. 중심 O에서 점 C에 이르는 선분을 긋는다. (첫 번째 공준)

b. 삼각형 AOC는 이등변삼각형이다. $\overline{AO}$, $\overline{CO}$는 원의 반지름이므로 서로 같다. (세 번째 공준)

따라서 ∠OCA = ∠OAC이다. 이 각을 α로 정하자.

c. 마찬가지로 ∠OCB = ∠OBC이다. 이 각을 β로 정하자.

d. α + α + β + β = 180도이다. (삼각형의 내각의 합은 180도이다)

따라서 α + β = 90도이다.

(Q. E. D)

이 증명에는 몇 개의 공준이 사용되고 있다. 이 증명 과정 전체를 공준에 이르기까지 분석해보자. 그렇다면 우리는 두 가지를 더 증명해야 한다. 그것은 b와 d의 과정이다. "이등변삼각형의 대각opposite angle은 서로 같다."라는 정리와 "삼각형의 내각의 합은 180이다."라는 정리가 새롭게 증명되어야 한다. 먼저 b의 증명을 해보자.

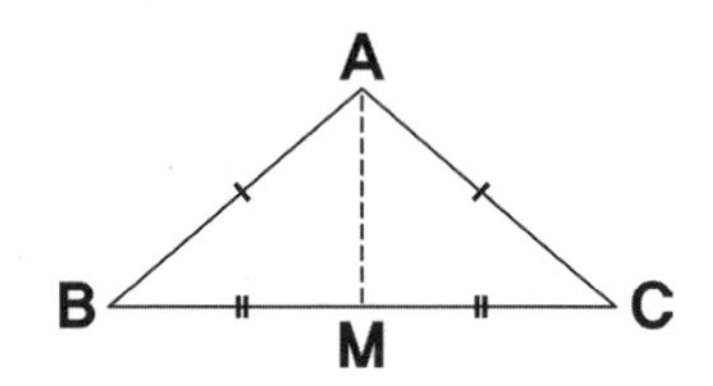

$\overline{AB} = \overline{AC}$인 이등변삼각형을 가정하자.

(i) $\overline{BC}$를 이등분하는 점 M에 이르는 선분을 긋는다. (첫 번째 공준)

(ii) $\overline{AB} = \overline{AC}$, $\overline{BM} = \overline{MC}$이다.

(iii) $\overline{AM}$은 삼각형 AMB와 삼각형 AMC의 공통인 변이다.

(iv) 두 삼각형 AMB와 AMC는 SSS 합동이다.

$\therefore \angle ABM = \angle ACM$

(Q. E. D.)

이제 d를 증명하기로 하자.

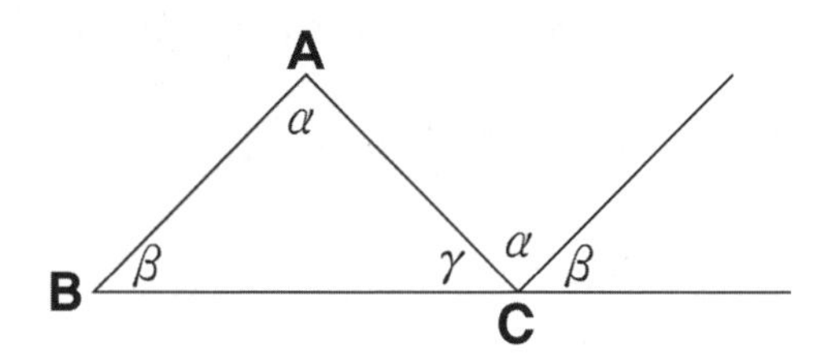

(i) $\overline{BC}$의 연장선을 긋는다. (두 번째 공준)

(ii) C로부터 $\overline{AB}$의 평행선을 긋는다. (두 번째 공준)

(iii) α는 '엇각은 서로 같다'는 정리에 의해, β는 '동위각은 서로 같다'는 정리에 의해 삼각형의 내각의 합은 $\gamma + \alpha + \beta$가 된다.

$\therefore \gamma + \alpha + \beta = 180$도

(Q. E. D)

이 과정이 끝은 아니다. 증명 중에 나온 '엇각은 서로 같다'는 정리와 '동위각은 서로 같다'는 정리가 새롭게 증명되어야 한다. '엇각은 서로 같다'는 정리를 증명하도록 하자.

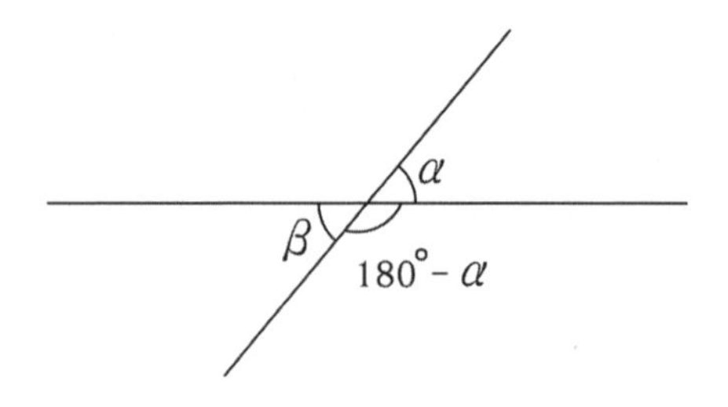

(i) 교차하는 두 개의 직선을 가정하자. (두 번째 공준)

(ii) 180도 $- \alpha + \beta = 180$도

$\therefore \alpha = \beta$

(Q. E. D)

다시 '동위각은 서로 같다'는 정리를 증명하자.

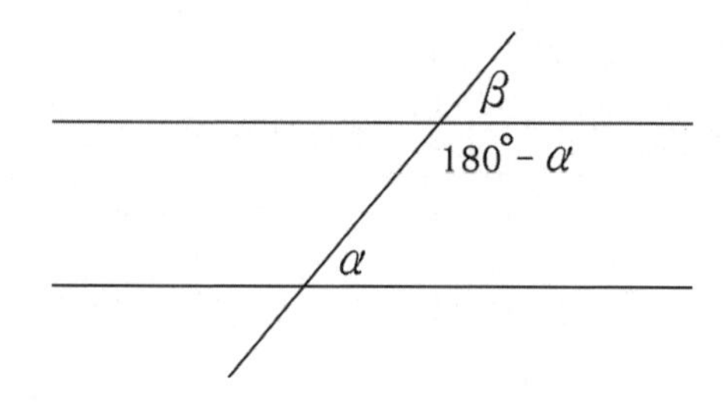

(i) 두 평행선과 교차하도록 하나의 직선을 긋는다. (두 번째 공준)

(ii) 이때 내각의 합은 180도이므로 하나의 내각을 α로 정하면 다른 각은 180도 − α가 된다. (다섯 번째 공준)

(iii) β + (180도 − α) = 180도이므로

∴ α = β

(Q. E. D)

이제 비로소 '탈레스의 정리'는 모두 공준에 이르기까지 분석되었다. 이 증명 과정에 어떠한 문제도 없다. 증명 과정은 논증적demonstrative이기 때문이다. 모든 문제는 결국 공준의 참의 문제에 이르게 된다. 실재론자들에게 공준은 '자명'이고 유명론자들에게 공준은 독단dogma이다. 증명할 수 없는 모든 언명은 유명론자(경험론자)들에게는 독단이기 때문이다

실재론자(합리론자)들은 이를테면 토대를 세계의 전체로 본다. 그들은 연역의 출발점을 제시했을 때 이미 모든 것이 끝났다고 생각한다. 세계는 그 토대에서 한 걸음조차 벗어나지 못한다. 유클리드 기하학의 예에서 보자면 아무리 많은 정리가 도출된다고 해도 그것은 모두 다섯 개의 공준에서 연역된 것이라고 그들은 생각한다. 물론 경험론자들도 토대(공준)와 현존(정리)의

관계를 연역과 분석의 관계로 본다.

그러나 두 철학적 경향 사이에는 중요한 차이가 있다. 무엇을 선행하는 것으로 보느냐 하는 점에서 두 이념 사이에는 현저한 차이가 있다. 실재론(합리론)은 본질(혹은 토대)을 선행하는 기초로 본다. 그것은 독립적이고 근원적인 것이다. 모든 것은 거기에서 유출된다. 그것은 본래 거기에 있었다.

공준은 기껏 다섯 개다. 그러나 이것이 모든 기하학적 정리의 토대이고 본질이다. 수백 개의 정리가 단지 이 다섯 개의 공준에서 연역되었다. 따라서 본질은 단순하지만 거대하다. 플라톤의 이상주의적 관념론이 이러한 기하학적 양식을 모델로 하고 있다는 것은 분명하다. 그에게 있어 궁극적인 이데아는 다섯 개의 공준이다. 그리고 정리들은 거기에서 유출된 하등한 — 위계상 아래에 있는 — 현존들이다.

이 장의 시작 부분에서 언급한 파르테논 신전의 기둥들은 이를테면 이 하나하나의 공준에 대응한다. 파르테논 신전은 겉보기에 단순하나 그 함의와 잠재성은 무한할 정도로 복잡하다. 장차 수없이 많은 정리에 해당하는 것들을 그 안에 포괄해서 가지고 있기 때문이다.

중세의 실재론적 신학 역시도 이러한 유클리드 기하학의 모델을 따른다. 모든 현존의 원인은 샅샅이 분석되었을 경우 어디엔가 닿게 된다. 환원이 무한히 계속될 수는 없다. 거기에 무엇인가 '최초의 원인causa prima' 혹은 '원인 그 자체causa sui'가 있어야 한다. 당연히 중세의 신학자들은 최초의 원인을 신으로 가정한다. 신은 스스로가 원인이다. 신은 마치 공준과 같아서 '나는 나 자신이다I am what I am.'가 된다. 신은 또한 공준과 같아서 단일하지만 무한하다.

중세 전체의 신학이 이와 같지는 않았다는 사실을 덧붙이겠다. 중세 말에 신학사상 엄청난 혁명이 발생한다. 철학사상 이 새로운 신학은 가장 커다란 충격 중 하나일 것이다. 이것은 평온한 실재론의 광장에 터진 폭탄과 같았다. 영국 경험론이 나중에 한 일이 이미 중세에 벌어졌다. '현대에의 길Via Moderna'이라고 당시에 불린 이 철학은 매우 급진적인 경험론적 철학이었다.

가우닐론Gaunillon, 로스켈리누스Roscellinus Compendiensis, 아벨라르두스Petrus Abelardus, 윌리엄 오컴William of Ockham 등의 유명론 철학자들은 신을 인간 지성의 바깥쪽으로 밀어낸다. 그들은 세속의 영역에서의 인간 지식에 대해 전적으로 경험론적 입장에 선다. 감각 인식에 의한 현존에의 지식 외에 우리에게 주어지는 다른 지식은 없다. 그 지식 이외에 종합적 지식이나 신에 대한 지식은 환각에 지나지 않는다. 인간 지식에 대한 유클리드 기하학의 모델은 종합적이고 선험적인 지식을 주는 것으로 보인다. 그러나 그것은 단지 논증적 지식일 뿐으로 세계에 대한 새로운 지식을 주는 것은 아니다.

이 철학은 당대에는 그렇게 커다란 영향력을 지니지 못한다. 아직 중세였고 또한 혁명적인 것으로 알려진 르네상스 근대는 자신의 지식의 모델로 또다시 플라톤의 이데아론을 받아들이게 되기 때문이다. 중세 말의 이 유명론은 나중에 종교개혁의 이념이 되었을 때 그리고 현대분석철학의 경험론적 양상을 공유했을 때 비로소 다시 주목받게 된다.

현대 경험론의 입장도 기본적으로 중세 말의 유명론의 입장과 같다. 현대경험론의 가장 주된 경향인 분석철학에서는 유의미한 지식을 명제proposition라고 말한다. 명제는 간단히 말해 흄의 '사실문제matters of fact' 혹은 칸트의 '종합적 · 경험적 지식synthetic empirical knowledge'에 대응하는 것이다.

그렇다고 해도 분석철학에서도 연역의 토대의 존재를 부정하지는 않는다. 비트겐슈타인은 누누이 명제가 유의미하기 위해서는, 즉 뜻을 갖기 위해서는 기저substance가 있어야 한다고 말한다. 이 기저가 이를테면 유클리드의 공준과 같은 것이다. 중요한 것은 비트겐슈타인은 현존을 토대로 그것을 요청한다는 사실이다. 이 점에서 경험론은 이를테면 뒤집어진 합리론이다. 실재론자나 합리론자는 기저를 먼저 상정하고 거기에서 현존을 연역하지만, 유명론자나 경험론자는 먼저 현존을 가정하고 거기에 따라 기저를 요청한다. 비트겐슈타인의 기저는 대상들objects과 논리형식logical form이 결합한 것이다.

이 기저는 비유적으로 보자면 원소주기율표와 같은 것이다. 원소주기율표에는 현재까지 알려진 모든 물질의 기본단위가 배열되어 있다. 그러나 거기에 그것만 있는 것은 아니다. 거기에는 암묵적인 원소들의 결합형식이 동시에 있다. 예를 들면, 두 개의 수소 원자는 한 개의 산소 원자와 결합하여 물을 만들 수 있다. 그러나 수소와 헬륨 원자는 서로 결합할 수 없다. 원소주기율표는 이렇게 원소와 원소들 사이의 결합형식에 관한 것이다. 비트겐슈타인의 기저substance도 근본적으로 같은 성격을 가지는 세계의 기초이다. 이 기저와 명제의 세계는 이를테면 공준과 정리의 세계와 같다. 모든 명제는 기저에서 연역될 수 있고 모든 명제를 분석하면 기저에 닿게 된다.

중요한 점은 비트겐슈타인은 명제의 세계가 가능하기 위해 기저의 세계가 있어야 한다고 말한다는 점이다. 즉, 기저의 존재는 명제의 분석에 의해 요청되는 것이지 기저가 먼저 있어 명제가 거기에서 연역되는 것은 아니다. 이것은 매우 중요한 것이다. 중요한 것은 현존(명제)이지 본질(기저)이 아니다. 만약 현존의 분석에서 기초의 기저와는 다른 어떤 양상이 드러난다면 기저는 즉시로 바뀌어야 한다. 왜냐하면 기저는 단지 현존을 전제한 것이기 때문이다. 이러한 논리의 실존적 대응이 유명한 "실존은 본질에 앞선다."는 사르트르의 금언이다.

공준과 정리는 이처럼 각각 통합과 해체에 대응한다. 어떤 수학자가 단지 공준만 제시하면 세계는 이미 제시된다고 말하면서 공준은 변화 불가능한 것이고 모든 세계에 대한 잠재력을 가진 것이며 독립적이고 선험적이며 본래적인 것이라고 주장한다면 그는 세계의 통합(종합)이 가능하다고 믿는 사람이다. 그는 보편적 지식의 가능성이 있다고 믿고 있다.

이와는 반대로 우선적인 것은 정리이며 그 정리의 유효성은 실천적 참에 달려있다고 주장하는 수학자도 있다고 가정하자. 그는 정리의 분석의 종점이 공준이라는 사실을 인정한다. 그렇지만 공준의 필연성과 불변성에 동의하지 않는다. 정리가 공준에서 연역되는 것이 아니다. 정리의 분석이 공준에 닿을 뿐이다. 그러므로 공준은 가변적이다. 있는 것은 개별적인 정리들뿐이다. 두툼한 공준들은 단지 정리의 분석에 의해 존재할 뿐이다. 이러한 입장을 어떤 수학자가 견지한다면 그는 인간 이성의 선험적이고 통합적인 기능을 의심하는 사람이다. 엄밀히 말하면 그는 전통적으로 정의되어 온 이성 자체의 존재를 부정하는 사람이다. 이 경우에 그의 세계는 해체의 세계이다. 그의 세계에는 파편적으로 해체된 정리들만이 존재한다.

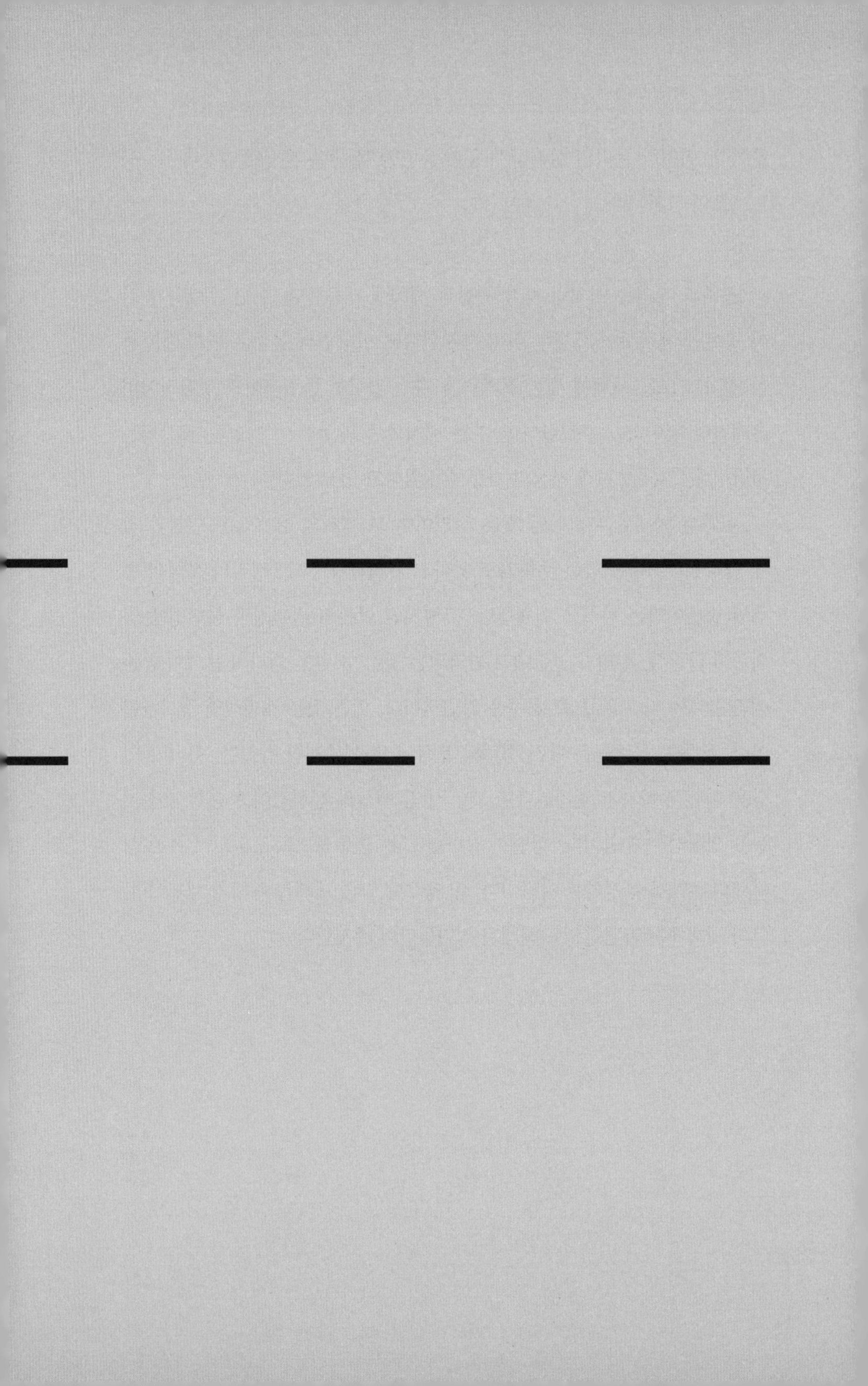

6

Reason & Sense-Perception

이성과 감각 인식

"실존은 본질에 앞선다 Existence precedes essence."라는 언명은 "감각이 이성에 앞선다."라는 언명과 그 근원적 의미에서는 같다. 양쪽은 같은 이념에 대한 다른 측면으로의 기술일 뿐이다. 전자는 존재론적 측면에 대해서이고 후자는 인식론적 측면에 대해서이다. 세계의 본질이 자연 nature 이라는 이름으로 존재하고 그것은 기하학적 이데아의 모습을 하고 있다는 것이 실재론자들과 합리론자들의 세계관이다. 또한, 이에 따라 인간에게는 이성이 주어졌다는 것이 이들의 주장이다. 이성은 대상들과 사실들로부터 개념과 인과율을 추상해 낼 수 있는 역량이다. 따라서 세계의 본질은 인간의 이성에 대응한다.

먼저 이성과 감각에 대한 철학적 정의를 명확히 하는 것이 필요하다. 이성은 교양으로 혼동되고 감각은 감각적 향락으로 혼동되기 때문이다. 여기에서의 이성과 감각은 그런 것들과 상관없다. 인간의 역사에서 긍정적이고 바람직한 것으로 간주되어온 플라톤적 이상주의는 이성을 인간 인식 수단 중 최고의 위치에 놓아왔다. 이것이 이성에 교양이라는 가치를 더했고 감각에 향락이라는 몰가치를 더했다. 그러나 교양과 향락은 이성이나 감각과 관련 없다.

거듭 말하는바 이성은 간단히 말했을 때 사물과 사건을 추상화할 수 있는 능력을 말한다. 사물thing에 대한 추상화 능력에 대해 먼저 살펴보자. 이 문제는 물론 간단하지 않다. 대상의 추상화와 관련하여 전통적인 실재론자(합리론자)와 유명론자(경험론자)가 정면으로 충돌하기 때문이다. 여기가 가장 격렬한 전투가 벌어지는 철학의 전략적 전장이다.

실재론자들은 모두가 플라톤의 후예로서, 이성은 먼저 추상화된 개념들을 지니고 있다고 생각한다. 이것이 이데아이며 나중 철학자에 의해 본유관념innate concept이라고 불리게 될 것이다. 이성이 추상화 능력을 의미한다는 점에 있어서는 실재론자(합리론자)들과 유명론자(경험론자)들이 일치한다. 그들이 충돌하는 곳은 그 추상이 선험적인 것이냐 아니냐라는 논점의 전장이다.

플라톤은 세계를 둘로 나눈다. 이데아의 세계와 지상의 세계로. 이데아의 세계는 영혼soul의 세계이고 지상의 세계는 육체flesh의 세계이다. 플라톤은 기하학에서 이데아론의 모범을 발견한다. 천상에는 가장 추상화된 공준들과 정리들이 있다. 공준과 정리 사이에는 '위계hierarchy'가 존재한다. 지상에도 그것들을 닮은 위계적 질서가 존재한다. 그러나 그것들은 육체를 입은 것들이다. 지상 세계의 의무는 스스로의 육체에서 벗어나서 천상의 이데아에 다가가려는 시도이다.

플라톤의 이데아론이 동시에 이상주의인 이유는 여기에 있다. 지상의 존재의의는 천상을 닮기 위해서이고 육체의 존재의의는 버려지기 위해서이다.

자기의 이상주의 철학을 주장해 나가는 가운데 플라톤은 신에 대해 말하고 있었다. 고상함은 신을 닮기 위한 가운데 존재한다. 물론 이상주의는 고유의 악덕을 가진다. 그것은 숭고하지만 가식적이다. 고상함의 이면에 위선이 자리 잡고 있다.

이상주의의 문제가 단지 도덕에만 존재하는 것은 아니다. 더 큰 문제는 다음과 같다. 이성의 추상성에의 일치가 단지 관념론에만 그치지는 않는다는 사실이다. 이성의 선험적 역량에 대한 신념은 인간 지식의 가능성에의 신념과 일치한다. 과학혁명의 업적은 이 점에서 모순된 측면을 지닌다. 당시에 과학에 대한 태도는 유물론적이고 경험론적인 토대를 지니고 있었다. 어쨌건 플라톤이나 데카르트의 비경험적 관념론에서 과학 법칙은 나오지 않았다. 물질적 세계는 물질적 경험 — 감각 인식이라는 — 을 전제한다. 그러나 여기에서 나온 결론은 전혀 물질적이지 않았다. 과학 법칙 자체가 개별적 사실에서 독립한 보편적 지식의 성격을 지닌 것이기 때문이었다. 따라서 과학혁명은 한편으로 경험에 의존하지만 다른 한편으로 경험에서 독립한 것이었다. 그것은 경험적 대상을 다루고 있다는 점에선 물질적인 법칙이었다. 그러나 그것이 일단 추론의 결과로서 자리 잡자마자 비물질적이고 투명한 형상으로 바뀌었다. 이것이 프레게가 말하는 바의 '우리 언어의 괴상망측함the awkwardness of our language'이다. 이것은 결정적인 문제였다. 서로 대립하는 전제가 공존할 수는 없었다. 하나는 버려져야 했다.

이때 과학 법칙의 선험성을 밀고 나간 사람들이 칸트, 피히테, 셸링, 헤겔 등의 독일 관념론자들이었다. 반면에 과학에서 선험성을 제거하고 그것을 철저히 실증적인 개별적 사실로 해체한 사람들이 에른스트 마흐, 리하르트 아베나리우스, 프레게, 러셀, 비트겐슈타인으로 이어지는 실증주의자들이었다.

추론의 전제가 되는 대원칙의 존립 문제는 이미 아리스토텔레스의 논리학에 나타난다. 그는 연역의 기원은 귀납 추론으로 얻어질 수밖에 없다는 사실을 날카롭게 감지하고 있었다. 이 문제는 모든 논리학자에게 역시 심각한 문제였다. 그러나 진정한 용기를 지닌 사람들 외에는 누구도 이 문제를 극한까지 밀고 갈 수가 없었다. 상식은 안전하지만, 극단은 위험하다. 아리스토텔레스도 존 로크도 추론의 모든 기반이 사실은 귀납 추론에 의해 얻어진 전제라는 것을 의식하고 있었지만 둘 모두 어떤 지식은 경험을 초월한다는 자기기만 속에서 삶의 평온을 택했다. 회의주의는 공허와 냉소와 절망을 전제해야 하기 때문이었다.

유물론의 세계에서도 이성의 선험적 인식능력을 주장하는 사람들은 이제 사물thing에 대해서 뿐만 아니라 사실fact에 대해서도 지성을 방어해야 했다. 과학의 시대였고 과학은 사물의 운동에 대한 일반화된 선험적 지식의 존립을 주장했기 때문이다. 로크는 경험론하에서의 과학혁명의 법칙은 사실은 독단에 지나지 않는다는 사실을 언급하지 않는다. 그는 오히려 이 사실을 외면한다. "모든 지식은 경험에서 온다."라고 말하면서 그는 동시에 어떤 지식은 경험에서 독립해 있다고 말한다. 결국, 근대합리론의 지성은 절충적일 수밖에 없었다. 과학을 붕괴시키기는 두려웠다.

어설픈 봉합은 어찌어찌 버텨나가고 있었다. 그러나 제1차 세계대전의 발발에 이르러 이 임시방편은 더 이상 견딜 수가 없게 된다. 철저히 이성에 입각해 구축된 세계는 환상이었고, 계몽주의 이래 인간을 인도해 줄 것이라 믿었던 이성은 결국 그 무능성을 드러내고 말았다. 이성이 그렇게 옳고 강력하고 주도적인 것이라면 스스로의 파멸을 불러오지는 말았어야 했다. 제1차 세계대전은 데이비드 흄 이래 계속 의심받아온 인간 이성에 장례식을 치러 주게 된다.

이때 이성은 해체를 겪게 된다. 무엇으로? 이 질문은 현대를 해명하기 위한 매우 중요한 질문이다. 삶이 가능하기 위해서는 어쨌건 세계에 대한 인식이 없을 수 없다. 지성의 실패는 과학의 실패와 수학의 실패를 의미하는 것이다. 그렇다면 세계는 무엇에 의해 포착될 수 있는가? 이성이 세계와 삶에 대한 추상적이고 선험적인 해결책을 제시해온 것은 기지의 사실이다. 이것이 붕괴했다. 이제 세상은 낯설어졌다. 삶의 전통적인 토대는 소멸했다. 새로운 삶은 어떤 양상이 되어야 하는가?

이 질문에 대한 답변은 이미 18세기에 데이비드 흄에 의해 제시되어 있다. 세계에 대한 인식은 단지 감각 인식에 의한 것이었다. 이성이라고 말해온 것은 감각 인식의 축적에 작동하는 상상력 이외에 아무것도 아니었다. 이성은 선행하는 생득적 인식 수단이 아니었다. 그것은 '생생한' 감각 인식의 '흐릿한' 축적일 뿐이었다. 이것이 경험론 철학의 이성과 감각의 관계에 대한 설명이다. 합리론이나 경험론 어느 쪽도 이성의 존재나 감각 인식의 존재를 부정하지 않는다. 그들은 부정에 의해서가 아니라 순서에 의해 구분된다. 어느 쪽이 선행하는가의 문제이다. 합리론은 이성을 선행시키고 경험론은 감각을 선행시킨다.

이제 개념(이데아)이 아니라 개별자가, 보편적 인과율(과학)이 아니라 명제(개별적 사실)가 세상의 주인공이 된다. 결국 철학의 문제는 개념(이데아, 보편자, 이름)과 인과율(과학, 인과관계, 종합적 선험지식)의 문제를 싸고돈다. 이러한 것들의 실재를 인정하면 실재론(합리론)이고 이러한 것들은 단지 이름과 환각에 지나지 않는다고 주장하면 유명론(경험론)이다. 어느 쪽이 옳은

가를 판정할 수는 없다. 취향만이 군주이다. 현대의 분석철학은 후자를 택했다.

경험론적 입장에서의 개념은 유사함resemblance, similarity에 지나지 않게 된다. '꽃'이라는 개념을 예로 들자. 우리는 다양한 개별적 꽃들을 보게 된다. 장미꽃, 백합꽃, 매화, 목련꽃 등. 그러고는 그것들의 유사함에 준해 거기에서 '꽃'이라는 추상적 개념을 추출해 낸다. 각각의 꽃은 처음엔 인상impression이라는 경험을 통해 우리에게 다가오고 기억을 통한 흔적을 남겨 놓는다. 우리는 계속해서 개별적 꽃들을 경험하고 거기에서 꽃이라는 개념이 굳게 패인 각인으로 남게 된다. 이것이 개념의 탄생에 대한 경험론자들의 설명이다. 경험론자들은 개념이 실재하지 않는다고 말한다. 그것은 인간의 가공물로서 하나의 환각이다. 실재하는 것은 오로지 개별적 꽃들 뿐이다. 우리는 그것들에서 어떤 유사성을 볼 수 있다. 그것뿐이다. 그것들이 유사하다고 해서 그것들을 묶을 수 있는 '공통의 본질common nature'이 생기지는 않는다.

전통적인 실재론과 합리론은 개별적인 꽃들의 세계와 추상적인 개념으로서의 '꽃'의 세계를 또다시 불러들였다. 따라서 세계는 이중적이다. 개별적인 꽃들은 감각의 세계에 대응하고 추상적인 '꽃'이라는 개념은 이성에 대응한다. 유명론과 경험론은 오컴의 면도날Ockham's razor을 작동시킨다. 개념의 세계를 개별자들의 세계로부터 베어낸다. 이것이 근검의 원칙the doctrine of parsimony이다. 왜 두 개의 세계가 있어야 하는가? 개별자들의 세계만으로 충분하지 않은가? 개념은 개별자들로 해체된다. 또한 이에 따라 이성은 감각 인식으로 해체된다. 개별적 대상들을 종합하는 어떤 인식적 기제가 있다. 그러나 그것은 단지 상상 혹은 환각에 대응하는 것이다. 판단의 주체로서 혹은 형이상학적인 것으로서의 자아란 존재하지 않는다. "주체 혹은 형이상학적 자아 같은 것은 없다There is no such thing as subject or metaphysical self.”
(비트겐슈타인)

과학의 해체에 따르는 이성의 해체는 더욱 극적으로 진행되었다. 니체는 “신은 죽었다.”라고 말한다. 그러나 그 선언 훨씬 이전에 신과 과학은 함께 죽었다. 만약 우리가 인간 이성과 양립하는 신앙의 가능성을 믿는다면, 다시 말해 신학의 가능성을 믿는다면 — 이 이념이 사도 바울에서 토마스 아퀴나스에 이르는 실재론적 신학인바 — 이것은 동시에 과학의 존립 가능성을 말하는 것이다. 현대철학의 견지에서는 과학에 대한 믿음은 곧 미신이다. 신에 대한 믿음은? 그것은 미신이 될 수도 있고 아닐 수도 있다. 만약 신이 인간의 언어로 설명되어야 한다면 그 신에 대한 믿음은 곧 미신이다. ‘인간의 언어’가 파산했기 때문이다. 프란츠 마르크는 “유럽인의 눈이 세계를 망쳤다.”라고 말했다. 비트겐슈타인은 아마도 “유럽인의 언어가 세계를 망쳤다.”고 말할 것이다. 프란츠 마르크의 ‘눈’이나 비트겐슈타인의 ‘언어’나 모두 인간 지성에 의해 보증받은 인식 수단이라는 견지에서 그렇다. 물론 이 ‘눈’과 ‘언어’는 전통적인 견지에서의 눈과 언어이다. 마르크나 비트겐슈타인은 각각 그들의 역할이 시지각의 비판과 언어비판이라고 생각한다. 그들은 새로운 눈과 비판된 언어를 도입한다.

칸트는 과학을 구원하겠다는 거창한 시도를 한다. 그는 나름대로 과학을 구원했다고 생각한다. 그는 이어서 형이상학과 윤리와 신앙을 구원하겠다는 시도를 한다. 칸트는 인간 이성이 세계인식의 주된 기제가 아니라면 과학도 형이상학도 신앙도 불가능하다고 생각한다. 과학은 실증적인 대상을 다룬다 해도 스스로가 정립하고자 하는 법칙은 실증적인 것이 아니다. 법칙은 선험과 보편을 말하지만, 실증적 세계에 그러한 것은 없다. 이 점에서 과학 역시도 윤리학과 그 성격을 같이한다. 모두가 실증적인 것이 아니다. 칸트의 이 거창한 시도는 실패한다. 철학은 가차 없이 흄이 제시한 이성의 해체를 향해 나아간다.

과학은 칸트의 용어를 빌리면 '종합적 · 선험적 지식Synthetic a priori knowledge'이다. '종합적'이라는 용어terminology는 '새로운 지식'을 의미하고 '선험적'이라는 용어는 포괄적, 일반적, 필연적을 의미한다. 칸트는 이 지식을 '종합적 · 경험적 지식synthetic empirical knowledge'과 확연히 구분한다.

두 종류의 언명을 가정하자. 하나는 포괄적이고 일반적인 언명, 즉 선험적인 언명이다. 그것은 언제나 $(x).fx$의 형태로 표현된다. 여기서 (x)는 포괄적 개념을 가리킨다. 가령 '개'라거나 '꽃'이라거나 등의 개념이 여기에 해당된다. 그것은 하나의 양화사quantifier로서 '모든'을 말한다. x를 개로 정의하자. 또한 f를 '짖는다'는 함수로 가정하자. 그 경우 $(x).fx$는 "모든 개에 대하여, 그 개는 짖는다."가 된다. 이것은 분명히 종합적 · 선험적 지식, 즉 과학 명제이다. 우선 이 언명은 개에 대한 지식을 준다는 점에 있어서 종합적이다. 개에 대해 '짖는다'라는 새로운 지식을 준다. 이 언명은 또한 선험적이다. 어떤 특정한 개에 대해서가 아니라 '개 일반'에 대해 말하기 때문이다.

다른 언명에 대해 말해보자. 이 언명은 비트겐슈타인이 '명제proposition'라고 말하는 언명이다. f_m, f_l, f_r ... 이 명제가 각각 "멜루는 짖는다", "로쪼는 짖는다", "루디는 짖는다" 등등이라고 하자. 이것은 개별적인 개들에 대한 얘기이다. 이것은 사실fact에 대한 얘기이고 여기 어디에도 사실의 추상화나 일반화는 없다. 이 언명들은 철저히 실증적이고 경험적인 것들이다.

우리는 $(x).fx$라는 명제와 f_m, f_l, f_r ... 등등의 명제 사이에는 질적 차이가 있다는 사실을 느낀다. $(x).fx$는 합리론적 전통하에서 훨씬 고차적이고 귀족적인 지위를 누린다. 그것은 포괄적이고 선험적이고 일반적인 언명이다. 이 언명은 이성에 의해 선험적으로 주어지게 된 언명이다. 반면에 f_m, f_l, f_r 등의 명제는 경험적이고 실증적인 명제이다. 이 명제들은 실재론적이고 합리론적 전통하에서는 천민 취급을 받는 명제이다.

경험론은 그러나 $(x).fx$ 라는 언명은 존립 불가능한 언명이라고 말한다. x가 '개'라고 정의되었을 때 사실은 그러한 정의는 불가능하기 때문이다. 더구나 그 x의 속성에 대해서는 규정이 불가능하기 때문이다. 먼저 '모든 개'라는 것이 불가능하다. 어떻게 모든 개를 실증적으로 검증할 수 있겠는가? 공간적으로 시간적으로 경험이 불가능한 개를 어떻게 검증할 수 있겠는가? 따라서 이 선험적인 언명은 명제가 될 수 없다.

이 고급스러움을 가장하고 있는 거창한 언명은 해체되어야 하고 그 폐허에는 개별적인 개들에 대한 언명만 남는다. 이 명제들은 모두가 동등한 가치를 누린다. 이 명제들은 비천하지만 진실하다. 그 비천함은 오히려 겸허함이다. 사실[fact]만을 말하고 있기 때문이다.

비트겐슈타인은 "모든 명제는 등가이다[All propositions are of equal value.]"라고 말한다. 물론 그렇다. 해체되어 실증적이고 개별적인 사실들만을 말하는 명제들은 모두 등가이다. 만약 어떤 언명이 포괄적이고 일반적인 법칙에 대한 것이라면 그것은 명제가 아니다. 명제를 위장하고 명제의 세계에 숨어들어 있지만, 그것은 명제가 아니다. 그것은 단지 환각일 뿐이다. 이 명제에 대응하는 것이 감각 인식이다.

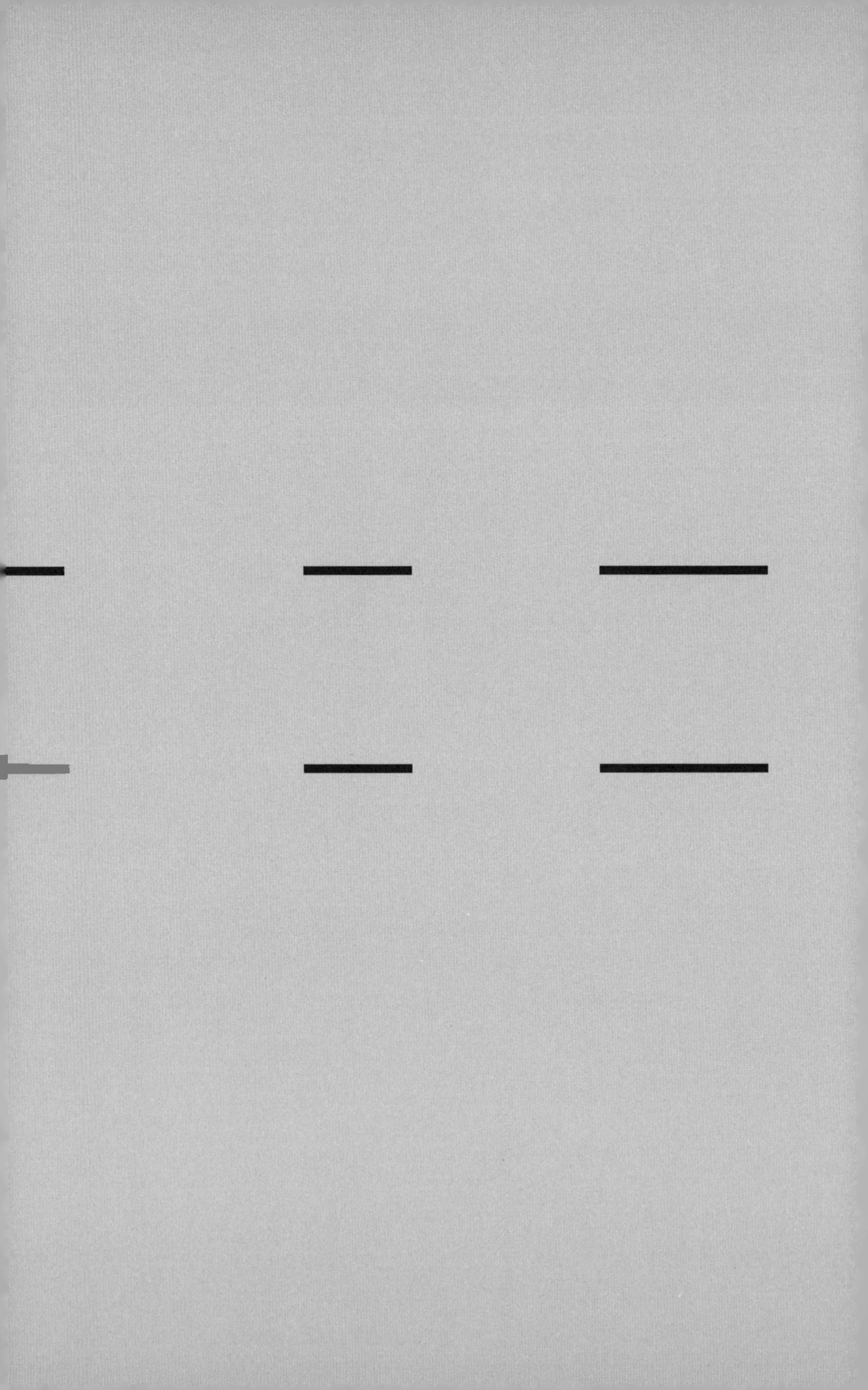

7

Space & Plane

공간과 평면

미술에 있어 공간과 평면 중 묘사의 중심을 어디에 놓느냐 하는 문제는 결정적인 중요성을 가진 것으로 드러난다. 두 요소에 대한 강조는 미술사에서 시대적으로 서로 교차하며 발생한다. 어떤 시대는 세계를 공간적으로 처리하고 다른 시대는 그것을 평면적으로 처리한다. 물론, 이것은 먼저 사물에 대해서 해당된다. 대상을 공간적으로 깊게 다룰 경우에는 대상 안의 사물을 입체적으로 처리한다. 반면에 대상을 평면적으로 처리할 때에는 대상 안의 사물도 평면적으로 처리한다.

공간과 평면의 문제는 회화의 표현기법의 문제에 그치지 않는다. 그것은 두 세계관의 반영이다. 대상을 공간적으로 처리하는 시대는 이성의 시대이고 그것을 평면적으로 처리하는 시대는 감각의 시대이다. 엄밀히 말하면 공간을 평면으로 처리하는 이념은 이성의 몰락을 의미하는 이념이다. 대상을 공간으로 처리할 때에는 회화의 주제와 배경이 동시에 나타난다. 이 회화의 중요한 특징 중 하나는 배경 없는 주제는 없다는 것이다. 이성은 회화에 있어 주제와 배경을 동시에 요구한다. 예를 들면 르네상스 고전주의는 되찾아진 이성에 의한 양식이다. 이 양식의 회화들은 주제와 배경을 동시에 지닌다.

지오토 디 본도네의 〈비탄lamentation〉과 시모네 마르티니의 〈수태고지annunciation〉를 비교해 보면 대상의 공간처리와 평면처리가 어떻게 다른가를 즉각 이해할 수 있다. 시에나 출신 화가의 이 수태고지에는 공간이 없다. 엄밀히 말하면 공간적 깊이가 없다.

시모네 마르티니, [수태고지]

공간성은 원근법perspective과 단축법foreshortening에 의한다. 원근법은 자체 대상에 대하여, 단축법은 그 회화의 대상 속의 사물들에 적용된다. 대상과 공간에 대한 이러한 처리는 소실점을 중심으로 하여 매우 역동적인 공간성

지오토 디 본도네, [비탄]

을 구성하게 된다.

그러나 마르티니는 배경 자체의 진공상태에서 그것을 화려한 금빛으로 칠한다. 이것으로 끝이다. 또한, 여기에서의 인물들은 입체감을 지니지 않는다. 가브리엘 천사도 성모도 전혀 입체적 모델링으로 처리하지 않았다. 인물들은 매우 섬세하고 세밀하게 표현되었음에도 3차원적 질량감을 지니지는 않는다. 인물들과 다른 주제들 모두 중량감 없이 표면을 부유하는 덧없는 존재라는 느낌을 준다.

이 그림과 대비되는 다른 하나의 그림을 살펴보자. 마르티니의 〈수태고지〉는 1333년에 그려지고 지오토의 〈비탄〉은 1306년에 그려진다. 이 두 그림 사이에는 거의 한 세대라고 할 만한 시간 차이가 있다. 지오토의 그림은 모든 측면에서 어떤 도약을 보여준다. 마르티니의 인물들은 관람자를 의식하며 동정녀 마리아의 예수 잉태라는 기적을 직접적으로 '말하고' 있다. 반면에 지오토의 회화는 '보여주고' 있다.

〈비탄〉에서 보이는 전혀 중세적이지 않은 특징들을 살펴보자. 먼저 이 회화에는 배경이 등장하고 원근법과 단축법이 도입되어 있다. 소실점은 사망한 예수의 몸에 설정되어 있다. 또한, 올리브 나무와 헐벗은 산 등이 명확한 원근법에 따라 제시되어 있다. 거기에 더해 인물들은 질량과 중량을 지닌 입체로 묘사되어 있다. 이 인물들은 더 이상 전형적인 중세 회화의 인물들의 허깨비 같은 그런 모습은 아니다. 이 인물들은 생동하고 있으며 예수의 죽음과 슬퍼하는 사람들이라는 이 사건은 방금 일어난 사건과 같은 박진감을 지닌다. 가장 놀라운 점은 이 회화는 독립되고 완결된 하나의 세계를 묘사하고 있다는 사실이다.

중세 회화는 감상자를 향해 열려있다. 그 회화는 감상자 없이는 존재할 수 없는 세계이다. 감상자가 그 사건에 참여하고 그 사건이 말하는 이야기에 설득되어야 한다. 이 점에서 중세 예술은 감상자로부터 독립적이지 않다. 그러나 지오토의 이 회화는 감상자에 대한 어떤 고려도 없이 스스로 존재하고 있다. 감상자가 있건 없건 하나의 사건이 발생했다. 감상자가 있다면 그는 우연히 거기 있게 되었고 훔쳐보듯이 이 사건을 보게 된다. 감상자에게 등을 돌린 인물들이 그려져 있다는 사실은 이제 회화가 감상자와는 독립하여 스스로 하나의 닫힌 세계를 구성했다는 것을 말하고 있다.

유럽 전체가 아직 중세에 잠겨있을 때 피렌체의 한 화가는 느닷없이 휴머니즘의 세계로 한 걸음을 내디뎠다. 그것도 시모네 마르티니의 대표작보다 27년이나 앞서서. 미술사에서 르네상스는 지오토에 의해 시작되었다는 견해에는 이견이 없다. 지오토의 대부분의 회화는 아직도 중세적이다. 스크로베니 예배당의 모든 회화는 이 〈비탄〉을 제외하고는 모두 중세적이다. 그리고 중세적이라는 측면에서는 시에나의 그 대가에 견줄 수 없을 정도로 미숙하다. 그러나 기적은 이 피렌체 화가에 의해 발생한다. 그는 새로운 세계의 전령이 된다.

르네상스와 지오토는 어떻게 관계 맺는가? 르네상스와 공간성과 입체성은 어떻게 관계 맺는가? 지오토가 불러온 것은 어떤 종류의 기적인가?

예술 양식과 세계관은 밀접하다. 예술 양식에 대한 해명은 형이상학적 해명까지 진행되지 않는 한 무의미하다. 그 이면에 동시대나 혹은 다가올 시대의 이념을 배경으로 하고 있지 않다면 그 회화는 유의미한 회화가 되지 못한다. 그것은 먼저 예술조차 되지 못한다.

공간성과 입체는 이성에 대응하고, 평면과 단면은 감각 인식에 대응한다. 이성은 개념에 대응하고 감각 인식은 인상impression에 대응하기 때문이다. 개념을 플라톤적 의미에서의 형상form으로 이해하든 소피스트적 환각으로 이해하든, 개념은 이성과 그 소산인 고찰과 사유로부터 나온다.

인간 인식 역량에서 이성의 유효성은 형이상학적 입장 차이에 의해 갈린다. 실재론자(합리론자)들은 이성이 선험적이고 자명한 본래적인 자연의 원천적 양상에 대응한다고 믿는다. 플라톤은 자못 우아한 비유를 써서 동굴 속에서의 흐릿한 세계, 즉 확고함 없이 변전하는 감각의 세계와 동굴 밖에서의 선명하고 분명하고 눈부실 정도로 감동적인 이성의 세계의 대비에 대해 말한다. 플라톤에게 진정한 지식은 오로지 이성 만에 의해 얻어질 수 있다.

유명론자(경험론자)들의 입장은 이와 상반된다. 그들은 지식knowledge 자체를 실재론자들과는 다르게 정의한다. 그들에게 일반성, 포괄성, 보편성, 선험성 등은 주술에서 다루는 용어들과 다를 바 없다. 그들은 자명성 자체를 부정한다. 유명론자들에게는 실증적인 사실(비트겐슈타인의 용어로는 fact)만이 지식이다. 그들은 플라톤이 제시하는 수학적 지식은 단지 분석적 지식으로, 아리스토텔레스가 제시하는 과학적 지식은 귀납 추론으로 격하시킨다. 따라서 이들에게 있어서 이성은 아예 다른 의미를 띠게 된다. 그것은 단지 실증적 사실에 의해 자극받는 감각 인식에 대한 습관적 기억이다.

유명론자들에게 실재론자들이 말하는 개념은 단지 실증적 경험의 기억이 누적시킨 희미한 상상력의 집적이 된다. 즉, 감각 인식은 직접적이고 즉각적인 인식direct and immediate cognition으로서 신뢰할만한 지식이지만 이성에 대응한다는 개념은 사실은 우리의 덧없고 희미한 기억이 누적시킨 의심스러운 상상의 소산일 뿐이다.

인간의 본성은 이성과 실재론과 합리론을 지향하는 쪽으로 향한다고 할 수 있다. 인간에게 이성은 본래적인 것이다. 인간은 거의 본능적으로 추상화 능력을 행사한다는 점에서 '이성적 동물'이라고 할 수 있다. 이때 이성은 어떤 과정을 통해 세계를 규정짓는가?

먼저 '본다'는 현상과 이성의 관계에 대해 살펴보자. 시지각에 이성이 동반되지 않는다면 거기에는 공간이 있을 수 없다. 시각은 사물의 측면이나 후면을 보지 못한다. 시지각은 회절하지 못한다. 그럼에도 우리는 사물을 입체화하고 대상을 공간화한다. 우리가 스크린과 같은 평면 속에서 무엇인가를 구획 짓고 그것을 무엇인가로 명명할 때 우리의 이성은 이제 비로소 발현되기 시작한다. 인간은 이성이라는 잠재력을 숨기고는 언제든지 세계와 언어가 분절되는 바로 그 순간 스스로의 본래적인 역량을 폭발시킬 준비를 한다.

이성이 아예 없고 감각만이 있다면 세계는 단절 없이 이어진 밋밋한 스크린일 뿐이다. 거기에는 분절이 없다. 이성의 흔적조차 지니지 않은 — 있다 해도 아주 희미한 — 곤충은 동적 움직임이 없는 포식 대상은 거의 포착하지 못한다. 포식 대상이 조용히 움직이지 않고 있으면 그것들은 모두 스크린의 일부가 되며 '먹이'라는 특정한 역할을 하지 못한다. 포식자를 만난 곤충들이 움직이지 않고 얼어붙는 것은 이것이 이유이다. 감각은 넓은 면적을 단숨에 훑는다. 그러고는 거기에서 어떤 동적인 생명체를 찾아낸다. 이것이 감각을 주로 가진 생명체의 생존 양식이다.

이성은 반대이다. 이성은 면적을 희생시키는 대신 개념을 획득한다. 이성의 특징은 한 곳을 직시한다는 것이다. 이성이 한 곳 한 곳을 주시하며 스크린에서 무엇인가를 도려낼 때 그것이 곧 개념이 된다. 따라서 개념은 입체이다. 평평한 스크린에서 콧대를 내밀지 않는 한 그것이 스크린에서 차별화되어 돌출되지는 않기 때문이다. 자주 말해지는 바와 같이 언어 속에 없으면 세계 속에 없다. 이때 언어는 물론 개념을 가리킨다. 만약 우리 언어 가운데 '여우'라는 음성신호가 없다면 우리는 스크린에서 여우라는 동물을 오려내지 못한다.

인간은 해부학적으로도 이성적인 동물이다. 인간의 눈은 다른 어떤 동물의 눈에 비해서도 전면을 주로 응시하도록 위치해 있다. 인간의 얼굴을 옆에서 보면 눈이 아주 조금 밖에 보이지 않는다. 반면에 개나 닭의 눈은 전면뿐만 아니라 측면 쪽에도 배치되어 있다. 다른 동물들이 상대적으로 넓은 면적을 훑을 수 있을 때 인간의 눈은 상대적으로 전면의 좁은 면적밖에 볼 수 없다. 인간의 눈은 재빠르지 않다. 대신 꾸준히 한 곳을 주시할 수 있다. 동물에게 있어 흘낏 봄glance은 있어도 응시gaze는 없다. 만약 집의 강아지가 주인의 얼굴을 빤히 바라본다면 그것은 주인의 얼굴을 자세히 살피기 위한 것은 아니다. 단지 다른 어떤 목적이나 예비적 행동을 위해 멍한 채로 있는 것이다. 다른 동물의 눈은 인간의 눈만큼 사물이나 공간을 분석적으로 응시하지 못한다.

특정한 사물을 스크린에서 오려내고 그것을 자세히 살피는 것은 인간 눈이 지닌 특징이기도 하고 인간의 이성이 지닌 속성이기도 하다. 인간 눈과 이성은 서로 부응한다. 이렇게 이성은 대상이 되는 스크린에서 사물들을 오려내고 그것들을 입체화하고 대상을 공간화한다. 두 시지각이 겹치는 부분은 사물에 대한 양쪽 시각의 대비에 의해 입체를 만드는 기능으로 작동한다. 인간의 시지각은 양옆의 면적을 희생시키지만, 전면의 많은 면적에서 서로 겹친다. 이 시지각이 입체를 형성시키기에 매우 유리하다.

만약 우리가 모든 지식이 경험에서 온다고 말한다면 거기에 입체는 없다. 경험이 기초하는 감각 인식은 입체를 볼 수 없다. 그것은 스크린만을 볼 수 있다. 이 이념을 계속 밀고 나가게 되면 스크린은 단지 거칠게 칠해진 다채로운 색깔들의 빛의 향연에 지나지 않게 된다. 이것이 인상주의 회화이다. 사물들을 입체로 처리할 경우 스크린은 그에 따라 3차원의 공간성을 띠게 된다. 공간성 자체가 사물들의 단축법에 의한 배열에 의해 가능해진다.

이성은 휴머니즘을 의미한다. 휴머니즘의 의미 자체가 인간 스스로의 내적 역량에 의해 세계의 본질을 포착할 수 있다는 신념이다. 이때 '인간의 내적 역량'이 곧 이성이다. 인간 이성은 말한 바와 같이 개념을 형성시킬 수 있는 능력이다. 따라서 이성은 휴머니즘이며 동시에 입체와 공간이다.

인간 이성이 세계를 포착할 수 있다는 자신감은 예술사에 있어서는 고전주의와 바로크를 부른다. 이 두 양식 모두 인간 이성의 세계의 개념적 포착에 대한 시각적 표현이다. 동시에 이성에 대한 신념은 소우주로서의 하나의 세계를 창조할 자신감을 우리에게 부여한다. 우리가 지오토의 〈비탄〉에서 발견하는 것은 우리로부터 완전히 독립해서 그 자체로서 하나의 완결된 사건을 구성하고 있는 소우주이다.

시모네 마르티니와 로렌체티의 중세 양식의 회화는 인간의 자율성과 자신감을 결하고 있다. 모든 유의미한 것들은 인간의 문제가 아니라 신의 문제이다. 거기에서 화가는 단지 신의 도구로서의 자신을 자각하고 있을 뿐이다. 화가는 신의 사건들을 사람에게 '알려야' 한다. 따라서 그 회화들은 그려진 이야기들의 — 글을 대신하는 — 그림이 된다.

지오토의 〈비탄〉은 그것이 신의 이야기를 전하고 있다고 해도 이것은 허울뿐이라는 사실을 그 양식을 통해 보인다. 진실과 영혼은 내용에 의해서가 아니라 형식에 의해 보인다. 이제 신은 폐위되고 사유하는 인간, 이성적 인간이 그 자리를 차지했다. 신의 왕관은 인간에게 씌워졌다. 그리고 신의 빛에 의해 세계를 보는 것이 아니라 인간 스스로의 역량에 의해 세계를 보게 되었다. 지오토를 비롯한 르네상스기의 예술가들은 대부분 성경의 내용을 빌려 사실은 인간 이성의 승리를 구가하는 작품을 내놓는다. 예술은 거기에 있는 내용의 문제가 아니라 내용이 표현하는 형식의 문제이다. 지오토, 마사치오, 레오나르도 다 빈치 등의 예술가들은 성경 내용을 그들 회화의 주제로 삼았다는 점에서는 중세 예술가들과 같았지만, 그 주제들이 실려 가는 표현 형식은 전적으로 기하학적이었고 입체적이었다는 점에서는 그들과 완전히 달랐다. 그리고 이 기하학, 입체, 공간 등은 모두 인간 이성과 관련된 것이었다.

인간은 개념의 중첩으로서의 세계를 그려나간다. 세계는 수학이라는 언어로 쓰인 책이었다. 따라서 이 이념하에서는 공간기하학을 골조로 한 예술이 유행하게 되었다. 이것이 고전주의이다. 또한, 이렇게 창조된 세계는 모방으로서의 예술이었다. 예술은 기하학적 세계를 심미적으로 재현해내면 된다. 르네상스 회화들은 각각이 하나의 소우주를 구성한다. 거기에 표현된 주제들은 기하학적 법칙에 준하도록 구성된다. 이것이 지오토 이후의 많은 고전주의 회화가 기하학적 공간 구성을 지닌 채로 감상자는 의식하지 않고 고고하게 자신만의 세계를 돌보는 환각적 작품인 이유이다. 지오토의 〈비탄〉의 인물들은 감상자에게 등을 돌린 채로 거기에서 발생하는 일에만 관심을 가진다.

이때 인간과 세계는 마주 본다. 인간은 세계의 본질을 포착했고, 또 그것을 지배할 권리를 지닌다. 인간 이성은 자기 위에 어떠한 권위도 인정하지 않는다. 인간은 독자적으로 세계를 종합하고 또 스스로에게서 세계를 유출시킨다. "나는 주시한다. 고로 나는 존재한다." 인간은 사유의 주체이며 형이상학적 자아이다.

쿠르베, 마네, 모네 등의 회화가 파리 살롱전에서 거부된 근본적인 이유 중 하나는 그것이 평면이었다는 사실에 있다. 공간과 입체는 이성을 전제하며, 따라서 그것은 인간의 자부심과 오만과 자신감의 표출이다. 전형적인 인간상은 지적 인간이 가장 유의미하고 값어치 있는 인간이라는 전제를 가진다. 이 정점이 철인왕philosopher-king이다. 공간과 입체에 의해 세계가 묘사될 때 인간은 지적 존재로서의 스스로의 역량과 고귀함에 만족하고 세계의 해명자와 예언자(인과율에 의한)로서의 역할에 흡족해한다.

스크린에서 공간과 입체가 사라질 때 인간이 모욕감을 느끼는 것은 그것의 결여가 곧 이성의 증발을 의미하기 때문이다. 예술사상의 사실주의와 인상주의가 아카데미와 충돌하는 것은 이것이 이유이다. 이와 반대로 전체 대상을 공간으로 처리하고 그 안의 사물들을 3차원의 입체로 표현하고 있을 때 인간은 그 세계와 대면하여 그것의 근본 원리를 이해하고 또한 그것의 미래까지도 예언한다. 이것이 공간과 맺고 있는 인간 오만의 근원적 성격이다.

18세기 중반에 이르러 흄에 의해 이성의 가치가 의심받기 시작하고 20세기 초에 이르러 제1차 세계대전에 의해 흄의 의심이 근거 있는 것으로 드러난다. 제1차 세계대전 이후로 세계는 다시는 전과 같아지지 않는다. 이성의 붕괴와 소멸이 현대를 특징짓는 가장 근원적인 요소이다. 그러나 이성에 대한 의심과 포기는 이미 사실주의 예술의 시대에 시작된다. 이성의 특징은 보편성과 포괄성이다. 그것은 실존보다 그 실존을 연역시킨다고 믿어지는 본질에 세계의 근원을 부여한다. 이성은 "본질은 실존에 앞선다."고 말한다.

평면의 종합이 입체이다. 이때 종합을 행하는 인간 능력이 이성이다. 반대로 입체의 해체가 평면이다. 이것을 행하는 것은 감각이다. 지성은 개념에 대응하고 감각은 평면에 대응한다. 이성에 대한 최초의 의심은 18세기 중반에 영국의 경험론자들에 의해 이미 본격적으로 대두된다. 모든 지식이 경험에서 온다면 우리는 지식에 대한 전통적인 정의부터 변경해야 한다. 경험에서 오는 지식은 두툼하지 않다. 두툼한 지식은 선험적이고 보편적인 지식이다. 그것은 '모든 x'에 대한 지식이다. 그러나 경험에서 오는 지식은 얇고 파편화된 것이다. 그것은 실증적이고 구체적인 개별자individual에 대한 지식, 즉 x에 속한 개별자들에 대한 지식이다.

따라서 평면을 제시하는 것은 스스로를 지적 동물이라 여기는 사람들, 항구적이고 보편적인 지식이 가능하다고 믿는 사람들, 과학혁명이 불러온 인간 자부심에 고양된 사람들에게는 몹시 기분 나쁜 것이었다. 그것은 그들의 얼굴에 찬물을 끼얹는 격이었다.

사실주의 예술 양식은 평면적이고 서술적이었다. 쿠르베의 회화는 얇은 표면 위의 얇은 사물들로 구성된다. 그의 〈돌 깨는 사람들〉에서는 돌 깨는 사람 둘과 망치 그리고 돌덩이조차도 평면적이다. 쿠르베는 돌출해 있던 모든 주제들의 코를 스크린 안으로 밀어 넣었다. 여기에는 중심되는 주제도 배경도 없다. 모두가 배경이기 때문이다.

오노레 드 발자크나 찰스 디킨스, 도스토옙스키의 인물들 역시도 입체적으로 묘사되지 않는다. 이 사실주의 작가들의 인물들은 단지 그들의 표면적

쿠르베, [돌 깨는 사람들]

인 행위에 의해 그려질 뿐이다. 발자크나 디킨스 등은 끊임없이 지치지도 않은 채로 등장인물들을 세세하게 묘사해 나간다. 여기에는 종합도 없고 묘사 대상에 따르는 차별도 없다. 사실주의 양식은 마치 자기공명식 촬영MRI과 같이 인물들과 사건들을 켜켜로 해체한다. 이것은 마치 피카소나 뒤샹 등이 사물을 전개도로 표현하는 것과 비슷하다. 〈우는 여인〉이나 〈계단을 내려오는 나부〉 등은 해체된 인물들이다.

대상을 평면으로 사물을 표면으로 해체시키는 것은 감각이 이성을 대체했다는 것을 의미하고 또한, 더욱 중요하게도 과학과 형이상학과 도덕률의 몰락을 의미한다. 이성의 시대에는 공간이 두터운 만큼 지식도 두터웠다. 그러나 이성이 몰락했을 때에는 그 자리에 얇고 조각난 세계상의 파편들만이 남게 된다. 인간 역시도 세계의 여러 조각들 속의 차별화되지 않는 조각일 뿐이다. 인간은 더 이상 세계에 대립적이지 않다. 인간 이성의 소멸은 세계 전체를 조망할 능력을 잃었기 때문이다. 이성이 붕괴하면 인간의 특권적 위치도 소멸한다.

이때 인간은 세계의 일부가 된다. 인물이 두드러지고 풍경은 배경이 되는 회화는 고전주의 회화다. 사실주의와 거기에 뒤이은 인상주의 회화에서는 인물들 역시도 배경의 일부를 이루게 된다. 인간은 사물들 가운데 보잘것없는 하나일 뿐이다. 이제 세계에 대한 종합적 판단은 중지된다.

비트겐슈타인은 "A says P is the case."라는 언명은 올바른 명제가 아니라고 말한다. "P is the case."라는 판단을 하는 주체로서의 인간은 없기 때문이다. 이것은 단지 "P says P is the case."와 같은 말이다. 인간 역시도 세계의 일부일 뿐으로 지금 A라는 것은 "P is the case."라는 감각 인식 이외에 아무것도 아니기 때문이다. 인간은 스스로를 하나의 주체라고 생각해

왔지만, 인간이란 기껏해야 자신을 물들이는 감각 인식일 뿐이다. 인간은 세계에 속해있다. 고양이나 소나무나 바위가 세계의 일부분이듯 인간 역시도 세계의 물리적인 일부분이다. 형이상학적 자아나 심리적 주체 같은 건 없다.

인상주의 회화의 화가는 스스로가 세계의 일부분이 되어 옆 눈으로 본 세계를 그리고 있다. 그는 세계를 정면으로 볼 수 없다. 정면으로 주시하는 것은 이성의 역할이다. 이것은 불가능하다. 평면에 박힌 인간이 어떻게 세계를 대면하겠는가? 인간 역시 세계에 퍼져있는 감각이다. 감각은 세계에 속해있다. 따라서 세계에 대한 묘사는 개념적이기보다 감각적이어야 한다. 인상주의 회화에 이르러 공간과 입체는 완전히 사라지게 된다.

르네상스 회화와 매너리즘 회화를 대비시켰을 때 그리고 신고전주의 회화와 인상주의 회화를 대비시켰을 때 우리는 공간에서 평면으로, 입체에서 표면으로의 급격한 전환을 느낀다. 이 전환은 절대로 예술 양식상의 취향이나 변덕의 문제가 아니다. 이것은 그보다 훨씬 근원적인 어떤 변화를 의미하는 것으로서 이를테면 세계관에서의 이념 전환을 의미한다. 그것은 지성에서 감각으로의 전환이며 주체로서의 인간에서 객체로서의 인간으로의 전환이고 과학으로부터 실증적 사실로의 전환이다. 철학에 있어 18세기 말에 개시된 경험론과 회의주의, 예술사에 있어서 19세기 중반에 개시된 사실주의 운동 등은 결국 20세기 초반에 이르러 트리스탄 차라를 통해 지성의 완전한 파산을 선언하게 된다. 이에 따라 인간의 오만, 곧 이성이라는 자부심을 가진 휴머니즘도 르네상스 이래의 400년의 역사를 끝내게 된다.

"주체 혹은 철학적 자아와 같은 것은 없다There is no such thing as subject or metaphysical self." (비트겐슈타인)

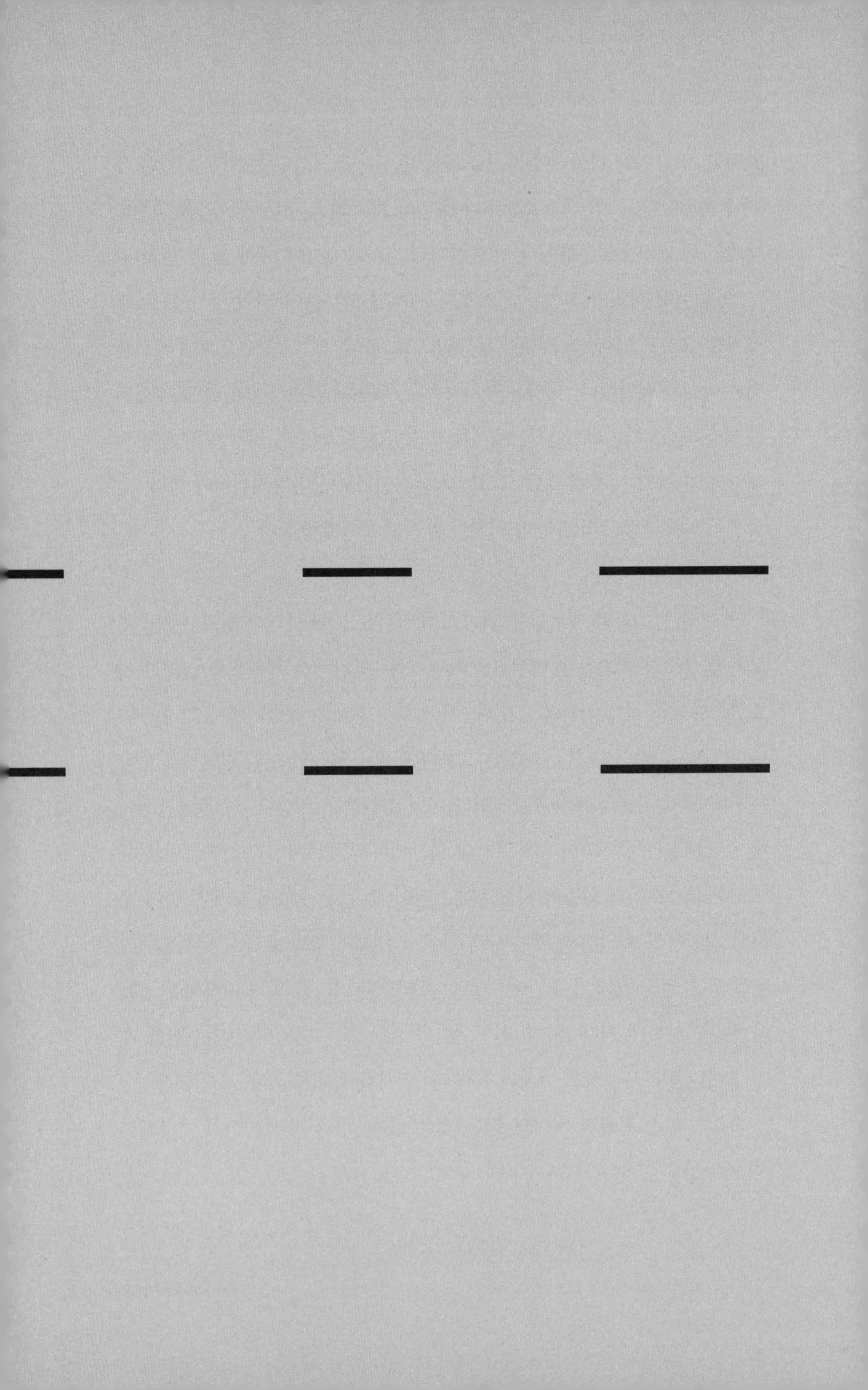

8

Imitation & Creation

모방과 창조

예술과 모방을 함께 묶어 그것을 상투어구로 만든 사람은 물론 아리스토텔레스였다. 그러나 모방으로서의 예술에 대해 진지하게 말한 최초의 철학자는 아리스토텔레스가 아닌 플라톤이었다. 그는 모방과 예술 모두에 대해 매우 부정적이었다. 그는 심지어 그의 《공화국》에서 음악을 제외한 모든 예술을 추방해야 한다고 주장했다. 음악도 가장 건전하고 이데아적인 도리아 선법만이 용인되었다. 대화록 《이온Ion》과 《공화국》에서 플라톤은 모방(미메시스)이 예술의 본질이라고 처음 말한다.

이때 이래 미메시스mimesis는 오늘에 이르기까지 예술창조의 중요한 지침 중 하나가 되었다. 이 미메시스는 오늘날 모방imitation 혹은 재현representation 등으로 불리면서 여전히 '자연의 재현으로서의 예술'이라는 미학의 가장 중심되는 주장 중 하나의 역할을 뒷받침하는 규준이 되었다.

플라톤과 아리스토텔레스 모두 미메시스를 자연에 대한 것으로 보면서 예술의 정의가 거기에 귀속된다고 말하지만, 플라톤은 예술적 영감이 직관과 도취 속에서 빛을 발한다는 사실을 명확히 인식하고 있었다. 그러나 이

도취가 어떠한 도취건 간에 플라톤이 보기에 그것은 광기일 뿐이었다. 그것은 '고귀한 단순성과 고요한 위대성'(빈켈만)은 아니었다. 플라톤에게 있어 삶의 의의는 지식knowledge의 획득과 자기 자신의 거기에의 일치였다. 플라톤은 이데아에 대한 이성적이고 냉정하고 초연한 심적 일치만이 진정한 지식이라고 생각했다. 지식이란 오로지 형상Form에 관한 것이어야 하고 이것은 철학자의 몫이었지 예술가의 몫은 아니라는 것이 플라톤의 생각이었다. 예술이 지닌 격정적이고 도취적인 정서를 플라톤은 낮은 심적 태도로 간주했다.

플라톤의 이데아는 우리 경험에 대한 어떤 호소도, 또한 개인의 정서에 대한 어떤 호소도 하지 않는 냉정하고 차가운 귀족적 형상Form이었다. 그것은 보편과 일반자였다. 플라톤은 예술에는 이러한 보편성이 없다고 생각했다. 예술은 감성과 감각과 개별의 문제이지 지성과 사유와 명상과 보편의 문제는 아니었다.

플라톤은 그의 《공화국》에서 이렇게 예술과 시인에 대해 매우 부정적 평가를 한다. 천상에 신의 이데아로서의 침대가 있다. 지상 세계의 목수는 그 이데아로서의 침대의 형상을 흉내 내어 실제 삶의 침대를 제작한다. 예술가는 실제 삶의 침대를 다시 묘사한다. 따라서 예술가의 침대는 진리truth로서의 침대에서 두 번 전락을 겪은 것이다. 그것은 모방의 모방이다.

아리스토텔레스는 그의 《시학》에서 '예술은 자연의 모방'이라고 말한다. 아리스토텔레스 역시 예술을 모방으로 정의한다. 그러나 플라톤과는 달리 아리스토텔레스에게 예술은 긍정적이다. 아리스토텔레스에게 있어서는 모방의 대상과 모방에의 희구가 플라톤의 그것과는 다르기 때문이었다. 플라톤은 현존을 부정하고, 현존의 운동과 변화에 대해 부정적이었지만 아리스토텔레스는 그렇지 않았다. 철학자 이상으로 과학자였던 아리스토텔레스는 현존하는 개별적 대상에도 커다란 사랑의 마음을 담고 대했다.

개별자들은 물론 완벽하지 않다. 그러나 저마다 형상으로서의 '공통의 본질common nature'를 지니고 있다. 모든 개별자는 어떻게든 스스로를 개별자로 만드는 질료를 벗어나서 보편적인 순수형상이 되고자 한다. 이것이 운동이고 변화이다. 또한, 이 운동을 일으키는 동기가 '형상인formal cause'에 대한 충동(엔텔레케이아)이다.

아리스토텔레스가 말하는 자연은 낭만주의 시대 이래 우리가 말하는 자연과는 다른 개념이었다. 자연에 대한 고대와 중세의 개념은 우리 시대의 그것과는 현저히 다르다. 이 사실은 고대와 중세를 이해하는 데 있어 매우 중요하다. 아리스토텔레스의 자연은 다채롭고 개별적이고 화려하고 변전하는 개별자들로 가득한 감각 인식의 대상으로서의 자연 — 낭만주의가 정의하는 바의 — 은 아니다. 아리스토텔레스가 말하는 자연은 이러한 복잡한 변전을 만들어 내는 감각 인식의 대상의 이면에 있는 '자연의 원리'를 가리키는 것이다. 그것은 감각적 현상을 만들어 내는 감각의 제1원리 같은 것이었다. 만약 누군가가 아리스토텔레스에게 만유인력의 법칙이나 원소주기율표를 제시했다면 아리스토텔레스는 아마도 "내가 말하는 자연은 바로 그것"이라고 환호했을 것이다.

아리스토텔레스가 "예술은 자연을 모방한다."라고 말했을 때의 자연은 이와 같은 자연이었다. 이 점에 있어 아리스토텔레스의 자연과 플라톤의 형상은 다르지 않다. 그럼에도 이 두 철학자는 예술이 모방하는 대상을 다르게 규정하며 예술에 서로 다른 가치를 부여한다. 이것은 앞에서 말한 바와 같다. 아리스토텔레스는 예술 역시도 수학적 순수 개념을 닮으려 하고, 완벽한 조화와 대칭성을 추구하며, 시간을 초월하여 항구적인 것이 되려 하고, 생성becoming보다는 존재being를 추구하려 애쓴다는 점에서 철학과 다르지 않다고 생각했다. 물론 철학은 이성을 통한다는 점에서 감각을 통하는 예술보다 우월하지만.

현존의 자연은 변화로 가득 차 있다. 거기에는 탄생과 성장과 노화와 죽음이 있다. 그러나 진정한 자연은 그렇지 않다. 형상으로서의 자연에는 오로지 가장 완벽한 하나의 순간만이 고정되어 있다. 그리고 예술 역시도 이 완벽했을 때의 자연을 모방해야 한다. 이것이 영원이며 시간과 죽음의 극복이고 '최초의 원인first cause, formal cause'이다.

아리스토텔레스는 인간은 모방하는mimetic 동물이지만 이것은 개별자들의 집합으로서의 변전하는 자연을 모방한다는 것을 의미하지는 않는다고 거듭 말한다. 인간은 실재reality를 모방한다. 이것은 '존재하는 것을 존재하게 하는 제1원리'이다. 아리스토텔레스는 카타르시스 이론을 통해 인간은 예술 작품과 현실적 삶 사이에 먼저 선을 긋는다고 말한다. 만약 예술이 단지 현존을 묘사하는 것이라면 우리는 거기에서 슬픔도 공감도 교훈도 카타르시스도 얻지 못한다고 말한다. 아리스토텔레스는 놀랍게도 모방의 조건으로 이상화된 예술과 심리적 거리psychical distance를 이미 말하고 있다.

예술이 이상화된idealized 대상에 대한 모방이라는 주장은 아리스토텔레스의 입장에서는 당연한 것이다. 그는 예술은 이를테면 '감각적' 철학이라고 생각했다. 문제는 공감과 감정이입의 근거가 실제로 그 이상화에 있느냐 그렇지 않으냐이다. 예술 양식은 헬레니즘기에 접어들어 사회의 하층민들과 패배자들을 묘사의 대상으로 삼는다. 〈장 보러 가는 할머니〉나 〈늙은 복서〉

등의 작품은 절대로 이상화된 인간상이 아니다. 그 시대 이후 로마제국 시대 내내 예술은 이상화된 대상의 묘사는 아니었다. 예술과 대상의 이러한 관계는 근대의 사실주의 시대에 들어서면서 더욱 강화된다. 중요한 것은 이러한 노골적이고 사실적인 작품들 역시도 이상화된 깔끔한 작품 못지않게 감정이입과 공감을 불러일으킨다는 사실이다. 아리스토텔레스가 공감과 감정이입의 근거를 이상화에 두었다는 것은, 그 역시 적어도 그만큼은 고전적 철학자 고유의 한계에 갇혀있다는 사실을 말한다.

[늙은 복서]

[장 보러 가는 할머니]

심리적 거리는 근대 예술론에서 쇼펜하우어에 의해 자세히 설명된다. 순수인식의 전제조건은 심리적 거리이다. 심리적 거리는 이를테면 '이해관계가 없을 수 없는 중요한 문제에 대한 이해관계를 초월하는 강력한 관심'으로 정의할 수 있다. 이것은 우리 삶을 유의미하게 만들기 위한 선결 조건이다.

A라는 여자를 사랑하는 B라는 남자에 대해 말해보자. B는 A의 모든 행동과 언어와 모습 전부에 엄청난 이해관계를 가진다. 지극한 애정이 있기 때문이다. 이때 B가 그 이해관계를 초월하여 A라는 여자를 자기의 애정의 대

상으로서가 아니라 한 명의 자유롭고 성장하기를 원하는 사람으로 승화시킨다고 하자. 거의 불가능한 일이지만 발생했다고 하자. 이것이 바로 '무관심의 관심'일 것이다. 이때 비로소 B는 진정한 기쁨과 사랑과 통찰을 얻게 된다. 자기 눈을 가리고 있던 이해관계를 방법론적으로 걷어냄에 의해 두 사람과 그 관계의 본질에 대한 더 깊이 있는 인식을 갖게 된다. 이것이 쇼펜하우어가 말하는 순수인식이다.

건넛마을로 가야 하는 보부상에게 쏟아진 폭우로 인해 불어난 넓은 강은 그저 장애물이다. 그러나 그가 여기에서 자기 이해 관계를 초월한다고 하자. 그는 그 순간 그 강이 매우 아름답다고 느낀다. 일렁이는 물결은 황금의 태양 빛을 받아 금빛 비늘을 일으키고, 강변의 무성한 제비꽃은 불어오는 강바람에 살랑거린다. 바위를 돌아서 흘러가는 물결 소리는 어떤 음악 소리보다도 아름답다. 이때 보부상은 시인이 된다. 이것이 심리적 거리이다.

아리스토텔레스도 이러한 심리적 거리에 대해 말하고 있다. 무대에서 벌어지는 비극에서 심리적 거리를 유지하기는 어렵다. 거기에는 위대한 인물들의 너무나도 비참한 전락이 있기 때문이다. 청중들은 물론 감정이입 empathy에서 자유롭지 않다. 그러나 그 감정이입은 심리적 거리를 전제하고 있다. 즉 그 비극이 닥쳤을 때의 영웅들의 투쟁과 궁극적인 몰락이 그들의 가슴을 친다. 비극은 청중으로 하여금 모방 극 역할mimetic role play을 하도록 유도해야 한다. 그러는 한편 다시 청중들을 밀어내야 한다. 감정이입과 심리적 거리는 서로 반대되는 감정이지만 이렇게 함께 해야 한다. 그래야 카타르시스가 가능하다.

카타르시스는 장엄하고 일반화되고 포괄적인 비극, 비극다운 비극, 가장 커다란 비극에 의해 발생한다. 저토록 커다란 비극, 저토록 커다란 전락이 있다면 내게 닥친, 혹은 닥칠지도 모르는 비극은 무어란 말인가? 내가 이겨내지 못할 어떤 비극이 있겠는가? 엘렉트라, 오레스테스, 오이디푸스가 겪는 저러한 비극이 있다면 나의 모든 삶의 두려움은 이미 배설catharsis되지 않겠는가?

비극이 모방하는 것은 비극 중의 비극, 비극의 이데아이다. 그리고 이 이데아가 아리스토텔레스의 자연이었다. 따라서 아리스토텔레스가 플라톤과는 달리 예술에 긍정적이었던 이유는 그는 모방의 대상인 '자연nature'의 개념을 변경시켰기 때문이었다. 플라톤은 예술가가 그린 침대는 목수가 만든 침대의 모방이라고 생각했다. 반면에 아리스토텔레스는 예술가의 침대는 오히려 침대의 원형formal cause을 모방해서 만들어진 것이었다. 이것이 차이였다.

아리스토텔레스는 예술(문예)과 역사를 대비시키며 문예가 역사보다 더 유의미하고 교훈적이라고 말한다. 역사는 하나의 사실, 우연한 사실에 대해 말하지만, 문예는 보편적 사실, 당위로서의 사실, 형상인으로서의 사실에 대해 말하기 때문이다. 아리스토텔레스는 문학에서 모든 개별적 사실들을 유출시키는 이데아로서의 포괄적 사실을 발견한다. 그는 아이스킬로스는 있어야 할 사실을 기술함에 의해 위대하지만 유리피데스는 있는 그대로의 사실을 기술함에 의해 격이 떨어진다고 말한다.

개별적 사실만을 명제로 보고 포괄적이고 일반적인 것으로서의 언명에 대한 믿음을 미신으로 치부하는 비트겐슈타인은 여기에서 얼마나 많이 떨어진 것인가?

예술사상의 이러한 모방적 예술작품이 다시 한번 그 부흥기를 맞이한 것은 르네상스 시대에 이르러서이다. 또한, 모방적imitational, 재현적representational 등의 용어가 주조된 것도 이 시기였다. 중세예술과 비잔틴 예술의 경직되고 평면적인 회화에 익숙해 있던 당시 사람들에게 어떤 측면에서는 치마부에, 로렌체티, 마르티니 등 가장 탁월한 중세 말의 화가들조차도 완전히 넘어서는 지오토의 회화에 깜짝 놀라게 된다. 그들은 지오토의 〈비탄〉의 박진성에 경탄을 금하지 못했다. 그때부터 이어진 르네상스 고전주의 고유의 성취는 현대까지도 좋은 예술의 전형으로 남아있게 된다.

당시의 화가이며 예술사가인 바사리Giorgio Vasari는 치마부에와 지오토를 "좀 더 실제와 같고, 자연스러우며, 더 부드럽다more lifelike, natural, and softer." 고 칭찬한다. 여기에서 처음으로 '자연스럽다natural'라는 말이 나오며 그것이 '자연주의naturalism'의 어원이 된다. 그는 레오나르도 다 빈치의 〈모나리자〉에 대해 그것이 마치 실재하는 존재와 같다고 말한다.

"그것은 그림같이 보이지 않는다. 살아있는 육체와 같다. 맥박이 뛰고 있다. 그리고 그녀의 미소. 거기에서의 무엇이 이 그림을 신성하게 만들기까지 하는가?"

자신이 형성한 물음에 대해 바사리는 간단히 답한다. "그것은 자연nature의 정확한 모방"이기 때문이다.

이 시대에 처음으로 자연의 재현representation of nature에 대한 본격적인 논의가 시작된다. 자연의 재현은 자연의 단순한 모방imitation을 가리키는가? 화가들에게 그들의 목표가 자연을 단순히 복제해 내는 것인지를 묻는다면 그들은 모두 그렇지 않다고 말할 것이다. 이제 본격적으로 다음과 같은 질문이 제기된다.

"회화는 단순히 손기술인가, 아니면 인문적 기예인가?"

레오나르도 다 빈치는 줄곧 회화를 실재reality의 모방이라고 주장했지만, 위의 질문에 대한 답변에 있어서는 회화는 손의 기계적 작업이라는 사실을 적극적으로 거부한다. 레오나르도는 회화는 "마음의 작업cosa mentale"이라고 말한다. 화가의 진정한 목적은 자연의 복제라는 비천한 일이 아니라 좀 더 완벽한 형태로서의 자연의 '창조'라고 말한다.

르네상스 고전주의는 '재탄생한 고전주의reborn classicism'이다. 만약 바사리나 레오나르도가 아리스토텔레스의 시학을 읽었다면 그들이 회화에 대해 마음속에 품고 있던 개념에 대한 궁금증에 있어 명확한 답변을 얻을 수 있었을 것이다.(물론 읽지 않았다.) 이 두 사람이 회화의 길이 아니라고 주장한 '자연의 단순한 복제mere copy of nature'는 플라톤이 예술에 대해 부여한 의미이다. 반면에 눈에 보이는 그대로의 자연이 아니라 완벽하고 새롭게 창조된 자연의 재현으로서의 회화는 아리스토텔레스가 예술에 부여한 의미이다.

르네상스 고전주의는 그 전체 양상이 그리스 고전주의 양상을 닮았다. 심지어는 미학적 이론에 있어서도 주의해야 할 것은 레오나르도나 바사리가 완벽하게 창조된 자연이라고 말한다고 해서 그들이 모방이 아닌 창조로서의 예술에 대해 말하는 것은 아니라는 사실이다. 플라톤적 모방이든 아리스토텔레스적 창조든 전자는 모방한 것을 다시 모방하기 때문에 비천한 것이었고 후자는 이데아 자체를 모방함에 의해 고상한 것이었다.

"예술은 자연의 모방이다."라는 고전주의적 이념에 대한 최초의 의구심은 19세기 중반 들라크루아를 통해 드러나게 된다. 여기에서 최초로 주제로부터 예술의 독립, 내용으로부터 형식의 독립, 예술을 위한 예술의 모든 교의들의 맹아가 이미 드러나게 된다.

들라크루아는 "회화는 반드시 주제를 가져야 할 필요는 없다."고 말하고는 다른 보편적인 예술비평에서 고갱에 대해 말하며 다음과 같이 논평한다.

"회화가 주는 즐거움은 문학작품이 주는 즐거움과는 확연히 다른 것이다. 전적으로 회화에만 고유한 감성의 영역이 있다. 회화 이외에 무엇도 그것에 대한 개념을 제공할 수 없다. 색과 빛과 그늘 등등의 그러한 배열에서 나오는 인상impression은 음악이라고 부를만한 것이다. 그 회화가 무엇을 재현하는지 모르는 채로 당신은 성당에 들어설 수 있다. 당신은 (성당의) 회화가 무엇을 재현하는지를 알기에는 너무 먼 거리에 있게 된다. 그때도 당신은 이 마술적 공감에 의해 자주 사로잡힌다."

우리는 들라크루아의 이 에세이에서 쇼펜하우어가 "모든 예술은 음악적 형식을 지향한다."고 말할 때 무엇을 의미했는가를 동시에 감지할 수 있다. 음악은 비표현적이고 비재현적이다. 그것은 추상적인 기호의 체계적 배열이다. 그것은 내용을 지니지도 않는다. 아무리 '사계'니 '운명'이니 등의 표제어를 붙인다 해도 그것은 사계와 운명을 — 회화가 '재현'한다는 의미에서 — 재현하지 않는다.

전통적인 재현예술에는 두 가지 요소가 담긴다. 내용과 형식이 그것이다. 고전주의 예술은 내내 말해온 바와 같이 모방의 예술이다. 이때엔 내용이 형식에 앞선다. 모방의 대상이 있기 때문이다. 물론 예술은 철학이나 과학과 다르다. 예술은 일차적으로 아름다움을 지향한다. 심미적 아름다움은 내용에 달려 있지 않다. '제물로 살해당한 이피게네이아' 혹은 '아버지를 살해한 어머니를 다시 살해한 아들' 혹은 '아버지를 죽이고 어머니와 결혼한 도시 국가의 왕' 어디에 아름다움이 있는가?

아리스토텔레스는 비극에 있어서 가장 중요한 것은 내용(그의 용어로는 story)이라고 말한다. 내용에 의해 비극과 전락과 겸허와 카타르시스가 있게 된다고 그는 믿는다. 그러나 이러한 감정이입은 사실은 내용에 의해 일어나지 않는다. 중요한 것은 표현되는 형식이지 표현되는 내용이 아니다. 그리스 고전 비극의 스토리는 당시 공동체의 모든 사람에게 알려져 있었다. 고전 비극의 경연에서 입상한 아이스킬로스나 소포클레스는 내용에 의해 입상한 것이 아니라 표현에 의해 입상했다.

소포클레스의 《오이디푸스 왕》을 관람하는 사람들은 비극의 전말이 밝혀진 후의 오이디푸스의 딸을 향한 슬픈 절규에 충격적인 감동을 받는다. 여기에서의 소포클레스의 표현력은 대단한 완성도를 보인다. 누구나 알고 있다. 테베의 왕 오이디푸스는 아버지를 죽이고 어머니와 결혼했고 그녀에게서 네 명의 아이를 얻었다는 것을. 그러나 관객을 눈물짓게 만드는 것은 이 이야기가 아니라 이 이야기가 표현되는 형식이다.

예술은 이렇게 심지어 그 내용을 중시하는 고전주의하에서도 형식에 의존한 문예였다. 예술이 지닌 이러한 성격에 대한 인식과 전면적인 주장은 칼로카가티아kalokagathia로서의 예술의 존재의의가 희미해져 가던 19세기 중반에 나타나기 시작했다. 예술철학과 관련하여 가장 큰 사건은 아마도 예술에 있어서의 형식의 해체일 것이다. 칼로카가티아로서의 예술은 도덕과 지성의 틀 안에서의 아름다움을 통한 인간 고양이 그 의무였다. 이것이 아리스토텔레스가 예술에 부여한 존재의의였다. 예술은 이성적이며 동시에 도덕적인 것의 심미적 표현이다. 덕과 교양이 미의 선결문제이다.

미와 예술에 대한 이성의 이러한 구속은 고전주의 이념의 필연적인 결과이다. 고전주의는 인간 이성이 가능하다고 믿는 실재론(합리론) 고유의 이념에 기반한다. 이성은 내용을 지닌다. 그것은 추상화된 개념을 매개로 작동한다. 그리고 예술은 그 개념의 심미적 모방이다. 따라서 그것은 개념의 재현이 된다.

형식이 내용에서 독립해 나간다는 것은 따라서 이성이 더 이상 세계 인식의 유효한 수단이 아니라는 것을 의미한다. 형식 유희로서의 예술이라는 이념, 예술을 위한 예술이라는 이념은 이성의 붕괴와 함께한다는 사실은 아무리 강조해도 지나치지 않다. 이성의 붕괴의 첫 번째의 그리고 가장 중요한 강령은 "우리가 아는 것은 세계가 아니라 우리 자신이다."라는 경험론 고유의 전제이다. 우리의 모든 열렬한 탐구의 종점은 결국 우리 얼굴이었다. 우리는 우리 자신 외에 무엇도 볼 수 없었다. 모든 것은 내게서 투사된 것이었다. "나는 나의 세계이다I am my world."(비트겐슈타인)

우리는 갑자기 낯선 세계에서 외로운 존재가 된다. 우리가 이성이라고 불리는 것에 의해 공유해온 재현적 세계는 사실은 우리의 환상이었다. 그러한 것은 없다. 그것은 그러한 보편적 지식과 강령과 독단적 신앙에 의해 이익을 얻어온 사람들이 인류에게 행한 기만에 지나지 않았다. 우리는 우리 자신에게 갇힐 수밖에 없다. 우리가 어설프게 공유하는 어떤 세계가 있긴 하다. 그러나 그것은 만들어진 세계이고 우연적인 세계이다. 하나의 세계를 공유했다 해도 반드시 그 세계였어야만 할 이유가 없다. 다른 세계일 수도 있었다. 이것이 세계의 자의성l'arbitraire이다.

예술이 자연의 모방이 아니라 자연이 예술의 모방이라는 전면적 혁명의 선언은 오스카 와일드에 의해 1889년에 발표된다. 그는 반모방anti-mimesis이라는 주제하에 다음과 같이 말한다.

"예술이 삶을 모방하는 훨씬 이상으로 삶이 예술을 모방한다. 반모방anti-mimesis은 단지 삶의 주도적 직관에서만 나오는 것이 아니다. 그 이상으로 생명의 자의식적 목적은 표현expression을 찾아낸다는 사실, 예술은 삶에 어떤 아름다운 형태를 제공한다는 것, 그리고 삶은 그것을 통해 그 에너지를 현실화한다는 사실이다." ('거짓의 쇠락' 중에서)

오스카 와일드는 삶과 예술에서 발견되는 것들은 실제로 거기 있었던 것이 아니라고 말한다. 그 발견되는 것들은 예술가들이 그것들이 거기에 있다고 사람들에게 가르쳐준 것이다. 예술가들이 예술을 통해 그것이 거기에 있다는 사실을 알려주기 전까지는 그것들이 존재했는지를 사람들은 알 수 없었다. 런던 안개의 아름다움과 경이로움은 예술가들이 그것에 대해 말해주기 전에는 존재하지 않았다. 예술가들이 안개를 발명했다.

오스카 와일드는 누누이 예술가는 모방자가 아니라 창조자라고 말한다. 그러나 이것은 18세기의 버클리 주교가 "존재란 곧 피인식이다Esse est percipi."라고 말했을 때 이미 예견된 것이었다. 세계가 있고 그 세계에 대한 우리의 인식perception이 있다. 세계와 인식은 마주 보고 있다. 그러나 이 세계는 서로를 향해 열려있지 않다. 각각은 스스로의 시스템을 구성한 채로 외부세계와 소통하지 않는다. 세계와 인식의 1:1 대응 같은 것은 없다. 물론 우리는 그러한 것이 있다고 믿는다. 그러나 믿음이 지식은 아니다.

우리 인식은 스스로 닫힌 시스템을 구성하고 있다. 우리의 삶은 여기에서 영위되고 있다. 세계와 인식이 대응한다면 전체로서의 인식이 전체로서의 세계를 요청함에 의해서이다. 먼저 인식이 있다. 그 인식은 하나의 구조이다. 그리고 그 인식이 세계이다. 실존이 본질에 앞서는 것과 마찬가지로 인식이 세계에 앞선다. 따라서 세계는 우리에게 떠맡겨져 있다. 우리가 보는 바의 세계가 전체 세계이다. 그 세계는 표층으로서의 세계이다. 투명하고 얇고 부질없고 변전하는 우리 경험적 인식이 곧 세계이다.

재현적 예술에 대한 혐오의 기반은 이렇게 세계란 단지 나의 인식에 지나지 않는다는 형이상학적 기반을 지니고 있다. 회화에 재현적 요소가 있다면 어쨌건 거기에 이성이 있다는 얘기이다. 물론 이성은 공간과 입체를 지향하고 감각 인식은 평면과 표면을 지향한다. 그러나 궁극적으로 거기에 최소한의 재현적 대상이 있다는 것은 최소한의 이성은 있다는 얘기와 같다. 이름으로 부를 수 있는 구상적 대상은 어쨌건 우리 이성과 사유를 의미하기 때문이다.

이성에 대한 실망과 분노는 제1차 세계대전을 계기로 절정에 이르게 된다. 이성에 대한 의심은 일찍이 18세기 중반에 버클리 주교와 데이비드 흄에 의해 시작된다. 그러나 이성에 대한 의심에도 불구하고 정치혁명과 산업혁명의 이중 혁명과 지리상의 발견 등이 발생한 후의 유럽인의 삶은 그렇게 좌절적이지 않았다. 이것이 이성의 붕괴를 유예했다. 어쨌건 삶이 살만했다. 이성에 대한 의심은 그럼에도 불구하고 19세기 중반에 이르러 이미 돌이킬 수 없는 것이 되며, 따라서 재현적 예술의 소멸도 예정된 것이었다. 재현적 예술은 모방의 예술이며 모방의 대상은 이데아였다. 이 이데아는 우리 이성에 대응하는 존재였다. 그리고 이것들이 함께하는 이유는 이성과 재현의 관계가 이데아를 매개로 작동하기 때문이다.

예술평론가이며 스스로 화가이기도 했던 모리스 드니Maurice Denis는 《예술과 평론Art et Critique》이라는 에세이에서 다음과 같이 말한다.

"하나의 그림은 그것이 전장의 말, 여성의 누드, 혹은 어떤 종류의 일화anecdote이기 이전에 근본적으로 어떤 질서로 조합된 색채들로 덮인 평평한 표면이란 사실을 기억하라."

이제 르네상스 이래의 예술사상 처음으로 내용으로부터 형식의 완전한 분리와 형식 유희로서의 예술, 나아가서는 추상예술을 위한 이론적 토대가 제시되었다.

인상주의 예술에서 이미 내용으로부터의 형식 분리는 발생하기 시작한다. 마네의 〈풀밭 위의 점심 식사〉는 내용이 사라지기 시작하는 예술이다. 그러한 주제는 있을 수 없다. 두 명의 양복 입은 신사와 두 명의 누드 여인의 풀밭으로의 점심 소풍이란 것은 현실적으로 있을 수 없는 이야기이다. 마네는 단지 위의 모리스 드니가 말하는 바와 같은 색과 형식의 유희로서의 미술을 행사한 것이다. 〈풀밭 위의 점심 식사〉가 당시 미술 평론계에 던진 충격은 엄청났다. 그중 하나는 풍속의 문제였다. 그러나 마네는 여인의 누드가 문제라고 생각했다면 대신에 같은 효과로 암소를 가져다 놓을 수도 있었고 우유병을 가져다 놓을 수도 있었을 것이다.

인상주의 화가들의 예술은 이후 마네가 도입한 것과 같은 혁명에 관심을 두지는 않았다. 모네, 드가, 피사로 등은 여전히 어떤 '읽을 수 있는' 주제를 도입했다. 이들의 혁명은 주제와 관련 없는 다른 곳에서 발생했다. 그들은 공간과 평면, 대자적 시지각과 즉자적 시지각, 세계와 자아 등의 문제에 매달렸다.

모네는 이제 그의 그림에서 공간을 완전히 제거한다. 그의 회화는 평평해졌다. 공간 기하학자로서의 인간은 소멸하였다. 또한 사물들의 경계도 흐려졌다. 공간이 소멸하면 사물도 소멸한다. 모네의 〈루앙 대성당〉은 성당 주변의 대기 속에 스러지며 그의 배들 역시 바닷속으로 소멸한다. 대상은 고유성과 독자성을 주장하지 못하는 채로 평면의 일부가 되기 시작한다. 인상주의 화가들은 사물을 배경에서 구획해내지 않는다. 그들은 선을 사용하지 않는다. 단지 거칠게 찍히는 붓 자국이 그들이 세계와 그 속의 사물을 묘사하기 위해 사용하는 모든 기법이다.

여기에서 세계를 대면하는 인간은 소멸한다. 인간은 더 이상 세계의 종합자가 아니다. 지오토 이래 서양의 근대미술은 세계와 대면한 내가 종합화된 단일하고 독립한 세계를 묘사해 내는 것이었다. 이것이 고전적 예술의 단일시점이다. 이제 나의 소멸이 시작되었다. 나는 세계 속으로 지워진다. 나의 해체가 시작된다. 이성의 덩어리였던 나는 분산되고 다채로운 단편적이고 단속적인 감각의 편린들이 된다. 내가 묘사하는 세계는 그 세계의 일부인 내가 옆눈으로 가까스로 얻어낸 시지각을 묘사한 것이다.

인상주의 회화는 그러나 아직까지도 세계를 재현하고 있었다. 거기에는 '읽을 수 있는' 주제가 있었다. 이성이 진정으로 파산했다면 재현적 주제가 있으면 안 된다. 그것은 이성의 소산이기 때문이다. 이성의 모든 흔적을 일소해내기 위해서는 최소한의 모방적 요소도 있으면 안 된다.

만약 기존의 예술이 진정한 의미에서의 모방이 아니라면, 즉 그것이 세계의 참된 원형에 대한 모방이라고 주장할 근거가 없다면 기존의 예술은 단지 우리 자신의 인위적 조작물이었다. 그 경우 조작물의 존재 이유는 전혀

마네, [풀밭 위의 점심 식사]

근거 없는 것이 된다. 세계의 참된 원형은 (존재하지 않는) 우리 이성의 조작물이기 때문이다. 이성의 완전한 소멸의 의미는 무엇일까? 이에 대해 실존주의자와 분석철학자 모두 '자유freedom'를 꼽는다. 기존의 삶은 윤리적 준칙을 부여받는 것이었다. 이성의 존재가 도덕과 신앙의 존재를 정당화한다는 사실은 이미 앞에서 논의되었다. 이성은 세계에 확실성을 부여하고 좋은 삶의 기준을 제시한다. 그것은 기하학자의 삶이었다. 우리 모두는 철인왕에 대한 모방mimesis을 삶의 준칙으로 삼아야 한다.

이성의 소멸은 준칙의 소멸을 의미한다. 회화에 있어서 순수하게 형식의

모네, [루앙 대성당]

문제만을 해체해 낸다면 그것은 색과 선으로 수렴된다. 인상주의자들은 선을 포기하고 색에 중심을 둔다. 그들은 세계를 점점이 칠해진 색의 패치patch로 해체한다. 인상주의 회화에 선은 없다. 여기에서 재현적 요소마저 제거된다면 이제 채색만이 남는다.

이성이 포기된다면 인간에겐 두 갈래 길이 남는다. 하나는 인간 심연에 자리 잡은 원초적인 본능과 무의식의 세계이다. 이 세계는 어둡고 강렬한 동물적 의지 위에 자리 잡는다. 다른 하나는 순수하게 자의적인 원리라는 자기 인식하에 서로에게 동의될 수 있는 세계를 스스로 창조해 내는 것이다. 전자는 표현주의로 향하고 후자는 형식주의로 향한다. 표현주의는 '무의식의 발견'이라는 매우 강력한 기반을 갖게 되지만 무의식 자체가 곧 인간일 수 있는가 하는 새로운 의문에 부딪히게 된다. 표현주의 운동은 이성에 의해 통합된 인간에게서 인간의 원초적 본능을 해체시켜 나간 것이다. 이 운동의 표현 기법은 주로 거칠고 자극적인 원색의 자발적 조합을 향하게 된다.

표현주의와 형식주의라는 두 갈래 길 모두는 세잔에게서 발견된다. 세잔의 초기 작품들은 다분히 표현주의적이다. 특히 그의 〈현대의 올랭피아〉는 고갱이나 마티스의 작품이라고 해도 믿을 수 있을 정도이다. 세잔은 그러

세잔, [생 빅투아르]

나 곧 형식주의로 방향을 튼다. 그의 〈생 빅투아르〉 시리즈와 〈마을〉 시리즈 그리고 〈카드 놀이하는 사람들〉은 결국 형식주의를 따라서 하나의 세계를 창조하는 것이 예술가의 임무라는 세잔 고유의 이념을 말하고 있다.

중요한 것은 이 두 방향 모두 그 창작의 형이상학적 기반으로 하나의 세계를 창조할 수 있는 인간의 전적인 '자유'를 꼽는다. 이 자유는 정해진 원리를 따르느냐 그렇지 않으냐에 있어서의 자유와는 전적으로 차원을 달리하는 자유이다. 이 따분한 기존의 자유는 도덕 교과서의 자유이다.

세잔, [카드 놀이하는 사람들]

하나의 간단한 예를 들어보자. 갈등을 겪는 아버지와 아들의 예이다. 학업에 게으른 아들에게 아버지가 다음과 같이 말한다고 하자.

세잔, [현대의 올랭피아]

“학업 태도와 학업 성취에 대한 너의 무관심을 보았을 때 앞으로 네 삶의 불행은 불 보듯 뻔하다. 누구도 네게 게으름이나 부지런함을 선택하도록 강요하지 않는다. 네게는 선택의 자유가 있다. 학업에 매진하는 것도 네 자유이고 그렇지 않은 것도 네 자유이다. 결국 행불행 중의 선택도 네 자유이다.”

여기서 아버지가 말하는 자유는 이성의 소멸에 뒤이은 현대의 실존주의자들이나 분석철학자들이 설정하게 되는 자유와는 전적으로 다른 개념의 자유이다. 어떤 의미에서는 이것은 자유가 아니다. 무엇을 행복으로 그리고 무엇을 불행으로 간주하느냐에 있어서의 자유는 없기 때문이다. 행불행의 개념은 이미 더 고차적인 원칙에 의해 이미 정해진 바이다. 이성이 군주로 존재하는 한 윤리학의 기본원리와 목적은 이미 정해진다. 행복은 이데아의 위계에 따르는 삶의 위계에 의해 정해진다. 사회적인 고상함이나 교양이 행복의 조건이다. 물론 이것들은 사회적 지위라는 좀 더 물질적이고 경제적인 위치에 더해져 있다.

지적이거나 윤리적이거나 심미적이거나 거기에 어떠한 종류의 지향해야 할 원리와 개념이 있다는 것 자체가 이미 진정한 의미에서의 자유의 존재는 아니라는 것이 현대철학의 형이상학적 원칙이다. 지성이 존재하는 한 우리에게 진정한 의미에서의 선택의 자유는 없다. 왜냐하면, 그때엔 행복의 원리는 이미 선택되어 있기 때문이다. 마치 신앙에서 구원의 원리는 이미 정해져 있듯이.

다른 아버지의 예를 보자.

"네가 원하는 삶을 살아라. 네게 있어 행복은 누구의 것도 아닌 네 고유의 것이다. 가장 중요한 첫 번째 자유는 행복의 개념을 너 스스로 설정하는 데에 있다. 따라서 너의 길을 가라. 그러나 여기에는 두 개의 조건이 선행한다는 사실을 명심해라. 하나는 열정이다. 선택에는 문제가 없다. 그러나 선택에 따르는 네 의지에는 문제가 있을 수도 있다. 최선을 다해서 네 선택을 좋은 선택, 행복을 위한 선택으로 만들기 바란다.

두 번째는 책임이다. 네가 이미 정해진 개념으로 확립되어 있는 행복, 따라서 이미 존재하는 행복의 길을 선택해서 거기에 맞추어진 삶을 살았는데도 불구하고 행복하지 않다면 너는 세계 전체를 원망하며 공개적으로 그들에게 책임을 물을 수 있다. 그 행복의 개념은 네가 만든 행복의 개념이 아니라 선지자와 예언자들이라고 불려온 잘난 사람들이 만든 행복의 개념이기 때문이다. 그러나 지금부터의 너의 선택에는 그러한 것이 없다. 네가 행복이라 말한 것은 전적으로 너의 개념 부여이다. 따라서 행복하지 않다면 책임은 네게 귀속된다. 완전한 자유의 대가는 완벽한 책임임을 깨달아라."

현대의 이념은 물론 이 후자이다. 이것이 에드가 모렝이 "인간은 이제 하나의 행성을 떠맡았다."라고 말할 때의 그 떠맡음의 의미이다. 예술가들은 먼저 자연을 기하학적 형식으로 환원하려는 시도를 하는 가운데 그것은 그래도 하나의 재연임을 의식할 수밖에 없었다. 세계는 인간의 창조이다. 엄밀한 의미에서는 창조가 아닌 적이 없었다. 그러나 그 창조는 거짓된 창조였다. 왜냐하면, 이성이 모방이라고 말한 창조였기 때문이다. 이것은 하나의 편견이었다. 따라서 여기에서 자유로워야 한다.

재현에서 가장 자유로운 것, 모방에서 가장 멀리 떨어진 것은 무엇인가? 세잔은 기하학이 가장 덜 모방적이고 가장 덜 편견에 찬 것이란 사실을 날카롭게 인식한다.

아마도 19세기 말에서 20세기 초에 불현듯이 지식 세계에 들어온 기호학과 언어철학만큼 예술의 기하학적 양식과 일치하는 지적 체계는 없을 것이다. C. S. 퍼스, 페르디낭 드 소쉬르, 루트비히 비트겐슈타인은 각각 기호학, 언어학, 철학 분야에서 모두 동일한 사실을 말하고 있다. 그것은 가장 철저히 비재현적인 것으로서의 세계, 가장 중립적이고 무미건조한 기하학적 시스템으로서의 세계, 인간이 창조한 것으로서의 가변적이고 투명한 세계에 대해 말하는 것이었다. 그리고 이에 대응하는 예술의 세계가 바실리 칸딘스키, 후안 미로, 피에트 몬드리안, 파울 클레의 작품들이었다.

연역된 세계는 하나이고 단일하지만 (인간에 의해) 창조된 세계는 무수하고 임의적이다. 물론 단일한 기저substance에서 수없이 많은 다양한 세계가 연역된다. 그러나 기저가 변하지 않는 고정된 것으로 가정된다면 결국 세계는 단일하다. 이때는 본질이 실존에 앞서기 때문이다.

창조는 이와는 반대이다. 기저, 즉 본질은 창조된 세계에 의해 요청된다. 따라서 엄밀하게는 본질이란 것은 가변적이다. 우리가 수없이 많은 세계를 창조할 수 있다면 무수히 많은 세계를 경험할 수 있다. 자의성l'arbitrare이라는 성격을 제외하고 현대를 논할 수는 없다. 이것은 변덕을 의미하는 것은 아니다. 단지 현존이 필연적인 것은 아니었다는 사실, 있는 것은 그대로 있고 발생하는 것은 그대로 발생한다는 사실, 만약 '우리 모두'가 원한다면 우리의 세계는 다른 것으로 교체될 수도 있다는 사실을 말한다. 이것이 우리의 자유이다.

세잔은 그의 회화의 원칙을 '자연을 원통, 구, 원뿔 등으로 해석하고 전체를 원근법으로 배치하여 사물 각각의 면과 평면의 면이 중심점을 향하도록 하는 것'이라고 천명한다. 그러나 이 원칙은 플라톤이 계속해서 강조한 기하학의 원칙이고 르네상스 고전주의자들의 원칙이었다. 단지 세잔은 사물들을 입체 기하학적 대상들로 환원시키고자 했을 뿐이다. 세잔은 인간의 기하학적 본성에는 문제가 없다고 생각했다. 신은 기하학을 한다. 마찬가지로 인간도 기하학을 한다. 문제는 사물들을 재현적으로 모방한다는 데에 있다. 그러므로 사물의 재현은 포기하고 대신 순수추상인 기하학을 택하면 된다. 세잔의 이 원칙은 '형상과 질료'라는 전통적인 고전적 사고방식에서 질료마저도 형상으로 바꾸고자 하는 시도였다.

물론 세잔은 이 원칙을 끝까지 밀고 나가지는 못한다. 세계는 아직 그것까지 수용할 준비가 되어 있지 않았고 세잔 자신도 거기까지 밀고 나갈 용기는 없었다. 세잔의 이 원칙에는 심각한 모순이 숨겨져 있었다. 세잔은 세계를 기하학으로 환원했지 세계를 창조한 것은 아니었다. 세잔의 회화는 마지막 순서에 마을의 지붕들을 그릴 때까지도 철저히 비재현적이지는 못했다. 그럴 수밖에 없었다. 그는 어쨌든 그의 영감의 기원을 모방에서 찾았기 때문이다. 단지 그의 모방은 기하학으로 환원하는 모방이었다는 점이 새로울 뿐이었다.

하나의 세계를 창조하는 완전한 혁명은 후안 미로Juan Miro, 피에트 몬드리안Piet Mondrian, 파울 클레Paul Klee에 이르러 가능해진다. 세잔은 자연에서 기하학적 형태를 연역해 냈지만, 이들은 기하학적 형태에서 자연을 연역해냈다. 결국 이것이 현대의 혁명의 의미였고, 오스카 와일드가 "삶이 예술을 모방한다."고 말할 때의 의미였다. 이것만이 아니다. 현대철학에 있어서 '단순자에 대한 요청'도, '실존이 본질에 앞선다'는 것도 이것이었다. 우리가 무엇인가를 창조하고 그것을 세계로 부르기로 했다면 그것이 곧 세계였다. "창조는 모방에 앞선다."

후안 그리스Juan Gris는 풍경이나 사물에서 출발하여 그것들을 입체로 조립하는 대신 반대로 원통, 삼각형 등으로부터 출발하여 그것들을 구성했다. 앞으로 이 '구성composition'이라는 이름은 많은 예술작품의 제목으로 쓰일 예정이었다. 그는 다음과 같이 말한다.

"나의 주제subject에 그럭저럭 일치하는 것은 'X'라는 그림이 아니다. 오히려 나의 회화에 그럭저럭 일치하는 것이 주제 'X'이다."

문제는 후안 그리스도 종점은 아니었다는 사실이다. 엄밀한 의미에서는 모리스 드니도 후안 그리스도 아직 진정한 창조의 예술가는 아니었다. 후안 그리스는 아직도 '연역'에 대해 말하고 있었다. 그것이 연역이건 귀납이건 그들은 아직도 재현에 대해 말하고 있었다. 단지 재현의 중심을 이동시켰을 뿐이었다.

예술가가 하나의 세계를 창조했을 때 중요한 것은 그것이 세계를 닮았느냐의 여부가 아니라 그것이 세계를 대체할 수 있느냐의 여부이다. 예술가는 예술작품 자체가 구조적으로 어떻게 완벽한 내재적 소우주를 심미적으로 구성composition하고 있는가에만 집중하면 된다. 이것은 재현적이어서는 안 된다. 무엇도 세계를 상기시켜서는 안 된다. 우리의 기호언어sign-language는 비재현적인 기호의 체계적 조합이다. 그럼에도 그것들은 하나의 그림으로 작동한다. 이것이 비트겐슈타인의 유명한 그림이론picture theory이다. 예술가는 바로 이 기호시스템을 심미적으로 창조해 내는 사람들이다. 따라서 그것은 재현적이지 않다. 거기에는 암시적인 재현조차도 있어서는 안 된다.

물론 현대예술의 한 조류에는 신사실주의라고 불리는 완전히 재현적인 하나의 경향이 있다. 로버트 라우센버그, 로이 리히텐슈타인, 앤디 워홀 등은 팝아트라는 이름하에 새로운 사실주의 양식을 도입한다. 그러나 이 사실주의는 사실주의를 부정하기 위한 사실주의이다. 즉 이 새롭고 독창적인 예술 양식의 이념은, 재현 가운데서 의미를 읽은 지적 맥락 속의 대상들이 사실은 바로 그 재현의 맥락을 탈피함에 의해 오히려 새로운 의미를 얻는다는 반모방주의anti-mimesis 이념 가운데 하나이다.

이 새로운 사실주의는 먼저 전통적인 예술이 예술이기 위해 지닌다고 말해져 온 여러 미적 요소들이 사실은 헛된 것이라는 전제를 가진다. 전통적인 예술은 자연, 즉 이데아를 모방하는 가운데 그것을 가장 완벽하게 재현해 내는 것을 목표로 삼았다. 그러나 자연이라고 말해져 온 것은 존재하지 않았다. 혹은 존재한다 해도 우리가 알 수는 없는 것이었다. 이성의 죽음은 이데아의 동시적 죽음을 의미하기 때문이다.

신사실주의자들은 따라서 어떤 것이 특별히 예술이기 위해 그 자체에 내재한 속성은 없다고 말한다. 예술은 단지 우리가 그것을 예술이라고 부름에 의해 예술이다. 따라서 이들은 먼저 가장 흔한 이미지를 택한다. 변기, 매릴린 몬로의 사진, 캠벨 수프 깡통, 가장 대중적인 만화의 장면 등. 그러고는 이것들을 그것들의 본래의 맥락에서 일탈시켜 예술이라고 불릴 수 있는 상황으로 집어넣는다. 변기를 갤러리에 전시하고 만화의 한 컷을 크게 캔버스에 그린다. 이제 그것들은 예술이 되기 위한 남 못지않은 조건을 갖췄다. 우리가 그것을 예술이라고 부르면 그것들은 예술 작품이라는 클럽의 멤버십을 얻게 된다. 조건은 그것들이 가장 흔한 이미지여야 한다는 것이다. 드문 이미지라면 감상자는 또다시 작품 자체에서 내재적 의미를 찾으려 할 것이기 때문이다. 신사실주의 예술은 아직도 많은 새로운 해석을 기다리고 있다. 여기선 팝아트라는 재현적 예술은 오히려 재현을 부정하기 위한 것이라는 사실만을 말하겠다. 따라서 이 예술도 가장 반모방적인 예술이다.

추상형식주의로의 완전한 도약은 피에트 몬드리안의 용기와 창조성에 의해 가능해진다. 〈구성composition〉이라는 이름이 붙은 몬드리안의 작품들이나 〈브로드웨이 부기우기〉와 같은 작품들은 이제 음악을 닮은 미술이 아닌 음악 그 자체인 회화가 되었다. 누구라도 몬드리안의 작품을 본 사람이라면 그것이 지닌 순수함과 간결함, 조화와 율동에 커다란 인상을 받지 않을 수 없다. 몬드리안이 스스로의 작품을 추상이라고 부르지 않았다는 사실에는 그리고 자기 작품이야말로 구상적 실재concrete realities에 대응한다고 말했다는 사실에는 전혀 이상할 것이 없다. 우리가 만약 "검은색의 점이 찍힌 흰색의 스패니얼 종의 개가 뛰고 있다."라는 언명을 들었다고 하자. 이 언명은 추상적인가? 그렇지 않다. 이 언명은 하나의 명제이다. 실재reality에 대한 매우 선명한 그림이다. 그러나 이 명제 어디에 재현적 요소가 있는가? 이 문장은 단지 추상적 기호의 집합일뿐이다.

몬드리안이 자기의 구성이 구체적 실재라고 말할 때의 실재의 의미는 이것이다. 위의 명제에서 '개'라는 명사를 보자. 이것은 개에 대한 어떠한 종류의 재현도 아니다. 이것은 마치 기하학에서의 사각형이거나 하나의 선이다. 단지 추상적인 기호가 하나의 실재에 대응한다면 하나의 사각형이나 선이 왜 하나의 실재에 대응할 수 없겠는가?

완전한 추상에 대한 유일하게 유의미한 연구는 빌헬름 보링거Wilhelm Worringer에 의해 1908년에 발표된 《추상과 감정이입Abstraktion und Einfühlung》이라는 논문이다. 여기에서 보링거는 예술 양식을 추상예술과 감정이입 예술 두 개로 크게 나눈다. 보링거는 추상예술이 과거에는 '야만적인' 세계관과 관련한 것으로 파악되어왔으며, 감정이입 예술은 — 그 말의 가장 포괄적인 의미에서 — 사실주의와 관련한 것인 동시에 르네상스 이후 유럽 예술에 있어서 주도적인 위치에 있어왔다고 말한다.

보링거가 이 논문을 발표한 1908년에 이르기까지 추상예술이 좀 더 미숙하고 야만적인 예술로 평가되어온 것은 사실이다. 야만인들의 카펫이나 토기나 가구에는 대체로 추상적인 문양들이 새겨져 있다. 또한, 중세 초기의 태피스트리나 신석기 시대의 토기에도 추상적이고 율동적인 문양들이 새겨져 있다.

보링거는 이러한 추상예술이 사실주의 예술에 비해 열등한 것이 아니라고 말하며 추상예술은 그것이 지닌 자체적 이유로 존중받아야 한다고 주장한다. 여기에서 보링거는 당시에 가장 뜨거운 논쟁거리였던 기술Technik과 예술의욕Kunstwollen의 문제를 끌어낸다. 그의 주장은 당시 오스트리아의 예술사가 알로이스 리글Alois Riegl의 견해를 따라간 것이다.

어떤 시대의 예술적 표현에 있어서 그 양식은 표현기술의 문제가 아니라 예술의욕의 문제라는 것이 리글의 주장이었다. 당시의 마르크스주의의 예술사가들은 예술은 결국 기술이라는 물적 토대에 기반한다고 말했다. 예술 양식에 대한 물적, 기술적 설명은 언제나 편리하다. 눈에 보이는 몇 가지 사실을 꿰맞추면 되기 때문이다.

고딕 성당을 예로 들자. 고딕 성당은 세 개의 골조skeleton를 전제하는바 이것이 건축공학에 있어 크나큰 기술적 성취인 것은 사실이다. 하나는 첨형아치pointed arch, 다른 하나는 샤프트를 가진 복합기둥compound pier with shaft, 다른 하나는 공중 부벽flying buttress이다. 마르크스주의 예술사가와 예술평론가들은 이 세 개의 건축학적 기술의 발견이 고딕 성당의 건축을 가능하게 했다고 말한다. 그러나 리글의 입장은 달랐고 또한 역사적 사실도 결국 리글의 견해가 옳다는 것을 입증해 주게 된다. 12세기 최초의 고딕 건조물들이 착공되기 이미 이전에 이 건축적 기술들은 영국과 노르망디의 지역에서 로마네스크 건조물에 쓰이고 있었다는 사실이 알려지게 된다.

물질적 실현을 원하는 이념이 있다면 그 이념은 어떻게 해서든 자기 목적을 달성할 기술을 찾아낸다는 것이 예술의욕Kunstwollen의 기본전제이다.

중세 말에 농촌이 아닌 도시, 농경이 아닌 교역에 기반을 둔 새로운 신학은 그 신학에 어울리는 새로운 건조물을 원했다. 그 건조물은 모든 지상적 육중함과 실재론적 종합을 부정하고 천상적 부유와 유물론적 해체를 원하고 있었다. 그것이 고딕 성당이었다.

알로이스 리글과 빌헬름 보링거는 추상예술에서 기술적 결여보다는 이념적 적극성을 보았다. 만약 세계에 대한 재현적 요구가 있다면 그것은 언제라도 가능하다. 이 점에 있어 인류는 커다란 능란함과 자신만만함을 보여 왔다. 이념은 원하는 표현을 가능하게 하는 기술을 언제라도 찾아낸다. 기술이 예술 양식을 가능하게 하는 것이 아니라 예술 양식이 기술을 가능하게 한다. 따라서 추상 예술이 거기에 있는 것은 그 사람들이 단순히 그것을 원했기 때문이다.

이러한 예술의욕 이론은 기원전 1만5천 년경에 그려진 것으로 추정되는 구석기시대 크로마뇽인들의 동굴벽화의 발견에 의해 더욱 뒷받침된다. 이 동굴벽화는 기원전 6천 년경에 그려진 것으로 추정되는 아나톨리아의 카탈 후육의 추상적인 벽화와 대비될 수 있다. 예술이 기술의 문제이고 재현적 기술이 추상 예술의 기술에 비해 훨씬 복잡하고 기교적인 것이라고 가정한다면 구석기 예술과 신석기 예술의 대비는 당장 커다란 모순을 제시한다.

일단 습득된 기술은 원하기만 한다면 세대를 이어 전승된다. 인간이라는 종은 새롭게 획득한 지식을 다음 세대로 전승하는 동물이다. 신석기 시대 예술은 무미건조한 암각화거나 완전한 추상화이다. 거기에는 채색조차 없다. 구석기시대의 박진감 넘치고 화려하고 역동적인 회화는 사라졌다. 기술은 결국은 잊히게 된다. 그러나 기술은 잊히기 이전에 이미 버림받는다. 신석기 시대의 누구도 세계에 대한 구석기적 묘사를 원하지 않았다.

이러한 대비는 로마제국에서 최초의 기독교 예술이 발생했을 때도 드러난다. 초기 기독교 예술은 그리스와 로마가 성취한 모든 재현적 기술을 포기한다. 그들은 감각적 화려함이 신의 말씀보다는 그 말씀이 전달되는 형식에 더욱 관심을 불러일으키게 한다는 사실을 경계했다. 중세 기독교 예술은 상당한 정도로 재현적 예술을 포기한다. 원근법이 사라지고 배경에 단지 금색이 칠해지고 인물들이 중량감을 잃게 되고 모든 묘사는 단지 신의 말씀을 전달하는 데에 집중된다.

보링거는 다음과 같이 말한다. 이는 추상 예술에 대한 의미심장한 통찰이다.

"추상에 대한 촉구는 모방mimesis에 대한 문화적 무능성 때문에 생겨나는 것이 아니라 사물을 좀 더 영적인 양식으로 표현하고자 하는 요구에서 나온다."

또한, 그는 추상은 이 세계에서의 망향의 감정에 기초한다고 말한다. 이 세계가 더 이상 친근하지 않을 때 추상이 발생한다고 말한다.

보링거가 실존주의 철학과 기호학 등에 대한 조예가 있었다면 그는 추상 예술의 심적이고 형이상학적인 근거에 더욱 접근할 수 있었을 것이다. 보링거가 망향의 감정이라고 말할 때 그것의 의미는 정확히 무엇일까? 그것은 이성과 이해의 붕괴를 의미한다. 키르케고르는 이것을 절망despair, 하이데거는 불안Angst, 카뮈는 부조리absurdity, 사르트르는 저주라고 표현한다. 이러한 부정적 감성들은 이성의 붕괴와 세계의 해체의 결과이다. 세계에 대한 이해가 소멸할 때 자기 운명에 대한 주인은 더 이상 자신이 아니기 때문이다.

구상적 예술, 재현적 예술 등으로 불리는 모방의 예술은 세계의 포착에 있어서의 이성의 선험적이고 자신감 넘치는 역량에 대한 신뢰에서 나온다. 이성은 이데아를 모방한다. 이데아는 이성에 대응한다. 이성에 의해 세계는 종합되며 모방mimesis이라고 말해지는 세계에 대한 나름의 재현은 이 종합의 심미적 표현이다.

세계와 나 사이에서 이성의 매개 역할이 의심스러워지고 마침내 그 이성이 붕괴되어 나가는 과정을 밟게 되면 예술은 갑자기 모방의 대상을 잃고 이성으로부터의 해체와 스스로에의 후퇴와 수렴의 과정을 겪게 된다. 예술에서 내용은 사라지고 형식만이 남게 된다. 결국 우리는 우리의 세계를 창조해야 한다. 기성적인ready made 세계가 없을 때 우리는 임시적이고 자의적이고 가변적인 세계나마 만들어야 한다. 우리는 버림받았지만 적어도 세계를 창조할 자유를 갖게 된다.

이것이 모방으로부터의 해체이다. 모방은 단일하고 굳건하고 두텁고 항구적인 세계이다. 거기에서 연역되는 세계는 확고하고 분명하다. 그것은 재현적 예술이다. 모든 예술은 자연nature을 가장 잘 재현한 예술을 중심으로 도열한다. 아마도 모든 예술가는 마사치오, 레오나르도 다 빈치, 미켈란젤로, 라파엘로 등을 숭상해야 할 것이다. 이 세계는 이성이 가장 그럼직하다고 규정해 놓은 세계이다. 여기에서 일탈은 없다. 찬사와 부러움만이 있을 뿐이다.

이성이 붕괴하며 모방도 붕괴한다. 엄밀한 의미에서는 세계가 붕괴한다. 세계는 스스로가 무엇이라고 말해주지 않는다. 또한, 우리가 무엇인지도 우리 삶의 의의가 무엇인지도 말해주지 않는다. "우리는 자유롭도록 저주받았다(사르트르)." 기존의 세계가 환각인 것으로 드러남에 따라 우리가 머물 수 있기 위해서는 나름의 세계를 창조해야 한다. 우리는 무한한 가능성 가운데에 놓인다. 무모순이라면 어떤 세계라도 가능하다. 추하지만 않다면 어떤 예술도 가능하다. 이 세계는 유일한 세계는 아니다. 모방이 붕괴하며 수없이 많은 파편이 우리 주위를 맴돈다. 우리는 자유롭게 하나를 선택하면 된다. 누구도 무엇이 옳은 세계인가를 말해주지 않는다. 그 선택과 거기에 따르는 책임은 우리의 몫이다. 이것이 '모방이라는 통합'에 대응하는 '창조라는 해체'이다.

신에 귀의하거나, 스스로 신이 되거나, 신 없이 살거나이다. 현대인들은 신 없이 살게 되었다. 중세에 신에게 씌워진 왕관을 찬탈한 근대인들은 스스로 신이 되어 5백여 년간의 오만과 자부심 속에서 스스로 부패해갔다. 그러나 그 왕관은 찬탈한 것이었다. 인간은 적법한 왕이 아니었다. 이것은 18세기 중반 이래 경험론과 거기에 따르는 회의주의가 인식론적 토대를 제공한 이념에 의해 분명해졌다. 이 사실은 결국 양차 세계대전을 통해 분명히 확인되었다.

왕권에 의해 통합되었던 인간의 정신세계는 유랑의 운명을 겪게 되었다. 그러나 유랑과 부유조차도 매일 밤 잠정적인 피난처가 필요하다. 이 피난처는 임시주택이다. 이것이 창조이다. 이 주택은 진정한 주택도 아니고 항구적인 주택도 아니다. 얇고 투명하고 약하고 가변적인 거주처이다. 이곳은 곧 버려질지도 모른다. 그러나 머무르기로 약속했다면 언제까지일지는 모르지만 어쨌건 피난처이긴 하다. 기존의 항구적이고 안전한 주택이라고 믿었던 거주처는 사실은 헛것이었다. 그것은 우리를 실망시키며 잿더미로 붕괴했다.

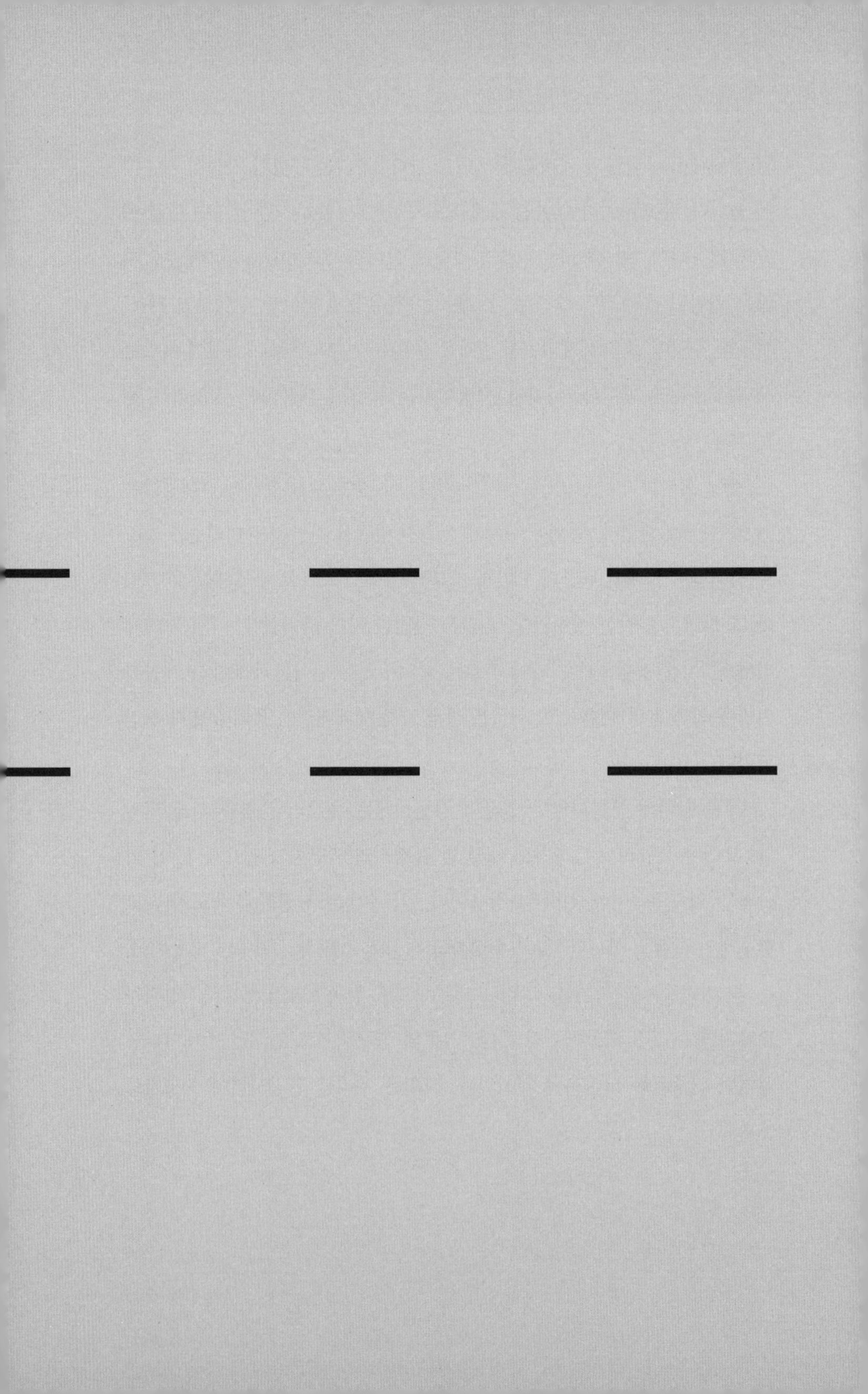

9

Illusionism & Frontality

환각주의와 정면성

얼핏 다양하고 복잡해 보이는 예술 양식들을 크게 환각주의와 정면성이라는 대립적 시지각에 의해 구분할 수 있다. 다채롭고 심지어는 혼란스럽게 보이는 예술 양식은 모두 극단적인 환각주의와 극단적인 정면성을 양 끝으로 하는 스펙트럼의 어딘가에 존재한다. 예술 양식이 이념에 따른다는 것을 이 사실보다 잘 보여주는 것도 없다. 이념이 이성과 감각 사이를 왕복할 때 예술은 환각주의와 정면성 사이를 왕복한다.

간단하게 정의하면 환각주의는 2차원의 평면에 3차원을 '환각적'으로 구현하는 예술 양식이다. 2차원의 평면은 캔버스나 혹은 건물의 벽이나 패널 등이 될 것이다. 화가는 2차원의 평면에 공간과 입체를 창조해 놓는다. 조각가는 얇은 부조를 이용해 극적으로 깊은 공간과 두꺼운 입체를 창조하기도 한다. 파르테논 신전의 내부 프리즈 — 대영 박물관의 엘긴 관에 있는 — 나 기베르티의 〈이삭의 희생〉 등의 작품은 매우 얇은 저부조이지만 구현하고 있는 공간은 적어도 수십 미터이다.

기베르티, [이삭의 희생]

따라서 예술의 전통에 있어서 환각주의는 선원근법liner perspective, 대기원근법aerial perspective, 단축법 등과 관련을 맺으며 또한 사실주의, 자연주의 등의 개념과도 관련 맺는다. 2차원에 3차원의 환각을 불러들이는 것은 원근법 없이는 불가능하다. 예술가는 소실점을 정하고 대상들을 단축법을 통하여 그 점으로 무한히 소멸해 가도록 하는 기하학적 계산을 통해 깊은 공간성을 창출할 수 있기 때문이다.

이 양식이 세계의 물리적 실재에 대한 가장 완벽한 재현이라는 상식적인 설득력은 우리가 단지 고대 그리스 예술과 르네상스 예술을 로마제국 예술이나 매너리즘 예술과 각각 비교했을 때 현저히 드러난다. 고대 그리스 예술이나 르네상스 예술은 세계를 닮은 듯하다. 그것은 세계를 있는 그대로 정확하고 사심 없이 '재현적'으로 표현한 듯하다. 반면에 로마예술이나 매너리즘 예술은 무엇인가 정돈되어 있지 않고 사실적이지 않으며 '비재현적'이라는 느낌을 주고 더구나 심미적 가치도 떨어지는 느낌을 준다. 이것은 물론 예술 감상의 딜레탕트들에게 그렇다. 세련된 안목을 지닌 감상자에게는 물론 다를 수 있다.

정면성은 대상을 부위별로 해체하여 각각의 부위가 정면에서 감상하는 감상자에게 가장 잘 보이도록 재조립하여 제시하는 표현 양식이다. 서 있는 사람을 예로 들자. 예술가는 이 사람을 부분들로 해체한다. 얼굴, 가슴, 발 등으로. 얼굴은 옆에서 보았을 때, 즉 프로필일 때 가장 잘 드러난다. 뺨과 귀와 코가 잘 보이기 때문이다. 그러나 이때 눈은 자세히 보이지 않는다. 그래서 예술가는 눈을 전면에서 보는 것이 되도록 하여 얼굴 안에 집어넣는다. 따라서 얼굴은 전체적으로는 측면에서 묘사된 것이지만 눈은 정면에서 보는 것으로 박혀있게 된다. 가슴은 정면에서 보았을 때 가장 잘 보인다. 따라서 가슴 전체가 전면을 향한다. 발은 안쪽에서 보았을 때 가장 잘 보인다. 따라서 두 발 모두 안쪽에서 본 것이 측면으로 묘사된다.

입체의 해체와 서술적 재구성이 이 양식의 특징이다. 이것은 감상자가 대상의 정보를 알 수 있도록 하는 양식이다. 즉 이 묘사법은 보여주는 것이 아니라 말해주는 것이다. 이 양식은 보이지 않는 부분에 대한 감상자의 '추론'을 허용하지 않는다. 예술가가 모든 것을 펼쳐놓기 때문이다.

이러한 양식은 단순히 하나의 대상에 대해서만 적용되지는 않는다. 단일한 공간 안에 있는 모든 대상의 경우에도 그것이 가장 잘 보이는 양식으로 묘사된다. 이러한 양식과 관련하여 가장 전형적인 예증은 이집트의 기원전 1350년경에 제작된 것으로 추정되는 네바문Nebamun 무덤의 프레스코화들이다. 네바문은 이집트 신왕국의 관료(서기)였다. 네바문의 프레스코화 중 가장 유명한 것들은 〈늪지에서의 새 사냥〉, 〈연회에서 춤을 추는 아가씨들〉, 〈정원의 연못〉 등이다. 새 사냥에서의 주인공은 네바문 자신이다. 여기에서 네바문은 이집트 예술의 전형인 정면성에 의하여 묘사된다. 그의 옆얼굴과 그 프로필 안의 전면을 바라보는 눈, 정면을 향하는 가슴, 안쪽이 그려진 두 발 등. 정원의 연못에서는 정원 주위의 나무들은 모두 옆에서 본 모습이 그려진다. 연못은 위에서 내려가 보는 모습으로, 그 연못 안의 물고기들과 물오리들은 옆에서 본 모양으로 그려진다. 어느 경우에나 그것들의 정보가 가장 잘 드러나도록 그려져 있다.

거기에 그치지 않는다. 이집트 예술의 특징은 반드시 기술된described 설명이 덧붙여진다는 사실이다. 시각예술에 기술이 덧붙여진다는 것은 예술가와 감상자 모두 작품에서 심리적 거리psychical distance를 유지하지 않고 있다는 사실을 말한다. 예술가는 자기 작품에 대해 초연하지 못하다. 그는 자기 작품이 이해받아야 한다는 요구에 의해 조급하다. 그는 감상자에게 직접 부가적인 정보를 알려 주려 한다. 따라서 이때의 예술은 매우 실천적 요구를 담고 있게 된다. 이들에게 예술은 아름다움의 문제가 아니다. 그것은 먼저 정보의 문제이다.

만약 우리가 구석기시대부터 오늘날에 이르기까지의 예술사를 살펴본다면 우리는 완전한 환각주의의 시대는 단지 몇 번에 불과하고 그것도 비교적 짧은 기간만 유지되었다는 사실에 놀라게 된다. 우리가 환각주의의 예술을

늪지에서의 새 사냥

가장 완성된 형태의 예술 양식으로 — 일반적으로 — 간주한다는 사실, 르네상스 양식을 좋은 예술의 규준으로 간주한다는 사실, 환각주의 예술에 고전적이라는 호의적인 형용사를 붙여주었다는 사실 등에 비추어 환각주의 예술의 힘든 성취와 동시에 그렇게도 간단한 소멸의 사실이 자못 이해 불가능하기까지 하다.

인류는 습득한 기예를 계승할 수 있는 동물이다. 인류는 공동체의 많은 자산과 노력을 후손의 교육에 투입한다. 환각주의가 사라졌다면 그것은 그 기술적 요소에 대한 무능 때문은 아니다. 어느 것도 기술적 무능 때문에 사라지지는 않는다. 이것은 기술Technik과 예술의욕Kunstwollen에 관한 길고 뜨거운 논쟁에서 밝혀진 사실이다. 무엇인가가 잊혔다면 그것은 더 이상 필요 없기 때문이다. 즉, 더 이상 세계를 환각적으로 묘사할 이유가 없어진 다음에서야 그 환각적 기술이 잊혔을 것이다. 환각적 기법이 기적처럼 다시 등장했다고 해서 그것이 필요불가결했음에도 기술적 무능 때문에 잊혔다고 가정할 수는 없다.

전체적인 중세의 정면성의 팽배 가운데에서 14세기 초에 지오토 디 본도네Giotto di Bondone는 전적으로 환각적인 기법에 입각한 〈비탄lamentation〉을 그려낸다. 이 환각적 기법은 힘들게 되찾아졌다. 그것은 고대 그리스와 헬레니즘 시대 이래 1,300년 만에 가까스로 다시 나타났다. 심미적 역량이 뒤떨어진 로마인들과 중세인들이 고전기 그리스의 위대한 성취에 부응하지 못한 것인가? 제국 시대의 로마 예술과 중세 전체의 기독교 예술은 환각주의에 부응하는 기법을 갖지 못했기 때문에 환각적 기법이 소멸해 있었는가?

많은 예술 사학자들이 지오토가 이룬 업적에 대해 말하며 동시에 현대예술이 르네상스와 바로크가 이룬 성취를 잃고 있다고 개탄한다. 《Que sais-je?(나는 무엇을 아는가?)》 시리즈의 미술사 편에서는 심지어 현대예술을 삭막하고 무미건조한 불모의 예술이라고까지 말한다. 이러한 예술사가들이 옳다면 예술 양식은 단순히 기술의 문제에 지나지 않게 된다. 그러나 이것은 '(유용한) 기술은 전승된다.'는 문명의 법칙과 양립하지 않는다.

환각주의 양식과 관련해서는 오히려 그것이 모방(미메시스)과 관련되어 있다는 사실을 이해하는 것이 그 양식의 이해에 도움이 된다. 모방으로서의 예술은 특히 회화에 있어서 환각적 기법을 필요조건으로 한다. 환각적 기법 자체가 하나의 물리적 실재의 세계를 모방해내는 것이다. 모방에 있어서 중요한 조건은 그 모방 대상을 단일하고 완결되고 닫힌 세계로 가정한다는 것이다. 모방을 전제로 하는 회화는 먼저 단일시점을 가정한다. 이집트 예술이나 중세예술에는 단일시점이 없다. 거기에 있는 모든 대상들은 각각의 대상에 준하는 그 대상의 수만큼의 시점을 지닌다. 예를 들어 어떤 중세 회화에 성모자와 두 명의 성자가 있다면 그것은 네 개의 시점을 가진다. 감상자는 전체를 일별해서도 안 되고 일별할 필요도 없다. 거기에 있는 각각의 대상을 별개로 바라보면 된다. 대상 모두가 정면을 향하고 있고 화가는 대상 각각을 별개로 그려서 거기에 병렬시켰을 뿐이다. 대상들을 묶어서 하나의 그림을 만드는 것은 시각에 의해서가 아니라 설명에 의해서이다. 정면성에 의해 그려진 회화는 보여주기 이전에 말해지기 위한 것이기 때문이다.

지오토의 〈비탄〉이 충격적이었던 이유 중 하나는 그것이 단일시점을 가정하고 있기 때문이다. 그 그림은 마치 한 명의 화가의 시지각에서 입체적으로 투영된 단일한 사건이라는 느낌을 준다. 그 그림 안의 각각의 인물들은 더 이상 감상자를 의식하지 않는다. 그들은 모두 '죽은 예수'라는 하나의 사건에 집중하고 있다. 심지어 전면의 두 인물은 감상자를 향해 등을 보이고 있다. 어떤 사건인가가 발생했고 거기의 등장인물들은 모두 그 사건 자체에 집중해있다. 감상자는 우연히 그 광경을 보게 된다. 이것은 마치 연극에서 '제4의 벽the forth wall'이 가정되는 것과 마찬가지이다. 전통적인 사실주의 연극은 무대에서 진행되는 사건을 사건 그 자체에 의해 닫히고 완결된 하나의 세계로 본다. 관객 모두는 우연히 그 사건의 전개와 결과를 보고 있다. 무대는 물리적으로 하나의 벽이 관객을 향해 열려있지만, 사실은 연극적 관습dramatic convention에 의해 마치 닫힌 것처럼 가정되어야 한다. 이것이 제4의 벽이다. 이 벽은 물리적으로 열려있지만 관습에 의해 닫혀있다.

배우와 연출자와 관객은 모두 거기에 눈에 보이지 않는 벽이 있다는 묵계를 맺는다. 이것이 모방으로서의 연극의 한 전제이고 또한 연극에 있어서의 환각주의이다.

모방이 환각적 효과를 전제로 하는 이유는 무엇인가? 모방은 모방의 대상을 전제한다. 그 대상은 곧 추상적 실재로 가정되는 것들이다. 만유인력의 법칙에 대해 누구도 그것이 발명된 것이라고 하지 않는다. 그것은 발견된 것이다. 즉, 물리적 천체를 운영시키는 세계의 운동의 법칙으로서의 본질이 거기 있고 뉴턴은 이 법칙을 발견한 것이다. 다시 말하면 세계의 실재를 인간적 언어로 모방해낸 것이다. 아리스토텔레스가 "예술은 자연을 모방한다."라고 말했을 때 그는 '자연'에 현상 세계의 이면에 있으면서 존재하는 것을 존재하게 하는 세계의 제1원칙이라는 의미를 부여했다. 이 세계의 제1원칙이 모방의 대상이다. 이 대상이 바로 형상이며 보편자이고 개념이다.

대상은 입체이다. 만약 우리가 이차원의 평면에서 대상을 특정해서 오려낼 수 없다면 개념은 생겨나지 않는다. 단속 없는 스크린에서 무엇인가를 구획지어 돌출시켰을 때 최초의 대상과 최초의 개념의 가능성이 생겨난다. 손가락으로 가리킴이 곧 개념의 탄생이다. 개념은 평면일 수 없다. 그것은 입체이다. 입체의 골조가 없다면 개념은 형성될 수 없기 때문이다. 따라서 우리가 세계의 본질을 모방한다면 그것은 곧 입체적 형상을 모방한다는 것을 의미한다.

감각은 평면에 대응하고 이성은 입체에 대응한다. 감각은 입체와 공간을 볼 수 없다. 눈에서 나오는 빛은 사물의 이면과 공간의 깊이를 볼 수는 없다. 눈은 단지 표면만을 볼뿐이다. 그러나 사물의 주위를 선회했던 시지각은 누적된 경험을 기억 속에 쌓는다. 그러고는 특정 대상을 바라보는 동시에 그 대상의 개념을 상기하고 그 대상에 입체성을 부여한다. 감각과 기억과 이성이 이와 같은 방식으로 작동한다는 것이 경험론적 철학의 판단이다. 따라서 경험론 철학자들에게 개념은 선험적인 것이 아니다. 그것은 단지 통조림화된 경험일 뿐이다.

합리론자들은 다르게 판단한다. 우선하는 것은 감각적 대상이 아니라 대상들이 공유하는 개념, 즉 형상이다. 이것이 먼저 있고 여기에서 개별적 대상들이 파생된다. 우리의 순수이성은 이 형상에 대응하는 능력이고 따라서 그것은 감각 이전에 존재하는 선험적 능력이다.

모방으로서의 예술과 과학은 이러한 합리론적 — 고•중세 때에는 실재론 — 이념을 바탕으로 한다. 세계의 본질은 입체 기하학적 대상들이 도열한 질서정연한 3차원의 공간이다. 그리고 우리의 이성은 감각을 뛰어넘어 정신의 힘으로 이것들을 포착한다. 그러고는 이것을 모방해낸다. 이것이 예술과 과학의 존재의의이다. 이 세계는 우리의 감각 인식에서 독립한 세계이다. 그것은 우리의 인식에 의해 굴절되지 않는다. 우리의 감각적 인식은 변덕스럽고 주관적이고 상대적이다. 그러나 이성의 세계는 항구적이고 객관적이고 절대적인 세계이다. 이 세계는 우리에게 관심 없다. 기하학은 그 주관자에 관심을 두지 않는다. 그것은 인간의 경험에서 독립한다. 그것은 독자적이고 차갑고 냉담하고 귀족적이고 고고한 세계이다. 따라서 자기자신만을 보살핀다. 이러한 세계를 모방한 회화 역시도 그 세계의 이러한 성격을 공유한다. 모방의 세계는 닫힌 세계를 구성한다. 그것은 감상자를 의식하지 않는다. 스스로 완결되고 자족적이고 충족된 세계이다. 지오토의 〈비탄〉의 등장인물 누구도 감상자에게 관심을 기울이지 않는다. 그들은 모두 사건에만 전념하고 있다. 십자가에서 내려진 예수의 몸과 그 비극적인 사건에만. 환각주의 예술에서 중요한 '제4의 벽'이라는 환각은 이것을 이유로 한다.

감각은 얇고 지성은 두껍다. f_a, f_b, f_c, ... 등등은 개별적 사물 a, b, c 에 대한 이야기이다. f_x는 집합적 대상 x에 대한 이야기이다. f_x는 두껍고 f_a, f_b, f_c, ... 등등은 얇다. 경험 각각은 얇고 이 경험의 일반화는 두껍다. f를 짖는다는 함수로 가정하자. f_a, f_b, f_c 각각은 a, b, c 라는 강아지가 짖는다는 것을 말한다. f_x는 변수 x를 채우는 모든 값value의 강아지가 짖는다는 것을 말한다. 이것은 강아지 일반이 짖는다는 이야기이다. 대상과 사건의 일반화와 두께와 입체는 이렇게 만들어진다.

보편과 일반화 없이 입체와 공간은 만들어지지 않는다. 이것들에 의해 대상은 비로소 두께를 갖기 때문이다. "한 마리의 제비가 여름을 불러오지는 않는다(아리스토텔레스)." 평면은 얇고 공간은 두껍다. 모방의 대상은 보편적인 것이고 따라서 두껍다. 평면의 총체가 입체와 공간으로 꾸며진다. 이 세계가 인간의 이성에 대응하는 세계이다. 이성은 모방으로서의 예술을 요구하고 모방은 환각적 기법을 불러들인다. 모방의 대상은 이성에 부응하는 3차원의 세계이기 때문이다.

휴머니즘은 인간의 이성이 세계의 이성과 일치한다는 믿음이다. 그러나 이 간단한 정의에 담긴 내용은 다음과 같은 것이다.

1. 인간에게는 이성reason이라고 하는 어떤 인식능력에도 선행하는 순수 추상의 능력이 있다.

2. 물질적이고 현상적인 것으로서의 세계에는 그 이면에 이것들을 유출시키는 좀 더 본질적인 것nature이 있다. 이것은 세계의 사물들의 추상(이데아, 보편자, 개념)이거나 사건들의 경우에는 일반화된 언명(인과율, 과학 법칙,

인과관계, 지식)에 대응하는 세계의 골조skeletion이다.

3. 인간의 이성과 세계의 본질은 그 성격을 함께 한다.

따라서 휴머니즘은 자기 위에 어떠한 권위도 인정하지 않는다. 스스로에게 있는 '수학을 할 수 있는 내재적 역량'이 곧 휴머니즘인바, 이 휴머니즘의 철학적이고 이념적인 대응이 실재론과 합리론이다. 실재론은 사물에 대한 것이고 합리론은 사물의 운동 법칙(인과율)에 대한 것일 따름이다. 휴머니즘은 일반적으로 말해져온 바의 공감 능력을 의미하지는 않는다. 그것은 단지 지적 능력을 말할 뿐이다. 따라서 휴머니즘은 권위에 대항한다. 고대 그리스와 르네상스기의 피렌체는 먼저 휴머니즘의 이념을 공유한다. 고대 그리스는 전통과 권위가 주는 압제에서의 인간해방이고 르네상스기의 피렌체는 중세의 신앙의 압제로부터의 해방이다. 물론 이 해방은 절대적인 것은 아니다. 외부적 압제로부터 휴머니즘으로의 이행은 결국 이성이라는 새로운 우상에 의한 피압제에 처하게 되기 때문이다. 인간을 구속하는 압제가 사라짐에 따라 인간 자신이 인간의 압제자가 된다. 인간에게 내재해있는 이성의 존재와 그 이성의 전제적인 지배를 근거로. 이것은 공정한 것인가? 이것은 올바른 것인가?

이 질문들에 대한 답은 없다. 말해온 바대로 그 자체로서 올바르거나 정의로운 것은 없다. 단지 취향이 있을 뿐이고 권위가 있을 뿐이다. 이성에 대한 의심과 부정과 분노는 어떻게 생긴 것일까? 이 문제에 대해서도 답을 할 수 없다. 단지 어느 순간 인간은 스스로의 오만에 권태를 느끼고 자기 자부심을 비웃게 된다. 야유와 냉소와 자기인식이 오만과 거드름과 위선을 가차 없이 공격하는 순간이 찾아온다. 겸허에서 시작한 이러한 경향은 결국 인간이 구축해 놓은 이성이라는 바벨탑을 가루로 만든다. 이 일은 18세기 중반에 영국에서 시작된다.

철학사에서의 쟁점은 궁극적으로는 단 하나다. 인간 이성의 존재 여부와 그 역량의 범위에 대한 견해가 이념과 세계관을 가른다. 이 쟁점은 철학에만 한정되지 않는다. 그것은 문화구조물과 삶의 양식과 세계관 모두에 미친다. 여기에 있어서 가치중립적인 것은 없다. 심지어는 수학과 과학조차도 이 쟁점에 준한다. 철학에 있어서는 플라톤과 소피스트, 실재론과 유명론, 합리론과 경험론, 관념론과 분석철학 등이 이 쟁점의 양쪽 진영을 차지한다. 전자들이 이성에 대한 신뢰를 가진 낙관적이고 휴머니즘적인 철학이라면 후자는 이성적 존재로서의 인간에 대해 전적으로 회의적인 철학이다. 후자는 단지 실증적이고 경험적인 인식만을 지식으로 간주한다.

예술사에서의 환각주의는 전자와 맺어진다. 물론 모든 전자의 이념이 환각주의를 불러들이지는 않는다. 그러나 전자는 환각주의를 위한 필요조건을 구성한다. 중세의 실재론은 오거스틴에서 보에티우스, 둔스 스코투스, 토마스 아퀴나스에 이르는 주도적이고 긴 계보를 가진다. 이 철학자들은 모두 인간 이성의 존재와 기능에 대해 매우 긍정적이었다. 그럼에도 불구하고 중세 내내 회화는 정면성의 원리에 따랐다. 이 신학자들은 인간 이성의 존재와 역량에 대해 긍정적이었지만 거기에 독자성을 부여하지 않았다. 그 이성은 신의 이성에 종속된 것이었다. 오거스틴은 인간의 올바른 지식은 오로지 신의 빛에 의해서만 가능하다고 말한다.

따라서 인간 이성의 존재에 대한 신념이 반드시 휴머니즘을 부르지는 않는다는 사실이 매우 중요하다. 이성의 존재에 대한 믿음을 가지면서 동시에 인간 이성 위에 어떤 권위도 인정하지 않을 때 휴머니즘이 오며 환각주의는 이와 동시에 개화한다. 신앙과 이성의 양립은 신의 존재와 신의 의미를 이해하기 위한 것으로서의 이성일 때에만 유효하다. 따라서 이성이 신앙에 종속된다. 헤브라이즘과 헬레니즘은 양립하지 않는다. 두 개가 같이 있다면 헤브라이즘에 종속된 헬레니즘이거나 헤브라이즘을 이용하여 이득을 취하는 헬레니즘의 위선이거나이다. 평화 공존은 환각이다. 지배당하거나 지배받거나이다.

플라톤이나 데카르트, 페이디아스나 레오나르도 다 빈치가 계속해서 지니고 있는 영향력. 그리고 철학과 예술에 있어서의 규준으로 그들이 지니는 권위 등을 생각할 때 전형적인 이성의 시대, 즉 환각주의의 시대가 의외로 짧은 기간 동안 그리고 단지 몇 번만 존재했었다는 사실이 이상한 모순의 느낌을 준다. 역사상 전적인 환각주의의 시대는 기원전 5세기와 4세기 중반에 걸치는 고대 그리스, 기원후 1,400년에서 1,500년에 걸치는 르네상스, 1,600년에서 1,700년에 걸치는 바로크 등을 제외하면 없다. 이것은 인간이 스스로의 이성에 대해 확고한 신념과 자신감을 지닌 시기가 그만큼 드물고 짧았다는 사실을 말한다.

환각주의는 말 그대로 환각일 뿐이다. 인간이 스스로에 대해 냉정히 생각해 볼 때 이성이라는 인식적 도구의 존재는 의심스럽다. 이것을 가정하는 것은 이데아와 인과율에 대한 인간의 선험적 생득 지식을 가정하는 것이다. 또한 이것은 인간 모두에게 가능성을 지닌 채로 열려있는 것이고 인간 모두에게 보편적인 것으로서 내장된 것이다. 그러나 인간은 관습과 편견에 물들어 있다. 여기에 모든 인간이 준수하는 보편의 준칙이 있는가? 인간은 스스로의 제한되고 개별적인 경험과 편견을 초월할 수 있는가? 자신의 경험의 테두리 내에서 움직이는 것이 모든 인간의 숙명일 때.

한편에는 소크라테스, 플라톤, 아리스토텔레스가 있었고 다른 한편에는 프로타고라스, 고르기아스, 트라시마쿠스, 칼리클레스 등이 있었다. 전자는 이성의 신봉자들이었고 후자는 이성의 존재를 부정하는 사람들이었다. 페르시아 전쟁에서 승전한 아테네는 플라톤적 이념에 먼저 물든다. 플라톤과 소피스트들이 경쟁했다 해도 아테네의 주된 의사결정의 주체는 플라톤적 이념을 신봉하는 귀족계급이었다. 이것이 고전기 아테네 예술을 환각주의적인 것으로 만든다. 파르테논 신전의 프리즈, 헤게소의 묘비 등은 저부조에 적용된 환각주의 기법이 얼마나 효과적이고 설득력 있게 작동할 수 있는가의 예를 보인다. 그러나 이 기간은 비교적 짧다. 기원전 450년에서 350년의 백여 년간이 그리스 환각주의의 전성기이다. 그때가 지나면 그리스 예술은 점차로 환각주의를 포기해나간다. 그러나 그리스 고전주의 예술은 이집트 예술과 아케이즘 예술의 정면성을 가까스로 극복한 예술이었다. 그리스 예술이 환각주의를 포기한다고 해도 헬레니즘 내내 정면성의 원리가 대두되지는 않았다. 플라톤과 페이디아스 등의 업적의 영향력은 너무도 컸다.

정면성의 원리가 다시 나타난 것은 로마예술에 있어서였다. 경험론적 견지에서의 환각주의는 종합화된 경험을 의미한다. 경험론자들이 믿지 못하는 것은 바로 이 '종합화'이다. 합리론자들은 면들을 종합하여 입체를 만들고 평면들을 종합하여 공간을 만든다. 경험론자들은 이 종합에 대해 의심의 눈길을 보낸다. 경험론자들은 감각 인식에 의한 즉각적 경험을 넘어서는 사실을 신뢰하지 않는다. 앞에서 든 예를 다시 살펴보기로 하자.

f_a, f_b, f_c, ...를 각각 "a라는 강아지가 짖는다, b라는 강아지가 짖는다, c라는 강아지가 짖는다."라고 정의하자. 그리고 $(x).f_x.$를 "모든 x가 짖는다."로 정의하자. 경험론자들은 f_a, f_b, f_c, ... 등등의 개별적 강아지들에 대해서만 말하기를 원한다. 반면에 합리론자들은 강아지 일반에 대해서 말하기를 원한다. 이것이 $(x).f_x.$이다. $(x).f_x.$는 f_a, f_b, f_c, ... 등등보다 종합적이고 포괄적이고 두꺼운 언명이다. 경험론자들이 합리론자들에게 부딪히면 그들은 언제나 해체disintegration, deconstruction에 대해 말한다. $(x).f_x.$를 f_a, f_b, f_c, ... 등등으로 해체한다고 경험론자들은 말한다. 그들은 애초에 전체 혹은 일반성 등을 인정하지 않는다. 현재 세상에 존재하는 그리고 과거에 존재했고 미래에 존재하는 모든 개에 대해 검증하지 않았다면 전체 (x)에 대해서는 말하지 말아야 하기 때문이다.

이것은 대상에 대해서뿐만 아니라 사실에 대해서도 마찬가지이다. "질량을 가진 a와 b라는 두 물체 사이에는 끄는 힘이 존재한다."라는 명제는 가능하다. 'a와 b'가 'c와 d'로 교체되어도 이 언명은 가능하다. 그러나 "질량을 가진 두 물체 사이에는 끄는 힘이 존재한다."라는 종합적 언명은 불가능하다. 세상에 존재하는, 미래에 존재하는 모든 두 물체에 대해 검증한 것이 아니라면 이 말은 해서는 안 되는 것이다.

대상이 두꺼운 입체로 묘사되고 평면이 깊은 공간으로 묘사되는 것은 이처럼 일반화된 대상, 일반화된 사실을 불러들임에 의해서이다. 경험론은 이 과정을 되돌리기를 원한다. 이 되돌리는 과정이 해체이다. 공간에서 원근법과 단축법이 사라짐에 의해 공간은 평면으로 변하고 대상은 면들만 묘사되게 된다. 그리고 이 2차원에 존재하는 주제들은 정면을 향하게 된다. 입체 전체를 보여주지 못할 때 부분들만을 명확하게 보여줘야 하기 때문이다. 이성의 패배와 감각 인식의 대두, 그리고 정면성은 언제나 함께한다. 어떤 양식인가가 정면성을 따르고 있다면 그 시대는 이성을 무시하거나 이성을 불편해하고 있다.

신석기 시대, 이집트 시대, 아케이즘 시대, 로마 시대, 중세시대, 인상주의 시대, 현대 추상의 시대 모두 이성이 몰락한 시기이다. 우리는 그 몰락의 이유에 대해 모른다. 자신만만했던 이성이 왜 몰락한 것인지 모른다. 단지 실재론적이거나 합리론적인 이념이 유명론적이거나 경험론적 이념에 의해 교체된 사실만을 안다.

여기에서 이집트 예술에 고유하게 적용된 정면성frontality의 개념을 좀 더 확장할 필요가 생겨난다. 이집트 정면성의 특징은 대상의 해체와 재조립이다. 이집트 예술에는 대상에 대한 정확한 정보를 주어야 한다는 요구가 크게 적용된다. 만약 우리가 환각주의에 입각한 대상의 묘사를 입체도라고 한다면 이집트의 대상의 묘사는 전개도이다. 그것은 대상을 평면으로 해체하여 이어붙인 것이다. 이것이 가장 극단적인 정면성이다.

이집트 시대와 현대의 입체파cubism의 회화를 제외하고는 경험론의 시대에서도 그렇게까지 극단적인 정면성이 나타나지는 않는다. 그러나 정면성을 단지 회화의 주제들이 그것들이 바라보는 감상자를 향하여 전체적으로 가장 잘 보이는 모습으로 정렬하고, 또한 단일시점이 아니라 가장 잘 보이는 모습으로 정렬하는 것이라고 느슨하게 정의한다면, 정면성에 속하는 작품은 폭발적으로 늘어난다. 이러한 정면성은 현재 우리의 증명사진의 원리에서 볼 수 있다. 증명사진은 신원확인을 위해 존재한다. 그것은 아름답게 보이거나 이데아를 모방하는 것은 아니다. 따라서 여권을 위한 증명사진의 규약은 단지 그 사진의 장본인과의 매칭이 가장 유효하게 보이는 것에 집중된다.

앞에서 열거한 경험론 시대의 회화는 정도의 차이가 있다고 해도 어떤 본질적이고 보편적인 형상에서의 모방은 아니라는 사실이 양식사와 관련하여 중요하다. 그것은 단지 거기서 전개되는 사건의 기술로서 본질적으로 실증적인 역할을 한다. 즉 경험론 시대의 회화는 (그것이 예술인 한) 미적 요소를 고려한다고는 해도 거기에 반드시 실증적 정보가 담기게 된다는 것이다.

이 사실은 두 개의 역사서의 비교에 의해서도 잘 드러난다. 투키디데스의 《펠로폰네소스 전쟁사》와 율리우스 카이사르의 《갈리아 원정기》는 모방으로서의 역사서와 실증적 사실 전달로서의 역사서가 어떻게 다른가를 잘 보여준다. 《펠로폰네소스 전쟁사》는 전쟁 전체에 존재하는 세세한 사실을 연대기적으로 나열해 나가지 않는다. 그것은 전쟁에 있어서 가장 결정적인 국면을 싸고도는 의사결정, 원정, 전투 등의 커다란 사건을 종합적으로 기술한다. 이 전쟁사는 따라서 전쟁에 있어서 가장 중요한 몇 개의 사건들을 각각 건축적으로 기술한다.

카이사르의 《갈리아 원정기》는 이와는 현저하게 다른 양식으로 기술된 역사서이다. 그것은 갈리아 전역campaign 전체를 세세하게 기술한다. 전쟁의 상대편에 대한 정보, 전투의 원인, 부대의 이동과 보급, 참호의 구축, 전투 등등이 마치 일상생활처럼 기술된다. 투키디데스의 전쟁사가 공간적이라면 카이사르의 전쟁사는 시간적이다. 투키디데스의 전쟁사가 마치 지오토의 〈비탄〉과 같이 거기에서 발생하는 사건 그 자체에 모든 중심이 놓인 환각적 역사서라면 카이사르의 전쟁사는 트라야누스 황제의 200여 개의 장면으로 구성된 서술적이고 설명적인 보고문과 같은 전역의 역사서이다.

정면성의 원리에 입각한 예술은 거기에서 발생한 사건에 몰입하기보다는 그 예술의 감상자에게 무엇인가를 알려주기 위해서 애쓴다. 정면성의 원리는 거듭 말하는 바와 같이 형이상학적 경험론에 대응한다. 경험론은 추상과 일반화, 보편과 선험 등을 부정한다. 그것은 이 모든 것을 가능하게 하는 인간 이성의 기능은 물론 그 존재조차도 부정하기 때문이다. 경험론은 실증적 사실만을 유일한 지식으로 본다. 따라서 경험론에 입각한 정면성의 예술들은 이성을 닮은 모방으로서의 예술을 부정한다. 정면성은 실증적 사실에 주력한다. 따라서 정면성의 예술은 이를테면 그려진 글이라 할 수 있다.

환각주의가 시라면 정면성은 산문이다. 정면성의 회화는 때때로 그 회화에 대한 설명이 글로 부수된 경우가 많다. 이집트 회화에는 반드시 그 회화의 설명이 글로 표현된다. 따라서 회화의 주제들도 그 존재가 설명되는 것처럼 드러나야 한다. 이것을 위해서는 주제를 정면성에 입각해 묘사하는 것이 유리하다. 정면성의 원리는 이성의 추론 능력과 상상력의 존재를 인정하지 않는다. 따라서 추상화된 보편자로서의 회화를 도입하지 않는다.

정면성의 이러한 성격은 전제군주에 대한 묘사에서도 그 예를 찾아볼 수 있다. 전제정에서는 인간 이성의 행사가 용납되지 않는다. 인간 이성은 자율성과 독립성을 전제로 하며 그 위에 어떠한 권위도 인정하지 않는 자부심을 가진다. 인간 이성에 높은 가치를 부여하는 사회는 귀족정을 선호한다. 철인왕philosopher king은 이성을 가장 완벽하게 실현한 통치자이다.

그러나 전제군주는 어떠한 종류의 합리적 정치체제도 용납하지 않는다. 신민들은 전제군주가 알려주는 사실만 알아야 한다. 이때 전제군주에 대한 묘사는 환각적일 수가 없다. 환각주의는 먼저 이성적 판단과 객관적 시지각을 전제하기 때문이다. 전제군주가 어떤 일엔가 몰두해 있는 무심한 모습이 포착되어서는 안 된다. 전제군주는 반드시 정면성에 따라 묘사되어야 한다.

이집트의 파라오, 중세의 신과 성자들 등이 정면성의 원리에 입각해 묘사된 것은 이것이 이유이다.

환각주의는 민주적 예술은 아니다. 그것은 이성을 내세우며 동시에 그것을 통한 위계화를 전제하기 때문이다. 이성은 누구에게나 공정하게 배분되지는 않는다. 어떤 사람들은 이성의 영역에서 좀 더 성공적이고 어떤 사람들은 그렇지 못하다. 플라톤의 세계는 계급을 가정한다. 국가는 통치자, 수호자, 생산자의 세 계급으로 구성된다. 이 위계는 이성의 선천적 배분에 의해 결정된다.

반이성적 이념은 두 가지 경우이다. 하나는 전제적 정체에서이다. 전제군주는 이성의 자부심과 독자성이 전제적 정체를 용납하지 않는다는 사실을 안다. 이성은 그 위에 어떠한 권위도 인정하지 않으며 또한 수학적 합리성의 작동을 통해 불합리함을 용납하지 않는다. 이 경우 전제군주는 이성에 대해 매우 적대적인 태도를 취한다. 이것이 전제정 하에서는 환각적 예술이 불가능한 이유이다. 환각주의는 이성의 개가를 전제로 꽃피우기 때문이다. 환각주의는 인간의 스스로에 대한 자신감과 자기 판단과 결정과 행동에 있어서의 자율성을 전제한다. 전제군주는 신민들의 자율성을 용납하지 않는다. 그는 그들이 정치에 있어서는 물론이고 판단과 행동에 있어서도 예속적이기를 바란다. 신민은 군주가 보여주는 것만 보아야 한다. 신민은 모든 인간을 초월해서 존재하는 세계의 제1원칙 등을 모방해서는 안 된다. 그것은 전제군주도 초월하기 때문이다.

두 번째 반이성적 이념은 이성에 대한 실망과 거기에 뒤따르는 이성에의 경멸에 의한 것이다. 이 이념은 물론 경험론의 대두와 이성의 파산에 의한 것이다. 경험론은 경험을 초월하는 모방의 대상, 즉 형상Form을 받아들이지 않는다. 경험론은 그것이 무엇이든 비실증적 대상을 인정하지 않는다. 또한 인간에게 이 비실증적인 형상에 대응하는 역량 — 합리론자들이 이성이라고 말하는 — 이 있다고도 생각하지 않는다. 경험론의 대두는 이미 그 안에 이성의 폐기를 전제하고 있다. 경험론하에서의 예술은 따라서 자연에의 모방임을 전제하지 않는다. 거기에 모방의 대상이 없기 때문이다.

이성이 소멸한 세계는 우연의 세계이고, 실증적인 사실들만의 세계이고, 얇고 평면적인 세계이고, 표층만이 존재하는 세계이며, 결정론적인 세계이다. 이 세계가 예술의 표현형식에 있어서 정면성을 불러들인다. 모방의 세계, 이성의 세계에 살고 있는 합리론자들은 경험론자들이 실증적인 것을 사실fact이라고 할 때 절대 그들에게 동의하지 않는다.

경험론자들에겐 그러나 "세계는 사례 전체이다The world is all that is the case." 이들에게 지식이란 그저 지금 세계에서 발생하는 사실에 대한 것일 뿐이다. 사실은 그렇게 고전적이지도 규범적이지도 의연하지도 중후하지도 고귀하지도 않다. 사실은 그저 비루한 일상일 뿐이다. 이성이 소멸할 때 예술도 어깨에서 힘을 뺀다. 이성의 시대의 예술은 그 어깨에 의미meaning, 도덕, 미, 정의, 진리 등을 짊어진 힘겨운 것이면서 중후하고 품격있는 것이었다. 이성이 소멸하면 예술이 짊어져 왔던 이 모든 무거운 것들이 예술로부터 해체되어 나간다. 예술은 이제 심미적 표현만의 문제가 된다.

환각주의 예술의 두꺼움과 정면성의 예술의 얇음의 이유는 이것이다. 환각주의 예술은 규범과 보편을 지향하는 가운데 그 표현이 두껍고 근엄하고 포괄적인 것이 된다. 이 모든 것들은 필연적인 것이며 당위의 것이다. 정면성의 예술은 우연과 일회성만을 표현한다. 환각주의 예술은 하나의 본보기에 의해 많은 비루하고 소소한 것들을 소멸시킨다. 그러나 정면성의 예술은 일상적이고 우연적이고 소소한 얇은 것들을 소중한 주제로 삼는다. 그리스의 환각주의는 그리스와 페르시아의 그 길고 복잡한 전쟁을 올림포스 12신과 거인족의 싸움이라는 하나의 장면으로 표현한다. 로마인들은 트라야누스 황제의 다키아 원정을 무려 150여 개의 장면으로 표현한다. 그리스적 종합과 로마적 해체가 두 예술이 각각 환각주의와 정면성의 예술이 된 이유이다.

그리스 초기예술과 치마부에의 예술은 권위에 의한 억누름에서 이성이 자신의 지위와 자부심은 획득해 나갈 때 예술은 거기에 어떻게 대응하는가를 잘 보여주고 있다. 그리스의 아케이즘 예술은 이집트 예술의 영향을 받았다. 기원전 640년 경에 제작된 〈아욱세르의 여인상Lady of Auxerre〉이나 기원전 600년 경에 제작된 〈아티카의 쿠로스상Kouros from Attica〉은 정면성에 입각한 표현적 측면에서는 물론이고 분위기에 있어서도 상당히 이집트적이다. 그럼에도 불구하고 이 두 개의 조각상은 그리스가 이성에 입각한 새로운 문명을 장차 창조해 나갈 것이라는 사실을 보이기도 한다. 이집트의 인물들은 그 자체를 위한 것이라기보다는 전체 이야기나 전체 건물에 부속된 것으로서 존재한다. 묘사된 인물이 자기 자신을 위해 독자적으로 존재하는 것은 휴머니즘의 소산이다. 이성을 지닌 '만물의 영장으로서의 인간'이라는 이념은 인물을 예술 표현의 중심으로 부각시킨다.

그리스의 이 두 개의 조상statue은 이미 독자적으로 스스로만을 위해서 존재한다. 이 인물들은 신전의 부속품이 아니다. 거기에 기술적으로 특기할 만한 사실이 있다. 조각상의 팔과 몸통 사이에 공간이 생겼다는 사실이다. 이집트의 조상들은 팔과 몸통이 붙어있다. 드물게 떨어져 있는 것을 볼 수 있어도 거기에 공간이라고 할 만한 것이 있지는 않다. 벽체나 기타 다른 것들에 의해 부착되어있다. 그러나 그리스는 전체적으로 인물상이 공간을 차지하고 있다. 즉 거기에는 합리적 공간이 먼저 존재하고 있다.

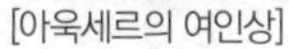

[아욱세르의 여인상]

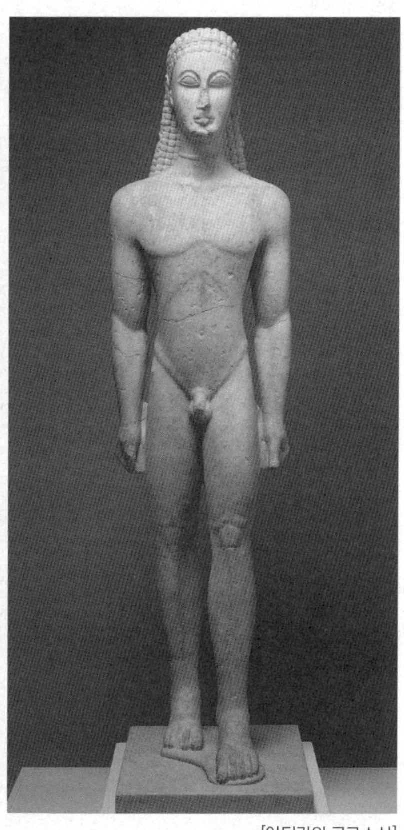

[아티카의 쿠로스상]

그리스 예술이 정면성을 벗어나는 것은 기원전 480년에 준공된 아이기나의 아파이아 신전Temple of Aphaia의 동쪽 페디먼트의 조상을 통해 볼 수 있다. 이 신전의 서쪽 페디먼트와 동쪽 페디먼트는 현저한 대비를 보여준다. 서쪽 페디먼트는 기원전 490년경에 제작이 끝나고 동쪽 페디먼트는 기원전

480년경에 제작된다. 이 두 페디먼트의 제작 시기는 단지 10년의 차이밖에 나지 않는다. 그러나 양식에 있어서는 현저한 차이를 보인다. 동쪽 페디먼트의 〈죽어가는 전사Dying warrior〉는 1306년 지오토의 〈비탄Lamentation〉에 비견될 수 있다.

서쪽 페디먼트의 〈죽어가는 전사〉는 정면성의 원리에 입각해 제작되었다. 그 전사는 신체의 모든 부위가 전면을 향하여 부자연스럽게 배치되어있다. 이 인물은 경직되고 부자연스러운 정면성을 아직 벗어나지 못하고 있다. 동쪽 페디먼트의 전사는 이제 그리스가 휴머니즘의 시대에 성큼 들어섰다는 사실을 보인다. 전사의 얼굴은 바닥을 향하고 있고 가슴도 땅바닥을 향하여 비틀려져 있다. 오른팔 역시도 바닥을 짚고 있음에 의해 죽어가는 전사의 상체의 체중이 방패와 오른팔로 지탱되고 있다는 사실을 박진감 있게 보이고 있다. 이 조상은 '전장에서의 스러짐'이라는 용기와 고결함의 하나의 표상이다. 아마도 이 보다 더 숭고하고 아름답고 고요하게 그리스 중무장 보병의 죽음을 묘사할 수는 없을 것이다. 패배와 죽음은 피할 수 없다. 그러나 누구나 그 운명에 고결하게 대응하지는 못한다. 이 고결함의 가장 아름답고 숭고한 모습은 하나의 형상으로서 세계의 본질을 구성한다. 그리고 그것은 어떤 한 명의 전사의 우연적인 죽음, 수많은 죽음 중 하나의 죽음, 고통과 두려움에 경련하는 죽음은 아니다. 이 전사의 죽음은 죽음의 이데아이다.

이 〈죽어가는 전사〉의 감상자들은 죽음의 장엄함과 고결함과 고요함에 감동한다. 여기에는 일상의 진부하고 노골적이고 처참한 모습은 없다. 이 죽음은 비루하지 않다. 이 전사는 죽음에 의하여 오히려 승리한다. 장엄함은 그러한 것이다. 소크라테스는 《변명》에서 참전 시에 그가 얼마큼 희생적이었고 용감했는지 말한다. 페리클레스는 전몰장병 추모에서 그들이 얼마나 고결하고 용감했는지 말한다. 인간 이성은 전쟁터에서의 전사의 죽음에 대해 이러한 의미를 부여한다. 그리스인들이 생각하는 세계는 이렇게 이성이 구축하는 규범적이고 단정하고 영원한 모습이었다. 이것이 빈켈만Winkelmann이 말하는 '고귀한 단순성과 고요한 위대성edle Einfalt und stille Groβe'의 그리스 고전주의 예술이었다.

서쪽 페디먼트의 [죽어가는 전사] **(위)**
동쪽 페디먼트의 [죽어가는 전사] **(아래)**

로마의 이념은 고전기 그리스의 플라톤적 이념과는 상반되는 것이었다. 고전기 그리스의 철학은 간단히 말하면 이성의 절대성을 말하는 플라톤과 경험의 상대성을 말하는 소피스트들과의 사이에 벌어진 경연이었다. 기원전 5세기의 그리스는 전제적으로 플라톤적 이념에 기울지만 펠레폰네소스 전쟁의 패배 이후로는 완전한 소피스트의 승리가 된다. 견유학파Cynicism, 피로니즘Pyrrhonism, 스토이시즘Stoicism, 에피큐리어니즘Epicureanism 등의 철학은 모두 경험론적 상대주의와 플라톤적 실재론의 독단에 대해 말한다. 경험론 철학은 인식론적 회의주의를 부른다. 따라서 상대주의 철학은 경험론을 내세우며 회의주의로 끝맺게 된다. 이 철학은 섹스투스 엠피리쿠스의 저술에 의해 그 내용이 비교적 온전하게 전해진다. 헬레니즘기의 경험론 철학은 모두 피로니즘을 기반으로 하고 있다. 귀납 추론의 문제와 무한환원regress ad infinitum의 문제가 서양 철학사상 여기에서 최초로 비교적 설득력 있게 제기된다. 섹스투스 엠피리쿠스는 다음과 같이 말한다.

"진리를 스스로 판정한다는 사람들은 판정의 기준을 가져야만 한다. 이때 이 기준은 판정의 승인을 아직 받지 않은 것이거나 이미 승인된 것이거나이다. 만약 그것이 아직 승인받지 않은 것이라면 그 기준이 신뢰할만하다는 사실은 어디에서 오는 것인가? 논쟁이 되는 어떤 문제도 판정 없이 신뢰받을 수는 없기 때문이다. 만약 그 기준이 이미 승인받은 것이라면 이번에는 그것을 승인한 기준이 승인받았거나 아직 승인받지 않았을 것이다. (이러한 과정은) 무한대로 환원된다."

엠피리쿠스는 분석과정이 무한히 환원될 수밖에 없다고 말한다. 그는 참된 믿음true belief을 부정하고 있지는 않다. 단지 그는 참된 믿음을 포기giving up한다. 그는 믿음의 부정을 아카데믹 회의론이라고 하고 믿음의 포기를 피론적 회의론이라고 부른다. 그는 판단의 '유예'에 대해 말한다. 그가 여기에서 주장하는 것은 의미와 신념 없이 사는 삶이 어떻게 가능한가에 대해서이다. 그는 모든 강력한 믿음strong belief을 독단dogma으로 치부한다. 우리는 어떤 믿음을 참인 것으로 단언해서도 안 되고 어떤 믿음을 거짓인 것으로 단언해서도 안 된다. 단언affirmation이 바로 독단이기 때문이다.

그는 거듭 판단을 유예epoche하라고 말한다. 판단의 유예와 더불어 사는 삶, 확신 없이 사는 삶이 궁극적으로 우리의 심적 상태를 아타락시아(마음의 평화)로 이끈다. 판단과 신념에 대해 부정적일 때 그는 인간이 이성적 동물이라는 사실을 회의하고 있다. 이성의 특징은 단언이다. 그것은 확고하면서 자신감 넘치고 분명하다. 그러나 이것은 엠피리쿠스에게는 독단일 뿐이다.

이미 고대시대부터 경험론은 감각 인식에 선행하는 생득적 지식, 즉 인간의 순수이성의 존재에 대해 회의적이었다. 엠피리쿠스는 경험적 지식에 대해서 긍정적이다. 그러나 그것은 종합되어서는 안 되는 다면적이고 우연적이고 흩어진 인식으로서이다. 따라서 이 지식은 외부의 실재에 대한 객관적 지식일 수는 없다. 그는 말한다.

"내가 어떤 순간에 맛본 꿀에 대해 달콤하다는 지식을 갖게 되었다 해도 그것은 단지 주관적 판단이다. 따라서 그 지식은 꿀 본질에 대해 그 자체로서 무엇도 말해주지 않는다."

엠피리쿠스는 한 명의 피론주의Pyrrhonism 철학자로서 지식이 불가능하다고는 말하지 않는다. 감각 인식에서 나오는 주관적 지식, 관습이 옳다고 말하는 전통적 지식 등은 존립 가능하다. 즉 그의 지식은 곧 상식이다. 또한 그는 어떤 확고한 객관적이고 종합적인 판단이 옳다고 말할 수 없는 것과 마찬가지로 그것들이 옳지 않다고 말할 수도 없다고 생각한다. 그는 단지 피론주의자Pyrrhonist의 지식은 엄밀한 철학적 논증에 기초하는 것은 아니라고 말할 뿐이다. 그의 《윤리학자들에 대한 반론Against the Ethicists》에서 그는 비록 회의주의자일지라도 신이 존재한다거나 혹은 존재하지 않는다거나, 미덕은 선이라거나 혹은 그렇지 않다거나 등의 믿음을 언제라도 지닐 수 있다고 주장한다. "회의론자가 부정하는 것은 그러한 믿음이 이성reason에 기초한다는 주장이다."라고 엠피리쿠스는 말한다. 그가 부정하는 것은 지식이 아니다. 그 지식이 기초한다고 주장하는 인간 이성의 존재이다.

엠피리쿠스는 세계의 표층에 머무르면서 '삶의 네 가지 양식fourfold regimine of life'에 준하는 삶을 살라고 말한다. 그것은 자연의 인도, 느낌의 충동, 법과 관습, 기예의 가르침이다. 이 네 가지에는 경험론자들의 삶의 이념이 강하게 드러난다. 플라톤적 실재론, 이성의 신봉자들이라면 이성의 인도, 느낌의 배제, 도덕률, 철학적 탐구 등을 삶의 네 개의 요법으로 권유했을 것이다.

경험론하에서의 예술이 정면성의 양식을 취하는 또 하나의 이유는 경험론 철학은 결국 세계의 심층에 들어가는 시도를 부정하기 때문이다. 실재론자들과 합리론자들은 세계의 표층의 내면에는 그 표층을 가능하게 하는 제1원칙, 즉 '존재를 존재하게 하는 제1원칙(아리스토텔레스)'이 있다고 주장하며 동시에 인간에게는 거기에 대응하는 이성reason이라는 고귀한 속성이 존재한다고 믿는다. 엠피리쿠스가 판단 자체가 독단이 아니라 그것이 기초한다고 믿어지는 원칙 자체가 독단이라고 말하는 것은 바로 이 이성의 존재의 부정이다. 이성 자체가 독단인 것이다. 경험론자들이 이상적인 삶으로서 거듭 주장하는 것은 이성에 대한 신념 없이 표층만을 부유하는 삶의 심적 고요함이다. 이 심적 평화는 이성적 인간으로서의 자부심과 오만을 벗어났을 때, 즉 더 이상 이데아를 모방하는 것이 권유되지 않을 때 가능해진다. 이것은 물론 전통적인 윤리학에 비추어 숭고함과 고결함이 결여된 삶이다. 그러나 그것이 숭고함이건 고결함이건 근거 없는 것이라면 받아들일 수 없다. 그것은 더구나 위선과 오만의 위험을 지닌다. 표층적 삶은 비루하고 초라한 삶이다. 그러나 이것은 적어도 솔직하고 겸허한 삶이다. 물론 이 삶은 상스러울 수도 있다. 그것을 주의해야 한다. 실증적이고 현실적인 삶을 향락으로 몰고 가면 안 된다. 실증주의적 삶은 현실에의 몰두에 의해 실존적 삶이 되어야 한다. 이것이 스토이시즘이다.

로마제국은 두 개의 삶의 양식의 가능성에 처해 있었다. 그리스로부터 그리스적 삶의 양식이 물밀듯이 밀려왔다. 그것은 숭고하고 우아하고 고결하고 기품 있었다. 전통적인 로마의 삶은 그와 같지 않았다. 로마인들은 실제적이고 실증적이고 현실적인 사람들이었다. 그리스 이상주의와 로마 현세주의는 극적인 대비였다. 스키피오와 같은 사람들은 그리스 문명의 찬미자였다. 반면 카토는 전통적인 로마의 미덕이 그리스 문명에 의해 그 실증적 강인함과 현실성을 잃고 있다고 개탄했다. 제정 초기까지의 로마에는 이 두 개의 양식이 공존한다. 로마예술에 대한 연구를 어렵게 하는 것은 로마예술이 지닌 이와 같은 이중성이다. 한편으로는 어설프게 그리스를 모방한 환각주의 예술이 있었고 다른 한편으로는 로마의 전통적인 정면성의 예술이 있었다. 로마는 결국 전통을 택한다. 그들은 그들 스스로가 되기로 한다.

기원후 81년경에 완성된 황제 티투스의 개선문의 〈티투스의 승리Triumph

[티투스의 승리]

of Titus〉는 아직 그리스적 요소와 로마 고유의 요소가 섞여 있다. 네 마리의 말이 끄는 전차에는 황제 티투스가 승리의 여신으로부터 화환을 받는 모습이 묘사되고 있고 그 아래에는 영광을 상징하는 젊은이가 있다. 전차를 이끄는 것은 용기를 상징하는 여신이다. 여기의 모든 인물과 신들과 말들은 모두 정면성에 의해 묘사되고 있다. 황제 티투스도 승리의 여신도 영광의 젊은 신도 용기의 여신도 모두 정면을 향하고 있다. 네 마리의 말은 모두 측면이 묘사되어 있다. 각각의 대상들은 그리스 양식으로 제작되어 있다. 옷 주름과 그것을 통해 드러나는 몸매, 유연하고 부드럽게 흘러내리는 의상, 전형적으로 아름답게 묘사되는 몸매 등의 요소는 그리스 이상주의가 완성한 고전적 아름다움이다. 그러나 여기에 그리스 고유의 환각주의는 더 이상 존재하지 않는다. 인물은 모두 감상자를 의식하고 있으며 겹쳐진 말들 사이에는 원근법이나 단축법에 의한 비례가 전혀 없다. 가까이 있는 말이나 멀리 있는 말이나 모두 같은 크기이다. 결정적으로 중요한 것은 이 패널은 상징적이고 이상화된 역사적 사실을 묘사하기 위한 것이 아니라 황제 티투스의 전역과 업적의 이야기를 '말해주기' 위한 것이라는 사실이다.

환각주의 예술이 보여주기 위한 것이라면 정면성의 예술은 말해주기 위한 예술이다. 이성의 존재를 확신할 때에는 형상을 제시하는 것으로 모든 것은 완료된다. 모든 말해질 것들은 보여짐에 의해 이미 드러난다. 다시 말해 환각주의 양식 안에 있는 모든 사물은 거기에서 흘러나올 모든 구체적 양태들을 이미 그 안에 지니고 있다.

테이블, 의자, TV, 침대의 네 개의 가구로 구성된 방을 생각해보자. 어떤 사람이 이 가구들의 배치에 대해서는 특별한 언급이 필요 없다고 생각한다고 하자. 각각의 가구에는 이미 위치location의 이데아가 있기 때문이다. 예를 들어 테이블은 반드시 동쪽 벽에 붙어있어야 하고, 의자는 물론 거기에 동반되어야 하고, 침대는 남쪽 창문 밑에 있어야 하고, TV는 북쪽 벽에 있어야 한다고 하자. 이 사람은 각각의 방에 대한 묘사가 필요 없다고 생각한다. 왜냐하면, 모든 방의 가구 배치는 위와 같기 때문이다. 어떤 방이 다른 배치로 되어 있다면 그것은 잘못된 것이다. 그때 가구는 운동을 해서 자기 위치의 이데아로 옮겨가야 한다.

이것이 이성의 존재와 거기에 따른 형상의 존재에 준하는 사고방식이다. 이성은 유일하게 가능한 하나의 상황만을 가정한다. 방의 가구 배치의 이데아는 하나이기 때문이다. 플라톤적 실재론이나 헤겔적 관념론이 당위Sollen에 대해 말하는 것은 이것이 이유이다. 또한, 이러한 철학에서의 사물의 운동과 변화는 그 대상의 어떤 점에서의 결여를 의미한다. 그것이 완결되어 있다면, 즉 스스로의 형상을 실현했다면 운동이나 변화가 있을 이유가 없다. 따라서 모방의 예술은 시간을 공간에 압축한다. 그것은 마치 영원 속에서 얼어붙은 듯이 고요하고 장엄하다. 그리스 고전주의 예술은 '고귀한 단순성과 고요한 위대성'의 예술이다.

이성을 부정할 경우 상황은 이와 반대가 된다. 사물은 단지 무기물일 뿐이다. 사물에 위치의 이데아 따위는 없다. 물론 적절한 위치가 있겠지만 이것은 절대적인 것은 아니다. 따라서 방을 묘사하기 위해서는 그 방을 들여다보고 가구의 배치를 직접 살펴보아야 한다. 모든 배치는 단지 우연일 뿐이다. 모방의 반명제라 할 만한 정면성의 원리에 입각한 예술들이 어떤 전형과 고정성을 묘사하기보다는 우연적이고 일상적인 이야기를 끝없이 하는 것은 이와 같은 이유에서이다. 그들은 묻는다. 자세히 그리고 분명히 말해주지 않는 한 어떻게 알 수 있겠느냐고. 사물에는 형상이라고 말해지는 본연의 특징은 없다. 단지 그것은 우연과 기회에 좌우되는 피조물일 뿐이다. 따라서 사물에서 그 사물에 대한 이야기가 흘러나오지 않는다. 반대로 그 사물에 관한 이야기에서 그 사물의 기능과 존재 이유 등이 나올 것이다. "세계는 사물의 총체가 아니라 사실의 총체이다The world is the totality not of things but of facts(비트겐슈타인)."

110년경에 완공된 〈트라야누스 기념주The Column of Trajan〉는 이야기의 향연이다. 이제 비로소 로마예술은 거기에 덧씌워진 그리스적 취향을 완전히 걷어낸다. 가장 로마적이고 가장 경험론적이고 가장 회의적이고 실증적인 로마인들은 이제 전적으로 자신의 이념과 표현을 일치시켜나가고 있다. 이 기둥은 트라야누스 황제의 두 번에 걸친 다키아 전역campaign을 보고하는 이야기의 저부조로 싸여있다. 이 기둥의 높이는 38m이고 이 기둥을 둘러싸는 저부조의 밴드의 총 길이는 무려 187m이다. 이 밴드는 150개의 각각 독립된 에피소드로 구성되어있고 거기에 묘사된 인물은 무려 2,500명이다. 이것은 마치 현대의 이야기 그림책과 같다. 먼저 로마의 군단이 소집된다. 황제가 연설을 하고, 행군을 하고, 참호를 건설하고, 보급을 하고, 전투를 한다. 이것은 전쟁일지와 같이 펼쳐진다. 여기에서는 더 중요하거나 덜 중요한 사건은 없다. 군단의 소집, 황제의 연설, 행군, 보급, 전투 등이 동일한 비중을 지닌 채로 상세히 묘사되어 있다. 그리고 이 모든 것들이 정면성의 원리에 입각해 있다.

아테네인들은 페르시아인들과 그들의 전쟁의 모든 양상과 사실을 단 하나의 예술품으로 묘사한다. 올림포스 12신이 거인족을 격파하는 하나의 작품으로 충분했다. 그러나 로마인들은 그 전쟁보다 한결 단순했던 다키아 원정을 무려 150개의 부조 속에 연속서술로 묘사했다. 그들에게 세계는 정말이지 '사실의 총체the totality of fact'였다.

161년경에 제작된 〈안토니우스 피우스Antonius Pius 황제 기념주〉 기단의

[안토니우스 피우스 황제 기념주] 부분

대리석 고부조는 이를테면 '깨어난 이집트인'을 상기시킨다. 여기에서는 모든 것이 철저히 정면성의 원리를 따른다. 이집트 네바문의 프레스코화에서 호수가 하늘에서 내려다본 것으로 묘사되듯이 여기에서는 말과 중무장 보병이 딛고 서는 대지가 하늘에서 내려다본 것처럼 묘사되어 있다. 반면에 행군 중인 보병과 기병은 옆에서 본 것으로 묘사되어 있다. 이 부조에는 원근법도 단축법도 없고 객관적인 공간이랄 것도 없다. 대지는 마치 벽처럼 세워져 있고 인물과 말들은 마치 허공을 부유하는 것과 같다.

이집트의 정면성은 그리스 고전주의에 의해 완벽한 환각주의로 전환된다. 그러나 이 환각주의는 로마의 정면성에 의해 교체된다. 정면성이나 환각주의는 단순한 하나의 미술 기법이 아니다. 그것은 세계와 스스로에 대한 인간의 인식에 달린 문제이다. 인간이 스스로의 이성에 의해 세계의 본질을 포착해 낼 수 있다는 신념이 인본주의이다. 이 인본주의는 물론 세계의 본래적인 제1원인도 인간 이성을 닮았다고 가정한다. 이 신념은 인간의 자부심을 한없이 고양시키면서 자신감 넘치는 삶과 과학을 가능하게 한다. 이성, 과학, 신념, 도덕률, 환각주의는 같이 작동한다. 물론 이 이념은 인간의 가치를 고양하고 그것의 완성을 인간의 제1의 존재의의로 본다. 이때 인간은 현실적 생존과 번영보다는 인간 이성을 더 높은 가치로 본다.

로마제국은 이와는 반대의 길을 밟는다. 로마는 실증적 경험과 현세적 삶을 중시하는 가운데 이성의 존재의의에 의심을 품는다. 로마는 이성의 존재 자체를 의심한다. 로마의 지배적인 철학이었던 경험론과 회의주의는 모두 이성의 존재에 대한 부정을 전제한다. 로마는 현세적 삶을 그리스적 이상주의보다 중시한다. 그들은 스스로의 안전보장과 현실적 번영을 무엇보다 중시했고 이것이 그들을 철학적 경험론으로 이끌었다. 이러한 이념 하에서의 예술은 정면성을 표방한다. 이집트는 이성을 압제함에 의해 로마는 이성을 경멸함에 의해 정면성을 채택한다. 이집트 — 고대 그리스 — 로마제국으로 이어지는 역사에 정면성 — 환각주의 — 정면성의 양식으로 대응한다.

이러한 패턴은 궁극적으로 이성에 의한 통합과 그 이성의 몰락에 의한 해체에 대응하는 것이다. 이성은 모든 문화구조물을 통합하듯이 평면을 통합하여 공간을 만들고 대상의 표면을 종합하여 입체를 만든다. 이것이 회화에서는 환각주의로 나타난다. 정면성은 이와는 정반대의 과정을 밟는다. 이성에 대한 의심은 그것의 해체를 부른다. 이성의 해체는 감각 인식으로의 인식적 경향의 전환을 의미한다. 이때 인식은 사물과 공간의 표층에 머무른다. 이성은 상상력을 전제한다. 입체와 공간 역시 상상력을 전제한다. 그러나 감각 인식은 직관적 인식intuitive cognition만을 유효한 인식 수단으로 본다. 따라서 여기에 입체와 공간은 없다. 입체는 사물의 표면으로 해체되고 공간은 2차원의 평면으로 분해된다. 이것의 회화적 표현이 정면성이다.

로마제국에서 다시 깨어난 정면성은 중세를 일관한다. 이 정면성은 1306년에 지오토의 〈비탄〉에 의해 다시 환각주의로 전환되고 이렇게 부활한 환각주의는 19세기 초의 낭만주의에까지 걸쳐진다. 정면성이 다시 나타난 것은 사실주의 화가 쿠르베에 의해서이다. 쿠르베에 이르러 회화는 다시 납작해진다. 화가와 감상자들 사이의 긴장과 갈등은 쿠르베에 이르러 처음 시작된다. 쿠르베는 살롱전에서 거부된다. 르네상스 고전주의에 의해 한껏 고양된 자부심을 지닌 '이성적 동물로서의 인간들은' 이성의 소멸을 전제로 한 이러한 양식의 전개에 대해 모욕감을 느꼈다. 이러한 갈등은 현대에 이르기까지 내내 지속될 예정이었다. 사실주의 — 인상주의 — 추상예술에 이르는 모든 과정에는 이성의 해체가 전제되어 있었지만, 전형적인 근대인들은 여전히 이성과 통합에 의지하고 있었기 때문이었다.

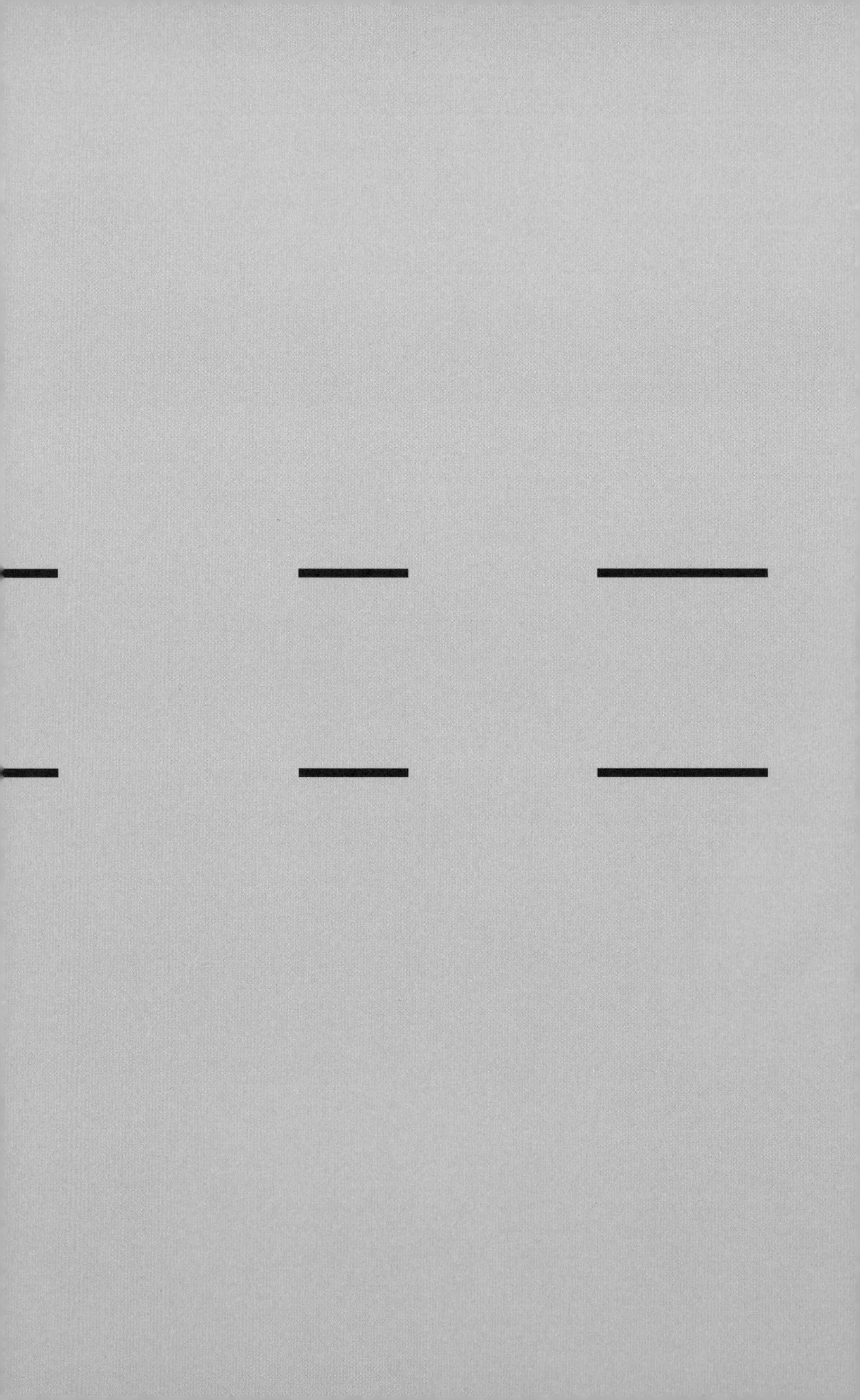

10

Free Will & Determinism

자유의지와 결정론

자유의지의 문제는 단지 철학만의 주제는 아니다. 이 문제는 철학, 심리학, 과학, 역사학 등에 걸쳐 매우 논쟁의 여지가 많고 중요한 주제이다. 이것은 또한 범죄심리학의 문제이기도 하다. 행위의 책임이 어디에 귀속되는가가 문제 될 때 자유의지의 존재유무는 결정적인 법철학적 기준이 된다. 자유의지가 존재하지 않는다면 우리 의지는 스스로에게 귀속되지 않는다. 따라서 행위의 동인은 장본인의 밖에 존재한다. 이 경우 범죄의 책임은 운명에 귀속되고 법적 처벌의 근거가 증발한다. 최소한 논리적으로는 그렇게 된다.

자유의지는 행위가 방해받지 않는 채로 여러 가능한 선택의 길 중 무엇이라도 선택할 수 있는 심리적, 행동과학적 자유를 의미한다. 자유의지의 존재와 사회적 책임 — 개인적 책임의 문제는 필수적인 것은 아니다 — 의 추궁은 긴밀하게 연결된다. 또한 칭찬, 비난, 죄의식, 자아의식 등의 문제 역시도 자유롭게 선택된 행위와만 관련된다. 자유의지의 결여는 강제된 선택을 의미하는바 이때 장본인은 그 선택에 대한 어떤 책임도 질 수 없기 때문이다.

따라서 자유의지의 문제와 가장 관련이 깊은 것은 인간에게 지식과 무지, 선과 악, 미와 추 등에 대한 포괄적 인식능력이 있느냐는 판단이다. 이에 따라 인간 이성의 플라톤적 정의가 유효하냐의 문제와 자유의지론은 긴밀한 관련을 맺는다. 자유의지와 이성의 존재는 서로 원인과 결과의 관계를 이룬다. 선택할 값어치가 있는 것에 대한 판단과 자유의지는 긴밀하다. 그러나 인간의 판단 능력과 자유의지는 심각한 모순을 불러일으키게 된다. 그 이유는 다음과 같다.

인간 이성의 궁극적인 개화는 인과율the law of causality에 있게 된다. 문제는 이 인과율에 인간의 자유의지를 위한 자리는 없다는 사실이다. 인과관계가 규정하는 법칙에서는 인간도 예외일 수 없다. 인간 역시도 그 법칙에 말려든다. 그렇다면 자유의지는 증발한다. 이것은 심각한 논리적 문제를 야기한다. 이성에 따라 존재의의를 갖는 자유의지는 바로 그 이성에 모순되기 때문이다. 이 문제는 철학과 신학에 있어 계속해서 심각한 문제로 남게 된다. 이 문제의 해명이 이번 주제의 중요한 논점을 구성할 것이다.

결정론에 대하여 많은 정의와 혼란이 있어왔다. 심지어 완전히 상반된 입장에서 서로의 형이상학을 결정론이라고 말하는 경우도 있었다. 이 문제 역시도 자세히 다뤄져야 할 주제 중 하나이다. 가장 일반적이고 상식적인 견지에서 결정론을 정의하면 그것은 "모든 사건은 그 전에 존재하는 사건에 의해 미리 결정되어 있다. 따라서 현대는 과거로부터 추론된 것이며 미래는 현재에서 추론될 것이다."라고 철학적으로 규정된다.

그러나 이 규정은 매우 제한된 정의이다. 이러한 인과율의 결여가 오히려 결정론이라고 말하는 신학자들도 있다. 그 신학자들이 윌리엄 오컴과 장 칼뱅 등의 유명론 신학자와 종교개혁가들이다. 그들은 인과율이 환각이라고 주장하며 모든 사건은 그 사건의 전 사건에 의해 규정되는 것이 아니라 신에 의해 이미 정해진다고 말한다. 이것 역시도 결정론이라고 불린다. 오컴은 신의 예지God's foreknowledge와 미래의 우연성future contingency을 예정론predestination과 묶어 말한다. 오컴에게 예정론은 철학적 결정론을 의미하는 것이었다. 이 주장은 나중에 장 칼뱅에 의해 되풀이된다.

자유의지론과 결정론의 문제는 그것이 윤리학과 범죄심리학, 법철학 등에서 매우 중요한 만큼 그에 대한 다양한 형태의 분류와 연구가 진행되어 왔다. 그중 가장 중요한 것으로는 자유의지와 결정론적 세계가 양립할 수 있느냐 그렇지 않으냐의 문제이다. 그러나 엄밀히 살펴보면 이 논의는 문제의 핵심에서 비켜나 있다. 중요한 것은 자유의지와 결정론을 더욱 정확히 정의하는 것이고 그 새로운 정의에 따라 자유의지론과 결정론을 뒷받침하는 근본적 이념을 탐구하는 것이다.

그리스 시대부터 과학혁명의 시대에 이르기까지 자유의지는 별다른 큰 반박을 당하지 않은 채로 유지되었다. 물론 헬레니즘 시대의 몇 명의 철학자들이 자유의지의 존재에 대해 냉소했다. 그들이 고대의 경험론자들이다. 견유학파 철학자들, 에피큐리언들, 스토아철학자들, 루크레티우스, 피론, 섹스투스 엠피리쿠스 등의 철학자들은 소피스트의 후계자들로서 이미 진정한 경험론자들이었다. 이중에서도 특히 섹스투스 엠피리쿠스는 근대 경험론에도 큰 영향을 미친 철학자이다. 철학적 경험론은 운명적 결정론에 대응한다. 따라서 이들은 모두 결정론자들이었다.

그럼에도 불구하고 철학의 큰 물결은 실재론을 따라간다. '서양철학은 플라톤 철학의 주석'이었다. 간헐적인 반박이 있었을지라도 전체적으로 자유의지론은 결정론에 비해 훨씬 지배적이었다. 플라톤과 아리스토텔레스 모두 인간 이성은 인간에게 추구해야 할 지식과 선에 대해 알려줄 수 있으며 인간은 그 추구에 있어 전적으로 자유롭다고 말한다. 인간 이성의 가능성과 자유의지는 이렇게 맺어진다.

성 오거스틴에서 토마스 아퀴나스에 이르는 기독교의 신학자들도 인간의 자유의지에 대해 말한다. 신은 자신을 닮은 피조물을 창조했다. 그 피조물은 신에 대해 안다. 그리고 신을 향하느냐 그렇지 않으냐와 관련하여 인간에게는 자유의지가 있다. 신학의 존재 자체가 인간의 이성은 선험적이고 천상적인 지식을 가진다는 것을 전제한다. 만약 인간 지식이 이성에서 오는 것이 아니라 경험에서 온다면 신학은 존재할 수가 없다. 그것들은 모두 '침묵 속에서 지나가야 할 것what should be passed over in silence'에 속하게 된다.

자유의지는 따라서 인간 이성의 선험적 역량과 그 유효성에 달려있게 된다. 이 전통적인 자유의지론이 커다란 도전에 부딪히게 된 것은 과학혁명 시대에 와서이다. 과학혁명은 명백히 인간 이성의 개가로 보였다. 모두가 휴머니즘의 개화에 찬사를 보냈다. 그러나 그것은 동시에 인간 존재의 특별성에 대한 심각한 회의를 불러오는 혁명이었다.

인간은 직관적으로 자기에게 자유의지가 있다고 느낀다. 만약 세계가 전적으로 인과율causality, causal nexus에 의해 지배된다면 — 17세기 과학혁명의 성취가 말하는 것이 그것인바 — 인간의 결정은 자의식적이고 자유로운 것이라는 직관과, 세계는 물리적 법칙에 지배된다는 과학혁명의 성취는 양립 불가능한 것이 된다. 이것은 직관과 이성의 충돌이 된다. 인간은 자기 자유의지를 직관적으로 느끼지만, 과학은 세계는 인과율에 의해 이미 결정론적으로 닫혀 있는 것이라고 말하기 때문이다. 인과법칙에 의해 모든 것이 결정된다는 이념이 '물리적 결정론physical determinism' 혹은 '법칙적 결정론monological determinism'이라고 불린다. 직관적으로 느껴지는 자유의지와 이성적으로 종합된 물리적 결정론의 충돌은 '자유의지의 문제the problem of free will' 혹은 '결정론의 딜레마dilemma of determinism'라고 불린다.

물리적 결정론은 법적으로나 도덕적으로 더 큰 딜레마에 부딪힌다. 모든 것이 인과율에 의해 결정되어 있다면 모두가 도덕적 비난에서 면제되기 때문이다. 내가 나쁜 짓을 한 것이 아니라 나쁜 사람으로 태어난 것이다. 그리고 그 나쁘게 태어난 사람 역시도 그 이전의 어떤 원인에서 연역된 것이다. 이 문제는 작은 문제가 아니었다. 우리가 사회적 죄악이나 부도덕에 대해 처벌과 비난으로 대응하는 것은 이미 자유의지를 상정하고 있기 때문이다. 결국, 이 문제는 애매한 타협 가운데 남게 된다.

물리적 세계는 자연법칙에 따라 정해진 바가 된다. 우주 전체를 포괄하는 운동의 법칙이 있으며 천체와 지구의 운명은 그 법칙에 따라 운명이 정해진다. 즉, 과거에 의해 오늘이 정해졌으며 오늘에 의해 내일이 정해질 것이다. 우리는 과거의 우주에 참견할 수 없다. 따라서 오늘은 이미 과거에 정해진 바가 되었고, 또한 내일은 오늘의 결과에 의해 정해질 것이다.

문제는 여기에서 인간이란 존재는 매우 독특한 것이라는 사실이다. 인간은 자연법칙의 발견자이자 조망자이다. 인간에게는 자유의지가 있다. 따라서 스스로의 운명에 대해 자발적으로 대응할 수 있다. 인간은 고유의 이성에 의해 인간에게 부여된 '목적(즉 formal cause)'을 알고 있다. 따라서 거기에 다가갈 의무가 있다. 그러나 이 의무를 수행하기 위한 조건은 인간의 자유의지이다. 우리는 자유롭게 이 의미를 수행할 수 있다. 혹은 태만에 의해 이 의무를 수행하지 않을 수도 있다. 이 모든 것은 인간의 자유이다. 인간의 자유의지는 이러한 타협에 의해 보존되었다. 그러나 이것은 엄밀하게 논리적 모순이었다. 자연 전체를 포괄하는 물리적 법칙이 어떻게 인간만을 그 예외로 두겠는가?

인간 이성과 자유의지의 양립에 내적 모순이 있다는 사실은 14세기의 중세철학자 윌리엄 오컴William of Ockham에 의해 이미 포착된다. 자유의지의 문제는 오컴에게 있어 매우 중요한 문제 중 하나였다. 그의 저술 《예정설, 신의 예지, 미래의 우연Predestination, God's Foreknowledge, Future Contingents》은 신앙과 이성과의 관계에 대해서 뿐만 아니라 결정론과 자유의지에 관한 그의 전체적인 견해가 들어있는 매우 중요한 교리문답서이다.

전통적인 기독교 철학은 신앙faith과 이성reason의 양립을 전제로 하고 있었다. "인간은 신을 닮았다."라고 할 때 중세 신학자들이 의미한 것은, 먼저 신은 무한한 지적 존재이고 인간은 신의 빛에 의한 지적 존재라는 것이었다. 신이 없다면 인간은 물론 지성적 존재가 될 수 없다. 그러나 인간은 신앙에 의해 세계를 이성적으로 바라볼 신의 빛을 얻게 된다. 인간은 신의 그림자였다. 따라서 신과 신앙은 인간이 지적으로 이해할 수 있는 존재이자 개념이었다. 이성은 신과 신앙을 위한 전제조건이었다.

오컴이 부정한 것이 이 인간 이성이었다. '오컴의 면도날Ockham's razor'은 그 유행과 범람에 의해 본래의 진지하고 심오한 의미를 잃고 말았다. 오컴은 개별자들individuals에게서 보편자universals를 도려내기를 원했고, 일상적인 경험에서 보편적 인과관계를 도려내기를 원했고, 신앙에서 이성을 도려내기를 원했다. 이것이 그가 원하는 면도날의 작동이었다.

오컴은 아비뇽으로 소환되고 이단 심문을 받게 된다. 이것은 두 가지 사실을 말한다. 그의 신앙은 더 이상 바리새인들의 것과 같을 수 없다는 사실, 그리고 앞으로의 새로운 신앙의 흐름 중 하나는 철저한 신앙주의fideism가 될 것이라는 사실이었다. 그는 신에 대한 믿음은 오로지 신앙만의 문제라고 말한다. 그의 이 이념은 나중에 종교개혁가들, 프로테스탄트들, 유신론적 실존주의자들을 통해서 더욱 강력해지게 된다. 그러나 이러한 신앙주의는 당시에는 경악할 만한 것이었다. 12세기까지도 플라톤의 시대였고 그 이후는 아리스토텔레스의 시대였다. 아무리 아리스토텔레스에게 경험론적 철학의 경향이 있었다고 해도 그 역시 한 명의 실재론자였다. 실재론자이면서 자유의지를 부정할 수는 없다. 토마스 아퀴나스의 《신학대전》이 아무리 아리스토텔레스의 형이상학의 신학적 변주라고 해도 그것이 이성을 부정할 수도, 자유의지를 부정할 수도 없었던 이유는 결국 두 명의 위대한 철학자는 인간 이성에 대한 신뢰를 지닌 이데아주의자였기 때문이다.

오컴의 신학은 신이나 신앙을 부정하기 위한 것은 아니었다. 이단 심문은 신앙심의 심문은 아니다. 이단자의 신앙심은 이단을 무릅쓸 만큼 강하기 때문이다. 오컴과 아비뇽 교황청과의 충돌은 신과 신앙의 성격을 규정하는 데에 있어서의 오컴과 기존 교단과의 충돌 때문이었다. 오컴이 먼저 경험론적 철학자가 되었고 그에 따라 이성에 기초한 신앙을 부정했다기보다는 오히려 신과 신앙의 구원을 위해 경험론적 철학자가 되었다고 말하는 편이 정확할 것이다.

신은 무한하다. 신의 무한성과 인간의 유한성은 오컴의 신학의 초점이 된다. 특히 그 논점은 언어의 문제로 수렴되었을 때 매우 첨예하게 드러난다. 경험론의 철학은 결국 언어철학으로 수렴된다. 유한한 인간의 언어가 무한한 신을 포착할 수는 없다. 이것은 매우 간단한 논증이었다. 오컴은 철학사상 처음으로 체계적으로 경험론과 거기에 기초한 신학을 창립한 천재였다. "모든 지식이 경험에서 온다."는 것이 그의 경험론의 출발점이었다. 그렇다면 우리의 지식은 단지 '직관적 인식intuitive cognition'에 의하게 된다. 당시의 모든 철학자가 지식의 근원으로 간주하던 보편자universal, 혹은 공통의 본질common nature은 직관적 인식의 대상이 아니다.

현학적인 철학자들은 오컴은 유명론자가 아니라 개념론자conceptualist라고 말한다. 그러나 이것이야말로 면도날의 세례를 받아야 한다. 오컴은 보편자란 단지 마음속의 개념concept일 뿐이라고 말한다. 그러나 이 개념은 오컴이 '유사성resemblance, similarity'이라고 말하는 것이다. 결정적으로 중요한 것은 보편자가 우리 마음 밖에 실재exist하느냐 그렇지 않으냐이다. 우리 마음속의 보편자는 우리가 그 유사성에 준하여 형성시킨 개념으로 자리 잡는다. 이 개념은 단지 우리 마음속에만 있는 것인가 아니면 우리 마음 밖extra- mentally에서도 존재하는가? 전자가 유명론이고 후자가 실재론이다. '개념론'이라는 용어는 무의미한 사족일 뿐이다. 그것은 유명론이 지닌 파괴력을 두려워하는 사람들, 전통적인 이성을 상처 입은 채로나마 보존하고 싶어 하는 강단 교수들. 오만과 자부심의 한 조각이나마 붙잡고자 하는 어설픈 철학자들이 현학적으로 만든 용어일 뿐이다.

경험론자로서의 오컴은 실재론이 지닌 논리적 모순을 먼저 지적한다. 경험론자들은 전통적인 형이상학을 증발시키고 거기에 논리를 가져다 놓는다. 기존의 형이상학은 보편자를 매개로 작동하는 수많은 이론과 교의doctrine로 가득 찬 것이었다. 그러나 경험론에서 이것들은 비실증적인non-positivistic 것이었다. 그것들은 이제 (비트겐슈타인의 용어로는) '말해지지 말고 보여져야 할 것what cannot be said must be shown'이 된다. 철학은 교리의 집적이 아니라 사유를 선명하게 하는 하나의 활동이라는 것이 철학에 대한 비트겐슈타인의 견해이다. 이 점에 있어 오컴도 마찬가지이다. 그의 최대의 작품은 《논리총서Summa Logicae》이다. 그리고 비트겐슈타인의 《논리철학논고Tractatus Logico-Philosophicus》가 이 중세의 걸작에 대한 현대의 대응이다. 둘 다 단지 논리에 대한 것이다.

실재론자들은 '보편자는 하나이며 동시에 많은 것'이라고 말한다. 이것은 삼위일체에 대해 '일체이며 삼위인 것'이라고 말하는 것과 같다. 인간을 예로 들면 '인간임humanness'은 하나이며 동시에 많은 것이다. 인간임은 먼저 하나여야 한다. 그것은 모든 인간에게 공통으로commonly 들어있는 것이기 때문이다. 그러나 그것은 또한 많은 것이어야 한다. 그것은 우리 모두 각자에게 눈에 보이지 않은 어떤 형상을 제공하기 때문이다. 다른 말로 하면 보편자는 하나이면서 동시에 여럿이어야 한다. 실재론적 견지에서는 이것이 가능하다. 공통의 본질은 같은 것이며 또한 많은 것일 수 있기 때문이다.

오컴은 그러나 이것은 명백한 모순contradiction이라고 말한다. 존재는 그것이 존재인 한 하나one로서 존재하기 때문이다. 그는 다음과 같이 말한다.

"(실재론이 불가능한 논리인 이유는) 신이 동류에 속하는 다른 개별자들을 소멸시키지 않고서는 하나의 개별적 실체를 소멸시킬 수 없기 때문이다. 왜냐하면, 신이 한 명의 개별자를 소멸시킬 양이라면 개인의 본질을 이루는 그 전체를 소멸시키게 되기 때문이다. 그는 결국 그 개체 안의 보편자와 동류의 본질을 가진 다른 개체들의 보편자도 동시에 소멸시키게 된다. 동류의 본질에 부가된 다른 것들도 남아있지 않게 된다. 왜냐하면, 그것들의 부분을 이루었던 보편자 없이는 그것들도 존속할 수 없기 때문이다."

신은 전능하다. 신에게 불가능한 것은 없다. 그는 물론 하나의 개별자를 소멸시킬 수 있다. 그러나 실재론자들의 교의에 입각하면 그 개별자에게는 개별자를 종species으로 만드는 보편자가 들어있다. 만약 하나의 개체를 소멸시킨다면 동시에 보편자도 소멸시키는 것이다. 그리고 보편자가 소멸한다면 다른 모든 개체도 소멸할 것이다. 왜냐하면, 모든 개체가 동일한 보편자를 지녔기 때문이다.

오컴은 거듭 '존재란 하나Being is one'라고 말한다. 이것은 물론 경험론 철학의 전제이다. 이를 전제로 오컴의 논증이 이어진다. 우리는 '여럿인 동일자'를 경험할 수 없다. 이것은 실증적 모순이다. 오컴은 이 전제 외에 다른 전제에 입각한 논증도 전개한다. 실재론자들이 그것을 보편자라 부르건 그렇지 않건 그것이 실재하기 위해서는 하나여야 한다. 실재론자들이 동일한 본질the same essence을 지녔다는 여러 개체에 보편자가 존재한다고 주장하지만 보편자는 만약 그것이 실재한다면 하나일 뿐이다. 따라서 그것을 하나의 개별자에게 부여하면 다른 개별자들에게는 부여할 수 없다. 따라서 공통의 본질은 있을 수 없다. 만약 여러 개의 개별자에게 그것을 나눠서 부여한다고 하면 그것은 온전한 보편자일 수가 없다. 그것들은 동류가 되지 못한다. 따라서 실재론자들의 모순은 명백하다.

보편자의 실재에 대한 부정은 세계와 신에 대한 우리의 지식에 전통적인 의미와는 전혀 다른 매우 혁명적인 의미를 부여하게 된다. 우리 마음속에 아무리 선명하게 보편자가 자리 잡고 있다고 해도 그것이 마음 밖에 실재한다고는 말할 수 없다. 이것은 신에 대해서도 마찬가지이다. 전통적인 신의 존재 증명은 개념으로서의 신의 실재에 입각한 것이었다. 그러나 경험론의 존재론에 따르면 우리 마음속에 신의 개념이 아무리 선명하다 해도 신이 우리 마음 밖에 실재한다고는 말할 수 없다. 전통적인 신의 존재 증명은 이성과 그 소산인 개념의 확고함과 선험성 그리고 실재성에 입각한 것이었다.

오컴의 철학에서의 지식은 이러한 종류의 것이 전혀 아니었다. 실재론과 유명론 혹은 합리론과 경험론 사이에서 지식knowledge의 성격에 대한 규정은 그 본질을 완전히 달리한다는 사실에 주의해야 한다. 실재론에서의 지식은 추상화된 개념과 추상화된 인과관계에 부응하는 것이지만 유명론에서의 지식은 실증적인 직관적 인식intuitive cognition에 부응하는 것이다. 플라톤과 아리스토텔레스에게는 감각 인식과 거기에서 비롯한 일차적인 직관적 인식은 천대받는 상민의 지식이었다. 고전기의 그리스에 있어서 진정한 지식은 수학적 지식이었다. 우리의 어떠한 종류의 실증적 경험에도 의존하지 않는 순수추상의 이데아에 대한 인식만이 지식이었다. 그러나 오컴에게 이것은 환각에 지나지 않았다. 오컴은 개념의 실재를 인정하지 않았다. 그에게 지식은 직접 경험이 전부였다.

오컴은 전통적인 지식을 환각으로 치부함에 의해 오히려 신과 신앙을 구원할 수 있다고 믿었다. 신과 신앙의 타락은 우리가 신에 대해 안다고 함에 의해 생겨난다. 인간의 언어로 신을 말함에 의해 신은 인간 세계로 추락하며 인간의 동류로서 몰락해간다. 중세인들에게 신은 귀족들 사이의 왕과 같았다. 왕은 귀족과 그 질을 달리하지 않는다. 그는 귀족 중의 최고의 귀족일 뿐이었다. 마찬가지로 교황청에서의 신은 존재 중 가장 최고위의 존재였다. 이것이 '유비의 원칙the doctrine of analogy'이다. 오컴의 철학은 왕과 귀족을 갈라놓는 새로운 국민국가의 시대에 부응한다. 그는 세속의 세계가 세속영주를 왕으로 승격시켜서 귀족들 사이에서 왕을 특별한 존재로 만들 듯이 교회의 세계에서 신에 대한 지식을 폐기함에 의해 신과 인간을 갈라놓는다. 이것이 '이중진리설the doctrine of twofold truth'이다.

오컴은 신의 전능성을 주장하는 가운데 지성을 지닌 인간으로서의 전통적인 자부심을 붕괴시킨다. 신의 전능성과 인간의 무능성은 같은 동전의 양면이다.

"신은 모순만 아니라면 어떤 세계라도 창조할 수 있다God can create any world without contradiction."라고 오컴은 말한다. 이 말은 세계에 대한 인간의 예지적 지식은 존재할 수 없다는 주장이다. 인간은 자신의 지식에 의해 인과관계를 설정한다. 그러고는 현재의 사건에서 미래의 사건을 추론한다. 이 인과관계는 '사건의 개념', 혹은 사건의 추상화이다.

"냄비에 물을 담고 거기에 열을 가했더니 끓었다."라는 사건에 대해 생각해 보자. 오컴은 이 사건은 개별적 사건이고 이 사건에 대한 지식은 그 사건에 그친다고 생각한다. 그러나 이러한 상황을 여러 번 경험한 사람들은 여기에서 인과율을 만들어낸다. "물에 열을 가하면 끓는다."라는. 이것이 인과율이다. 이 인과율은 추론을 보증한다. 즉, 현재의 사건에서 미래의 사건을 추론한다. 그러나 오컴은 이것은 불가능하다고 말한다. 유명론자(경험론자)로서의 오컴은 일반화된 선험적 지식synthetic a priori knowledge의 존재를 인정하지 않는다. 아무리 많이, 그리고 아무리 자주 '물과 열' 그리고 '끓는다'는 관계에 대한 경험이 있더라도 이것이 선험적인 지식의 기반이 되지는 못한다. 그 추론의 전제가 귀납에 의해 나온 것이기 때문이다.

따라서 인간이 자신의 이성에 기반해서 세계를 필연화하는 것은 불가능하다. 세계는 물론 필연일 수도 있다. 신의 견지에서 세계는 필연이다. 그가 그 세계를 원하기 때문이다. 그러나 인간에게 세계는 우연이다. 세계를 필연화할 이성은 사실은 환각이기 때문이다. 신은 전능하게도 아무 세계나 도입할 수 있다. 인간에게 그 세계는 언제나 느닷없이 닥쳐드는 세계이다.

인간은 애초에 신에 대한 지식을 가질 수 없다. 신에 대한 합리적 해석은 모두가 인간이 스스로의 이성에 부여한 가치에 의해 존립 가능한 오만일 뿐이다. 신과 인간 사이에는 건널 수 없는 심연이 있다. 신은 전능하지만 인간은 무능하다. 오컴은 "신이 먼저 알고 나중에 모르는 것은 불가능하기 때문이다Because it is impossible that God knows first and not knows afterwards."라고 말한다. 이것은 인간이 행위에 의해 구원받을 수 있다는 기독교의 전통적인 교의는 환각이라고 말하는 것과 같다. 만약 인간이 신앙과 더불어 행위에 의해서 구원받는다면 — 그것이 로마 가톨릭이 내내 주장한 교의인바 — 신은 인간이 어떻게 행동할지를 아직 모른다는 것이다. 영혼의 구원에 대한 전통적인 교리는 신앙, 선행, 고해와 관련되어 있다. 그러나 오컴은 신은 그의 전능성을 통해 어떤 인간이 미래에 어떤 행위를 할지 그리고 그가 궁극적으로 구원을 받을지 그렇지 않을지를 이미 안다고 말한다. 인간이 행위에 의해 구원받을 수 있다고 말하는 것은 구원의 가능성의 원인을 신이 아닌 스스로에게 돌리는 것이다. 인간은 구원받기 위해 어떤 행동을 해야 하는지 알고 있다. 그리고 그 행동은 전적으로 그의 자유의지에 달린 문제이다. 이것은 인과율의 구원에의 적용이다. 영혼과 관련한 원인과 결과가 인간 이성에 의해 이렇게 맺어진다. 이것이 오컴이 교황청에 대해 가진 신학적 불신의 가장 큰 원인이었다.

전통적인 신앙이 자유의지를 강조하는 이유가 여기에 있다. 우리는 신의 의지를 알 수 있고 신의 명령도 알고 있다. 이것들은 모두 기지의 사실이다. 이것은 신이 우리에게 심어준 이성에 의해 가능했다. 이제 신의 의지에 자기 자신을 맞추느냐 그렇지 않으냐는 전적으로 자신의 자유의지에 달려있다. 구원은 스스로에게 달린 문제이다. 이것이 신앙과 구원에 관한 성 오거스틴과 토마스 아퀴나스의 답변이었다.

오컴에게 이것은 모순이며 동시에 신성모독이었다. 성경과 신학에서는 먼저 신을 전능한 존재로 규정했다. 그러고는 이어서 신은 인간의 구원을 미정으로 남겨 놓았다. 그 인간이 미래에 어떻게 행동할지를 알 수 없어서. 이것은 신의 전능성과 모순된다. 신이 전능하다면 그는 시공간을 초월한다. 그는 모든 것을 알고 있다. 따라서 인간의 노력에 의해 그의 영혼의 운명을 바꾸는 것은 불가능하다. 이것이 오컴의 예정론의 논리적 토대였다.

그러나 여기에는 이 문제에 앞서 해결해야 할, 그리고 이 문제에 못지않게 중요한 선과 악의 문제가 있다. 과연 인간은 신이 규정한 선과 악에 대하여 알 수 있는가? 인간의 이성이 인정된다면 선과 악의 문제도 분명해진다. 이성은 모든 것을 통합하며 모든 것을 정의한다. 당연히 선과 악도 이성의 틀 안에서 규정할 수 있다. 반대로 전통적인 의미에서의 이성이 소멸한다면 선과 악의 규정은 우리를 벗어난다. 우리는 무엇이 선이고 무엇이 악인지 알 수 없게 된다. 오컴의 견지에서는 모든 것을 신이 규정하듯이 윤리 역시도 신이 규정한다. 선과 악의 개념은 우리를 초월한다. 어떤 것이 선이기 때문에 신이 행하는 것이 아니라 신이 행하기 때문에 선한 것이 된다.

실재론적 신학자들은 신이 인간에게 선하라고 명령하는 것은 선이 그 자체로 바람직한 것이기 때문이라고 말한다. 신 또한 이 선에 맞추어 행위 한다. 신의 행위가 선한 것이 되는 이유는 그것의 주체가 신이기 때문이 아니라 단지 신은 정해진 선을 행하는 존재이기 때문이다. 당시 신학의 주된 조류는 이 방향이었다. 신과 도덕의 관계는 도덕적 규준에 신이 들어맞는다는 전제를 가졌다. 신조차도 도덕률 다음이었다. 인간 이성은 극단에 이르면 이렇게까지 오만해진다.

오컴의 견해는 이와 달랐다. 신은 자신에게서 독립한 것으로서의 어떤 선의 규준도 준수하지 않는다. 신 스스로가 선의 규준이다. 선이 그 자체로 바람직하기 때문에 신이 그것을 우리에게 명령하는 것이 아니다. 오히려 반대이다. 신이 우리에게 무엇을 명령하든 그것 자체가 선이다. 기준은 신이기 때문이다. 선과 악과 관련한 인간의 판단과 자발성은 무의미하다. 무엇이 선인지 악인지 우리는 알 수 없다. 거기 있는 것은 "단순히 신이 원한다God simply wants it."는 사실뿐이다.

여기에서 인간의 자발성과 자유의지는 증발한다. 그러나 오컴의 이 견해는 윤리학에서뿐만 아니라 신학에서도 주도적인 것은 아니었다. 이러한 이념은 20세기에 이르러서야 본격적으로 주목받게 되고 실용주의와 실존주의라는 이름으로 받아들여진다. 이 이론은 먼저 오해에 처하기가 쉽다. 인간 이성의 폐기를 전제로 하는 모든 이념이 그렇듯이 이 이론 역시도 많은 사람에게 심각한 반감을 불러일으킨다. 만약, 신이 원하는 것은 조건 없이 그 자체로 옳은 것이라면 그리고 신은 무엇이라도 우리에게 명령할 수 있다면 신은 우리에게 악을 명령할 수 있는가? 만약 신이 명백한 악을 우리에게 명령한다면 그것은 신이 원한 것이기 때문에 선한 것이 되며 또한 우리는 그 명령을 준수해야 하는가? 기존의 선은 악으로 변하며 악은 새로운 선이 되어야 하는가?

이것은 물론 신이 악을 명령한다는 것을 의미하지는 않는다. 신은 항상 선을 명령해왔고 또 앞으로도 선을 명령할 것이다. 그렇지만 신은 그 반대를 명령할 수도 있다. 이 가능성의 근거는 신의 전능성omnipotence에 있다. 신은 무모순without contradiction인 한 어떤 세계라도 창조할 수 있다. 그러나 오거스틴, 보에티우스, 성 안셀무스, 둔스 스코투스, 토마스 아퀴나스에 이르는 실재론적 신학자들은 다르게 생각했다. 신은 악을 명령할 수 없다. 그것은 신의 본성nature과 배치되기 때문이다.

오컴은 그러나 이것이야말로 신의 본성에 대한 오해라고 말한다. 신의 본성에 대한 이해에 있어 가장 중요한 것은 신은 전능하며, 따라서 무한히 자유롭다는 것이다. 신은 스스로의 의지의 행사에 있어 어떤 내적, 외적 제한도 받지 않는다. 우리가 신에 대해 알 수 있는 것은 단지 그가 전능하다는 것 외에 아무것도 없다. 선과 악, 친절과 불친절, 도덕과 부도덕 모두 인간적 규정이다. 신의 견지에서의 규정은 어떠할지 누구도 알 수 없다.

신의 전능성과 인간의 무능성은 거듭 말하지만, 동전의 양면이다. 선과 악의 정의와 개념은 인간적인 것이다. 신은 어떤 것을 행할 수도 있고 그 반대를 행할 수도 있다. 심지어 오늘 그것을 행하고 내일 그 반대를 행할 수도 있다. 오컴은 신이 변덕을 부리는 세계를 상상하기는 어렵다는 사실을 인정한다. 그러나 이것이 신의 신성한 자유를 보존하는 대가이다. 오컴은 다음과 같이 말한다.

"나는 증오, 도둑질, 간음 등과 같은 것이 그 반대를 행하라고 한 신의 신성한 명령에 책임을 지닌 사람들에 의해 행해진다면, 실정법에 따라 악이라고 답변하겠다. 그러나 이 행위들에 있어서 모든 것에 관련한 절대적인 신은 어떤 악도 포함하지 않은 채로 그것들을 수행할 수 있다. 또한, 그것들은 현재 사실상 그 반대가 신성한 명령에 속하는 것과 마찬가지로 그것들이 만약 신성한 명령에 속한다면 지구상의 누구에 의해서는 덕성에 찬 것으로 행해질 수도 있다."

오캄은 신의 전능성을 말하는 가운데 인간이 스스로의 구원을 위해 할 수 있는 일은 아무것도 없다고 말한다. 또한, 앞서 말한 바와 같이 신이 먼저 알고 나중에 모른다는 것은 모순이라고 주장한다. 즉, 신의 전능성을 먼저 전제했다면 신은 모든 것에 대하여, 모든 순간에 있어 전능해야 한다. 따라서 모든 것은 신이 이미 정해놓았다. 인간이 할 수 있는 것도 또 알 수 있는 것도 없다. 인간은 기껏해야 '직관적 인식intuitive cognition', 즉 경험적 인식만을 할 수 있을 뿐이다.

"신이 먼저 알고 나중에 모른다는 것은 불가능하기 때문이다."라는 말은 인간적 견지에서는 "인간이 먼저 모르고 나중에 안다는 것은 불가능하기 때문이다."로 바꿔 말해질 수 있다. 인간은 신 앞에서 스스로의 무능성을 고백했다. 그랬던 인간이 스스로의 독자적인 노력으로 개념, 추론, 과학 등을 발명한다는 것은 모순이다. 인간은 행위와 구원을 잇는 인과율을 만들어냈다. 이것은 언어도단이다. 인간이 선이라고 믿는 행위, 구원을 위해 유효하다고 믿는 모든 행위는 결국 인간에게 속한 것이지 신에게 속한 것이 아니다. 신의 자유는 세계의 우연을 말하고 인간의 결정론을 말한다. 모든 것은 결정되어 있다. 우리의 지상에서의 운명뿐만 아니라 영혼의 구원 혹은 전락도 이미 결정되어 있다. 신은 모든 것을 안다. 여기에서 인간이 할 수 있는 것은 없다. 이러한 결정론determinism의 신학적 명칭이 예정론predestination이다.

현재의 주제인 '자유의지와 결정론'과 관련하여 중요하고 영향력 있는 그리고 그 형이상학적 깊이에 있어 상당히 의미심장한 종교적 결정론은 역사상 최초로 오컴의 《예정론, 신의 예지, 미래의 우연성Predestination, God's Foreknowledge, Future Contingents》에 소개되어 있다. 앞으로 오게 될 종교개혁과 프로테스탄티즘 운동, 칼뱅의 예정론 신학 등은 모두 오컴이 제시한 길을 밟을 예정이었다.

자유의지와 결정론은 일반적으로 양립 불가능하다. 이것이 비양립론incompatibilism으로 불린다. 그러나 오컴의 예정론은 결정론 철학이면서 인간의 자유의지를 강력하게 지지한다. 또한 나중에 소개될 실존주의와 분석철학 역시 결정론과 인간의 자유를 양립시킨다. 전통적으로 모순되던 자유의지와 결정론은 어떻게 양립 가능하게 된 것일까? 이것과 관련한 탐구는 양립 혹은 비양립에 대한 탐구에 의해서가 아니라 자유의지와 결정론 각각의 개념에 대한 변화의 탐구에서 찾아져야 한다.

자유의지와 결정론이 양립 가능한가 그렇지 않은가는 '자유의지와 결정론'이라는 주제하에 전개되는 모든 논의에서 가장 중심되는 논쟁거리였다. 예를 들면 '형이상학적 자유주의metaphysical libertarianism'는 대표적으로 비양립주의를 주장한다. 그것은 "인간은 그들이 원하는 어떤 것이라도 할 자유를 지니며 또한 그들은 스스로의 행위에 책임을 져야 한다."는 이념이다. 이 이념은 결정론과는 완전히 상반된다. 결정론은 인간의 운명은 선행하는 조건들, 예를 들면 신의 예지, 자연의 인과율에 의해 이미 결정되기 때문에 인간의 자유의지는 없다는 견해이기 때문이다.

오컴, 칼뱅, 키르케고르, 사르트르, 비트겐슈타인 등은 모두 결정론을 지지한다. 그들의 형이상학 자체가 결정론이다. 그럼에도 불구하고 그들은 한결같이 자유의지의 존재를 강력히 지지한다. 심지어는 자기들 철학의 근본적 요소는 '자유'라고까지 말한다. 많은 강단 철학 교수들은 위의 철학자들의 밖으로 드러나는 공언에만 주목하여 이들을 형이상학적 자유주의자라고 구분한다. 그러나 이것은 완전한 철학적 무지와 이해의 결여에서 오는 혼란이다. 위의 철학자들은 굳이 구분하자면 모두 양립론자compatibilist이다. 사실은 그들에게 있어 자유의지는 결정론을 기초로 한다. 비트겐슈타인은 그의 《논리철학논고》에서 다음과 같이 말한다.

"자유의지는 미래 행위의 앎에 대한 불가능성에 있다. 우리는 미래 행위를 오로지 인과율이 논리적 연역과 같은 내적 필연성일 때에만 알 수 있다."

비트겐슈타인은 여기서 인과율의 불가능성에 의해서만, 다시 말해 인간 이성의 소멸하에서만 자유의지가 작동될 수 있다고 말하고 있다. 비트겐슈타인은 인과율은 오로지 논리적 연역에서만 가능하다고 말한다. 예를 들어 '비가 오고 바람이 불면, 비가 온다.'라는 명제는 인과율이다. 그러나 이것은 논리적 인과율이고 연역일 뿐이다. 우리가 일반적으로 말하는 과학적 인과율은 아니다. 따라서 합리론자들이 주장해왔던 의미에서의 인간 지식은 불가능하다.

문제는 중세의 실재론적 신학자들과 근대의 합리론적 철학자들 모두 자유의지가 가능하다고 말했다는 사실이다. 오컴이나 비트겐슈타인은 이들의 논리적 모순을 예리하게 찌르고 있다. 만약 그들 말대로 이성이 가능하고 거기에서 이성을 닮은 지식이 가능하다면 세계는 인과율에 의해 지배되고 따라서 자유는 증발하게 된다. 원인과 결과의 법칙에 의해 미래의 사건은 모두 정해지게 되며, 따라서 인간의 행위도 이미 정해진 바가 된다. 여기에 대해 전통적이고 주도적인 철학자들은 애매한 입장을 취해왔다. 물리적 세계는 인과율에 의해 정해지지만 인간만은 이 인과율에서 제외되어 있다는 것이 그들의 주장이었다.

오컴이나 비트겐슈타인이나 사르트르가 결정론과 자유주의의 양립을 말할 때 가장 중요한 것은 새롭게 정의되는 결정론과 자유주의는 전적으로 새로운 개념으로 변모했다는 사실이다. 전통적인 자유의지는 선과 악, 지와 무지, 미와 추 사이에서 인간이 추구할 수 있는 의지의 자유에 대해 말해왔고 또한 전통적인 결정론은 인과율에 의한 결정론을 말해왔다.

히포의 성 오거스틴Augustine of Hippo이래 토마스 아퀴나스에 이르기까지의 모든 실재론적 신학자들은 신의 전능성과 인간의 자유의지 사이에서 논리적인 모순을 겪을 수밖에 없게 된다. 오거스틴은 어떤 때에는 예정론을 지지했다가 어떤 때에는 자유의지를 주장한다. 그는 다음과 같이 예정론을 지지한다.

"신은 우리 의지의 권능으로부터가 아니라 스스로의 예정predestination으로부터 약속한 것이다. 그는 인간이 하게 될 것이 아니라 스스로가 할 것을 약속했기 때문이다. 인간이 신의 경배에 속하는 좋은 일들을 할지라도 신은 명령한 것을 그들이 수행하도록 그들을 만들었음이라; 신이 약속한 것을 하도록 원인지은 것은 그들이 아니다. 그렇지 않다면 신의 약속의 충족은 신의 권능에 속한 것이 아니라 그들의 권능에 속한 것이 된다."

오거스틴은 전적으로 신의 전능성과 예정론에 대해 말하고 있다. 여기에서 오거스틴은 '신의 명령'이 인간의 '좋은 일들'에 앞선다고 말하고 있다. 그러나 그는《은총과 자유의지에 대하여》라는 짧은 에세이에서는 자유의지의 가능성에 대해 말한다. 성 오거스틴 자신이 자유의지와 결정론의 관계에 대해 이후에 스콜라 철학자들이 가지게 될 엄밀성을 결하고 있었다.

"신은 그의 성경His Holy Scriptures을 통해 인간에게는 자유의지가 있다는 사실을 우리에게 제시해 주었다. 신의 준칙은 인간이 의지의 자유로운 선택을 지니지 않는다면 그 자체로서 쓸모없다. 인간은 준칙을 수행함에 의해 약속된 보상을 얻게 됨이다."

중세의 전체적인 권위적 분위기와 교황청의 압제는 모두 교권 계급의 이익을 상당 부분 반영하고 있었다. 만약 예정론이 인간의 운명과 그 구원에 대한 전적인 견해라면 교황청과 교권 계급이 할 수 있는 일은 없었다. 오컴이 이단 심문에 처하게 된 것은 당시의 분위기로 보아 당연한 것이었다. 성 오거스틴과 토마스 아퀴나스조차도 자유의지를 말하고 있었다.

결국 본격적인 예정론은 '새로운 종교'의 도입과 함께하게 된다. 종교개혁은 엄밀한 의미에서는 개혁reformation이 아니었다. 그것은 새로운 종교의 도입이었다. 그 새로운 종교는 결정론을 도입하며 교황과 교권 계급 그리고 교의의 집적으로서의 신학의 존재 의미를 모두 소멸시킨다. 이 점에 있어 로마 가톨릭과 개신교의 차이는 로마 가톨릭과 조로아스터교의 차이보다도 더 컸다. 루터는 에라스뮈스의 《자유의지에 관하여On Free Will》에 대립하여 《의지의 구속에 관하여On the Bondage of the Will》를 발표한다. 거기에서 그는 에베소서 2장 8절에서 10절까지를 인용한다.

"너희는 그 은혜에 의해 신앙으로 말미암아 구원을 받았으니 그것은 너희로부터 비롯된 것이 아니다; 이것은 행위에서 비롯된 것이 아니라 신의 선물이니 누구도 자랑하지 못 하게 함이라. 우리는 그의 만드심이라 선한 일을 위해 그리스도 예수 가운데에서의 피조물이라. 그의 만드심은 우리가 그 가운데에 행하게 하기 위해 미리 신이 준비하신 바이다."

오거스틴이나 토마스 아퀴나스의 자유의지는 신의 전능성과 인간 운명에 관한 예정론과는 양립할 수 없다. 여기에서 예정론은 결정론이긴 하지만 법칙적 결정론은 과학적 결정론의 다른 이름이다. 그것은 과학적 인과율의 지배에 의해 우주의 운명은 과거, 현재, 미래에 걸쳐 모두 미리 정해진 바가 된다는 견해이다. 이것은 '라플라스의 악마'에 의해 그 가장 극단적인 형태가 드러나게 된다. 모든 자료가 주어진다면 모든 미래가 철두철미하게 예견될 수 있다는 주장이다.

신의 전능성에 기초한 결정론은 오히려 과학적 결정론과는 충돌한다. 과학적 결정론은 인간의 지성에 의한 결정론이다. 즉, 인간의 인과율이 규정한 결정론이다. 그러나 신은 전능하다. 존재하는 세계, 존재할 세계는 단지 신을 원인으로 하는 세계이다. 따라서 신이 원하기만 한다면 인간의 인과율 따위는 간단히 무시될 수 있다. 이것이 합리론적 견지에서의 필연적 세계가 경험론적 세계에서는 우연이 되는 이유이다.

즉, 전통적인 과학적 결정론은 신에 의한 결정론 — 이것이 예정론인바 — 에 의해 붕괴된다. 여기에서 결정론의 개념 변화가 발생한다. 전통적인 결정론의 견지에서는 자유의지와 결정론의 병존은 불가능하다. 그러나 새로운 결정론에서는 가능하다. 새로운 결정론은 신의 결정론이다. 과학적 결정론은 신의 결정론에 의해 파기된다. 오컴과 종교개혁, 실존주의자들과 분석철학자들이 한 것은 그것이었다. 이들은 이성을 붕괴시킴에 의해 결국 법칙적 결정론을 붕괴시키고 있다. 오컴은 예정론과 미래의 우연future contingents은 같은 말임을 누누이 강조한다. 이때 예정론은 신의 영역이고 미래의 우연은 인간의 영역이다. 신이 모든 것을 예정해 놓음에 의해 인간이 예측할 수 있는 것은 없다. 인과율 같은 것은 애초에 없었다. 비트겐슈타인은 "인과관계에 대한 믿음이 미신이다Der Glaube an der Kausalnexus ist der Aberglaube."라고 말한다.

신의 예지God's foreknowledge에 의한 예정설과 인간의 지성이 구축한 인과율에 의한 결정론은 단지 용어만 같을 뿐이지 내용은 반대된다. 신의 예정에 대해서는 누구도 알 수가 없다. 신의 전능성과 인간의 완전한 무능성은 함께한다. 오컴과 칼뱅은 신의 전능성에 초점을 맞추고 실존주의 철학자들과 분석철학자들은 인간의 무능성에 초점을 맞춘다. 오컴과 칼뱅은 신을 구원하기 위해 인간 이성을 붕괴시키면서 결정론을 내세우고, 비트겐슈타인은 인간 오만의 경계를 위해 이성을 붕괴시킨다. 오컴은 천상에 대해 말하고 비트겐슈타인은 지상에 대해 말하지만, 이것은 사실은 같은 동전의 양면일 뿐이다.

신에게 있어 필연은 인간에게 있어 우연이었다. 우연에 부딪힌 인간이 할 수 있는 모든 것은 단지 신의 전능성에 대한 복종일 뿐이었다. 칼뱅주의자들은 신은 세계가 창조되기 이미 이전에 그가 구원해서 천국으로 데려갈 사람들을 선별했다고 믿는다. 동시에 그들은 신이 선별하지 않은 사람들은 지옥으로 가게 된다고 믿는다. 여기에서 칼뱅은 중요한 이론을 전개시킨다. 누구도 자신의 구원 여부를 직접 알 수는 없다. 그러나 구원받은 사람은 자신의 행위를 통해 자신이 구원받았다는 사실을 안다. 누구도 구원받기 위한 행위를 할 수는 없다. 그것은 이미 정해진 바이기 때문이다. 그러나 현존이 깊은 신앙심 속에서 진행되고 그의 삶이 신실하고 성실하고 열성적이라면 그의 행위 자체가 구원의 증거이다. 영혼이 전락할 사람이었다면 그의 행위가 그와 같을 수 없기 때문이다.

결정론의 이러한 종교적 이념을 '돈을 위한 돈'의 교의로 연결한 사람은 탁월한 사회학자이자 역사학자인 막스 베버Max Weber였다. 그는《프로테스탄티즘의 윤리와 자본주의의 정신》이라는 의미심장한 저술을 통해 이성과 미덕에서 분리된 신앙이 어떻게 자본주의 이념을 위한 토대를 제공하는가를 날카롭게 보여주고 있다. 구원에서 인간적 동기가 사라진 새로운 세계에서 인간이 구원의 이유를 어떻게 구성한다 해도 그것은 쓸모없고 무의미한 것이었다. 그것은 인간의 것이지 신의 것이 아니기 때문이다. 어떠한 행위가 구원의 동기가 될 수 있는가의 문제는 소멸하였다. 그러나 다른 사실이 남았다. 그가 어떻게 그 행위를 수행하느냐는 구원의 중요한 간접적 증거이다. 즉, 구원은 행위에 의해 예시된다. 만약 그가 전락할 영혼을 가진 사람이라면 그의 일에서 그는 성공적일 수가 없다. 그가 그의 일에 있어서 성실하고 성공적이라는 사실, 즉 그의 행위가 그의 구원의 간접적인 증거이다.

여기에서 what에서 how로의 전환이 일어나고 '신앙을 위한 신앙', '돈을 위한 돈'의 교의가 생겨났다. 전통적인 기독교는 돈을 경멸했다. "부자가 천국에 가는 것은 낙타가 바늘구멍에 들어가기보다 어렵다."는 것이 예수의 말씀이었다. 그러나 칼뱅주의자들은 부자의 개념을 양에서 질로 전환시킨다. 전통적인 부자는 많은 돈을 가진 사람이었다. 그러나 새로운 부자는 돈에 대한 많은 성실성을 갖춘 사람이었다. 그가 무엇을 하느냐는 것은 중요하지 않다. 천직vocation, calling은 단지 성직에만 해당하는 것이 아니다. 모든 직업이 다 천직이다. 중요한 것은 어떤 일을 하느냐가 아니라 그 천직을 어떤 성실성으로 수행하느냐이다. 예정론하에서의 금전의 의미는 풍요와 사치의 가능성을 의미하는 재물과는 거리가 멀었다. 아무리 많은 돈이 쌓여 있어도 소용없었다. 새로운 돈이 더 쌓이지 않고 있다면 그는 자기 일에 있어서 불성실한 사람이었다. 따라서 중요한 것은 상태가 아니라 경향이었고 부가 아니라 부를 향한 열성이었다. 자본주의는 말 그대로 자본의 축적에 의한 규모의 경제의 작동을 의미한다. 자본주의의 발생을 위해서는 자본의 충분한 축적을 위한 철저한 금욕적 태도가 필요하다. 쓰기 위해 돈을 벌어서는 자본주의가 가능하지 않다. 돈을 위한 돈을 벌어야 자본주의가 가능하다.

이러한 신앙을 위한 신앙, 돈을 위한 돈의 교의가 결정론이 불러들인 해체의 양상이었다. 전통적인 자유의지는 미덕과 선행을 토대로 한 구원을 전제한다. 그리고 이것은 지성의 통합적 기능에 입각해 있었다. 그러나 새로운 자유의지는 정해진 미덕과 구원을 향한 자유로운 의지의 행사라는 의미에서의 자유의지가 아니었다. 그것은 사실은 철두철미하게 부자유스러운 자유의지였으며, 전통적인 자유의지가 해체된 자리에 새롭게 들어선 자유의지였다.

인간은 자유롭게 선택할 수 있다. 그러나 이 선택은 어떤 정해진 목적을 향한 것은 아니었다. 인간은 미덕과 구원의 정체 자체를 모르게 되었다. 따라서 인간의 선택은 현존하는 삶에 대한 열정과 성실을 향하느냐 그렇지 않으냐로 바뀌게 된다. 자유의지에 대한 이러한 새로운 정의는 세속적으로는 실존주의와 분석철학에 의해 장차 새롭게 조명받을 예정이었다.

사르트르가 "인간은 자유롭도록 저주받았다."라고 말했지만, 이 수사를 "인간은 자유롭도록 축복받았다."로 바꾼다 해도 의미의 차이는 없다. 사르트르는 이성의 증발에서 오는 판단과 행위의 지침의 소멸, 선과 악의 기준의 증발, 구원과 전락에 대한 인간 지식과 자유의지의 소멸 등에 '감상적인sentimental' 자기연민을 섞어 말하고 있다. 그러나 그의 '저주'는 단지 책임responsibility을 의미할 뿐이다. 신 앞의 단독자인 것처럼 우주 앞에 단독자가 된 인간은 이제 의미조차 스스로 창조할 자유를 쥐었기 때문이다. 사르트르에게 실존existence은 어떤 종류의 필연도 아니었다. 그것은 그저 거기에 있는 것이었다. 그것은 어떤 연역의 기반도 갖지 못한다. 그러므로 그것의 존재는 필연적일 수 없다. 모든 실존은 전통적인 합리론적 입장에서는 쓸데없는 것이었다. 그러나 새로운 세계에서 그것은 세계의 전체였다. 인간에겐 지향해야 할 어떤 목적도 사라졌다. 이것들은 이성의 죽음과 동시에 죽었다.

대신에 인간에겐 스스로를 초월할 자유가 생겼다. 이 초월은 자신을 갱신할 의지와 자율성을 말한다. 또한, 이것은 가치를 스스로 창조하고 그 속에서 스스로를 지울 수 있는 자유의지를 말한다. 무엇도 정해진 바가 없다. 인과율은 죽었다. 남는 것은 나의 자유이다. 실존은 자유의 다른 이름이다. 실존은 단순히 거기에 있는 것이다. 무엇도 실존을 연역해 내지 않았다. 인간 본성human nature이라거나 신의 의지 같은 건 없다. 아니 있을 수도 있다.

그러나 그것은 인간이 알 수 있는 바는 아니다.

이 자유의지는 또한 전면적인 선택의 자유를 의미한다. 이성이 지배하는 세계에서는 선택의 자유가 제한된다. 지성은 구속력binding force을 의미한다. 그것은 참과 거짓, 선과 악, 미와 추를 설정한다. 지성의 붕괴는 이 모든 기준을 소멸시켰다. 트리스탄 차라는 그의 1918년의 다다 선언에서 다음과 같이 말한다.

"...... 철학은 질문이다: 우리는 어느 측면에서 삶, 신, 이데아 혹은 다른 현상들을 볼 것인가. 우리가 보는 모든 것은 거짓이다. 나는 저녁 식사 후에 케이크와 체리 중 어느 것을 선택하느냐보다 상대적인 결과가 훨씬 더 중요하다고 생각하지 않는다. 너의 의견을 간접적으로 내세우기 위해 사물의 다른 측면을 재빨리 보는 시스템을 변증법이라고 한다. 다른 말로 하자면 튀긴 감자의 주변을 돌며 춤을 추면서 그것의 영혼에 대해 실랑이를 하는 방식.

내가 만약 소리 지른다면:

이상ideal, 이상, 이상,

지식knowledge, 지식, 지식,

붐붐boomboom, 붐붐, 붐붐,

그렇다면 나는 진보, 법률, 도덕과 기타 다른 멋진 특질들 — 다양한 고도의 지성적인 사람들이 그렇게도 많은 책에서 논의한 — 의 매우 충실한 버전을 제시한 것이다. 단지 결국 모두가 각각의 개인적 붐붐에 맞추어 춤춘다는 결론을 내기 위해 ......"

트리스탄 차라는 이상, 지식, 진보, 법률, 도덕, 변증법 등을 모두 부정하며 그것은 결국 극히 개인적인 헛소리(붐붐)라고 말한다. 아마도 트리스탄 차라만큼 이성의 죽음을 적나라하고 날카롭게 말하기도 어려울 정도이다. 따라서 사르트르가 말하는 '저주받은 자유'는 아마도 '지적 구속으로부터의 자유'라고 말해도 좋을 것이다. 이것을 T.S. 엘리엇은 따뜻한 겨울과 잔인한 4월로 대비시킨다. 겨울은 어리석음을 의미하고 4월은 각성을 의미한다. 그 어리석음은 어쨌든 부조리의 대두를 막는 것이었다. 그러나 지성의 기만은 결국 폭로되고 말았다. 4월은 왔지만. 그것은 잔인한 4월이었다.

"4월은 가장 잔인한 달
죽은 땅에서 라일락을 키워내고
추억과 욕망을 뒤섞고
봄비로 잠에 잠긴 뿌리를 휘젓는다
겨울이 우리를 따뜻하게 지켜줬다
망각의 눈이 대지를 따뜻하게 덮고
마른 구근으로 여린 생명을 키워줬으니..."

키르케고르의 철학은 한편으로 헤겔의 관념론과 교의적인 덴마크 교회에 대한 공격과 다른 한편으로 '신 앞의 단독자the Self before God'란 개념으로 명백해지는 실존주의 이념에 입각한 새로운 신학으로 구성된다. 그는 헤겔의 보편주의를 공격한다. 헤겔은 보편적이고 선험적인 지식이 가능하다는 주장 가운데 이성과 거기에 입각한 집단주의를 일깨운다. 지적 이상주의는 언제라도 한 무더기의 바보를 거느릴 수 있다. 이들은 이성이 보증해주는 오만 가운데 어떤 진실과 겸허로부터도 눈을 돌린다.

경험론과 실증주의, 경험비판론이 팽배해가는 가운데 헤겔만은 시대착오적으로 이성의 새로운 영광을 꿈꾸고 또 상당한 추종자를 거느리게 된다. 오컴과 칼뱅, 실증주의자들, 실존주의자들, 분석철학자들 모두가 헤겔을 공격한다. 철학은 쇼펜하우어에서 니체와 프로이트로 이어지는 심리적 폭로주의의 생철학이 되거나 실존주의와 분석철학이라는 경험론 철학의 현대적 개정판이 될 예정인 가운데 어리석고 둔한 사람들은 헤겔 철학이 주는 키치적 영광에 도취되어 있었다.

키르케고르는 자신의 개별자에 대비되는 헤겔의 보편자를 공격하며 그의 철학의 무미건조한 시스템적 관념론을 비판한다. 그는 헤겔을 사변가speculator로 지칭한다.

"그 사변가는 환각에 처한 존재임을 두려워하지 않기 때문이다. 만약 그가 환각에 의한 완결된 시스템만 가질 수 있다면."

아마도 이렇게 날카롭고 예민하고 통찰력 넘치는 야유는 철학사에서 비트겐슈타인에 의해서나 다시 보일 것이다. 헤겔에 대한 이렇게 날카로운 비판에는 이성이라는 환각을 다시 깨워서 그것으로 시스템을 재건하고자 하는 것에 대한 냉소와 야유가 스며있다. 헤겔은 자기실현self-actualization 혹은 윤리 신학적인 단독자임을 선택하는 대신에 순수하고 필연적이고 절대적인 관념론이라는 환각을 추구한다. 이성과 그것을 기반으로 한 관념론이야말로 사라진 '의미meaning'의 부활이며 새롭게 대두되는 철학적 키치였다. 여기에 대해 키르케고르는 절망과 자유와 행위와 새로운 절망에 대해 말한다. 중요한 것은 자유이다. 이것은 이를테면 스스로를 창조하는 자유이고 스스로를 갱신하는 자유이다. 다시 말하면 신 앞에 스스로를 내던지는 자유이다. 그러기 위해서는 인간은 먼저 자기 자신이 되어야 한다. 인간은 서로 공유할 수 있는 이성의 소산을 가질 수가 없다. 인간은 개별자 스스로일 뿐이다.

키르케고르는 거듭해서 '주체임subjectivity'에 대해 말한다. 그러나 이 주체subject는 전통적인 합리론적 주체는 아니다. 전통적인 주체는 소우주로서 세계에서 독립한 존재였다. 그 주체는 새로운 신으로서 세계 전체였으며 또한 공통의 이성을 가진 고귀한 존재로서 많은 구성원과 함께하는 주체였다. 키르케고르의 주체는 집단이 아니란 점에서의 주체이다. 즉, 그것은 개별자임individuality에 의해 주체가 된 것이다. 이 주체는 외롭고 부유하고 흔들리는 존재이다. 어떠한 원칙도 이념도 교리도 없이 헐벗은 스스로를 신 앞에 계속 내던짐에 의해서만 존재의의를 얻는 주체이다. 그렇지 않으면 그것은 언제라도 무nothingness가 되는 존재이다. 키르케고르는 신학적 개별자라는 견지에서 그의 저널에서 다음과 같이 말한다.

"그러나 신 앞에서는, 그 무한의 성령 앞에서는, 여태 살았던 그리고 지금 살고있는 수백만도 집단을 형성하지 않는다. 그는 단지 개별자들을 본다."

키르케고르의 개별자, 주체, 절망despair, 단독자, 자유의지는 모두가 같은 말이다. 키르케고르는 구원을 보장받기 위해서 인간이 할 수 있는 일은 없다고 그리고 그 모든 것을 하는 것은 오로지 신이라고 말한다. 인간은 개별자이다. 그리고 개별자이므로 집단이 아닌 주체이다. 그러나 이 주체임이 절망과 불안의 근원이다. 자신의 고독, 무지, 불안을 잠재워 줄 지적 목적과 위안이 사라졌기 때문이다. 인간은 '아무것도 아닌' 존재이다. 이성이 인간의 전부라는 전통적인 전제에서라면 이제 인간은 무상하고 무의미한 존재가 되었다. 이성의 죽음은 인간의 죽음이 되었다. 그러나 인간의 가치와 고결함은 이 죽음을 기반으로 하여 되살아날 수 있다. 스스로를 계속해서 갱신하는 신앙으로 밀어 넣으며 인간은 아무것도 아닌 존재에서 은총을 입은 존재가 된다.

"신과 인간 사이에는 무한하고 질적인 차이가 존재한다. 이것이 의미하는 바는 혹은 이것이 표현하는 바는 인간은 절대적으로 무엇도 이루지 못한다는 것, 모든 것을 주는 것은 신이라는 것, 개인의 신앙을 불러오는 것은 그(신)라는 것 등이다. 이것이 은총이며 기독교 신앙의 주된 전제이다."

키르케고르의 신앙과 자유는 결국 오컴이나 칼뱅의 그것에 수렴한다. 거듭 말하지만, 신의 전능성과 인간의 무능성은 함께 한다. 인간의 힘으로 정할 수 있는 일은 아무것도 없다. 세계를 창조할 자유는 신에게 있다. 인간에게 닥치는 것은 인간의 힘으로는 어찌해 볼 수 없는 것이다. 모든 것은 신에 의해 이미 정해진 바이기 때문이다.

키르케고르 역시 예정론을 불러들이며 동시에 인간의 스스로를 갱신시키는 자유의지를 불러들인다. 인간은 알기 때문에 자유로운 것이 아니라 모르기 때문에 자유롭다. 인간에게 허용된 필연적이고 보편적인 지식은 없다. 여기에서 인간은 자유롭다. 무엇보다 스스로를 창조할 자유가 있다. 창조된 바는 신의 의지의 결과이다. 그러나 누가 알겠는가? 신의 의지가 어떠한 나를 만들었는지를. 매 순간이 내게는 새로운 순간이고, 결의의 순간이고, 무nothingness에서 빠져나오는 순간이다. 새로운 무로 돌아가기 위하여. 이성의 소멸은 목적을 소멸시키고 선악의 경계를 소멸시킨다. 이제 나는 절대적인 자유를 가지고 목적과 선과 악을 설정한다. 그리고 파산한다. 무로 돌아가기 위하여.

키르케고르는 인간은 "의지를 의지해야 한다One must Will to Will."고 말한다. 인간은 목적을 향할 수 없다. 목적이 사라졌기 때문이다. 인간은 단지 향하기 위해 향하고, 살기 위해 살고, 믿기 위해 믿는다.

사르트르는 '즉자존재being-in-itself'와 '대자존재being-for-itself'라는 새로운 언어들을 불러들인다. 즉자존재는 자기충족적 완결성에 처한 것이고 대자존재는 결핍, 결여, 가능성, 자유에 처한 것이다. 즉자존재는 집, 가구, 소나무, 고양이 등의 외적 존재와 의식consciousness이라는 내적 존재로 구성된다. 의식이 '완결된 자기충족적 존재'를 의미한다는 사실을 아는 것이 중요하다. 의식 역시도 기성품이다. 의식은 기지의 지식으로 메꿔지는 것으로 자기만족적이고 안일하고 머무르려 하고 집단에 속한 것이다.

대자존재는 즉자존재의 멸실을 전제조건으로 한다. 자기 충족과 기지의 지식과 안정은 거짓이다. 그것은 파괴되어야 한다. 대자인식을 통해 표현되는 자기 인식이라는 '자유'는 스스로의 부정에 의해 나타나게 되며 이 자기부정은 결국 스스로의 '무'를 드러내는 것이다. 이 무의 개념이 키르케고르의 '단독자'의 개념이다. 즉자존재는 세계에 속한 무엇이고 그 안에서 스스로 완결된 존재이다.

인간은 다르다. 인간은 우주와 나에 대해 자기 인식을 한다. 그리고 이 자기 인식은 자기만족 속에 머무르려는 — 즉자존재에 만족하려 하는 — 의식을 지워버린다. 이때 인간은 무로 돌아간다. 이것이 절망despair이다. 그러나 이것은 희망적인 절망이다. 절망에 빠진 인간은 자기 존재의 '아무것도 아님'을 계속 직면하게 된다. 이것이 진정한 자유의 토대이다. 즉, 토대 없음이 자유의 토대이다. 자기는 아무것도 아니다. 자기에게 덧씌워진 기지의 것은 없다. 인간은 무이므로 스스로의 실재의 구현에 있어서 완전히 자유롭다. 인간의 자유의지는 무에서 유를 창조해 가는 가운데 무한한 자유에 처한다. 그 새롭게 창조된 것은 곧 하나의 인식consciousness이 된다. 즉, 새로운 즉자존재로 변하게 된다. 이것은 또다시 지워지게 된다. 다시 무한한 자유의 가능성을 지닌 '아무것도 아님'이 찾아온다. 이러한 기반의 결여가 바로 진정한 자유의 가능성이다.

키르케고르와 사르트르, 카뮈 등의 실존주의자들은 모두 이성의 죽음 이후에 인간은 어떻게 무가 되는가를 보인다. 설명되던 세계와 이해 가능했던 삶의 의미는 모두 거짓말이었던 것으로, 아니면 최소한 확증될 수 없는 것으로 드러났다. 인간은 황량한 세계에서 우주의 먼지가 되고 만다. 설명되지 않는 세계는 결정된determined 세계이다. 내가 개입할 수 없고 내가 이해할 수 없는 세계는 결정론적 세계이다. 신의 자유의지는 인간의 결정론이다. 그러나 이 결정론적 세계에서 인간에게 새로운 자유의지가 주어진다. 바로 무를 기반으로 한 지움과 갱신이다. 끝없는 지움과 갱신 가운데 인간은 무한대의 자유를 누린다. 이것이 인간의 선택이다. 인간에게 허용되지 않는 것은 없다. 인간은 무엇이든 선택할 수 있다. 윤리와 의미에 대한 인간적 기준의 소멸은 모든 윤리학의 기반을 개인 각자에게 돌렸다. 행복을 선택할 자유는 사라졌다. 행복의 기준이 소멸하였으므로. 그러나 행복의 의미를 창조할 자유는 새롭게 주어졌다. 행복이 사라진 자리에 새로운 행복이 자리 잡는다. 그러나 그것은 임시적이고 가변적이고 또다시 소멸할 것이다. 행복의 진공상태는 무를 의미한다. 이제 완전한 무 가운데서 각각은 새롭게 행복의 의미를 창조해 나갈 것이다. 이것이 결정론하에서의 자유의지이다.

비트겐슈타인의 철학 역시도 누누이 자아의 소멸과 지성의 소멸에 대해 말한다. 세계에는 물리적 객체들objects라는의 조합에 의한 원자적 사실들atomic facts만이 있다. 그 사실들의 언어적 대응물이 요소명제들elementary propositions이다. 우리에게 주어지는 세계는 이 요소명제들의 조합에 의해 생겨나는 진리함수의 세계이다. 이것 이외에 다른 세계는 없다. 거기에 주체subject나 형이상학적 자아metaphysical self 같은 것은 없다.

비트겐슈타인의 세계에서의 자아는 단지 물리적 감각 인식의 집합체인 고깃덩어리일 뿐이다. 먼저 "나의 언어는 나의 세계의 한계를 의미한다The limits of my language mean the limits of my world." 따라서 내가 보는 것은 세계가 아니라 언어이다. 세계의 본질이라거나 '존재하는 것을 존재하게 하는 제1원칙(아리스토텔레스)' 등은 존재하지 않는다. 그러한 지식이 인간이었다는 것이 계몽적 관점이었다. 만약 그렇다면, 즉 이성에 의한 거대담론이나 계몽서사가 곧 인간이었다면, 인간은 무nothingness이다. 인간에게 이러한 것은 본래 존재하지 않았다. 다시 말하지만, 인간이 인간인 것은 그가 무엇을 쥐었기 때문이 아니다. 인간이 아는 것은 단지 언어이다. 오늘의 사건 이외에 인간에게 주어진 것은 없다.

세계를 포괄하고 일반화하고 판단하고 조망하는 '주체subject'란 것은 없다. 어느 것도 세계에서 돌출하지 않는다. 모든 것이 세계라는 평면 속에 펴져있을 뿐이다. 세계는 따라서 객체의 총체이다. 인간은 판단의 주체로서의 자아를 가정함으로써 큰 실수를 저질렀다. 바로 그러한 가정이 휴머니즘이다. 인간이 하나의 소우주로서 세계를 대면하여 그것을 지적으로 포괄할 수 있다는 자신감이 휴머니즘이라는 오만이다. 인간은 세계에서 독립하지 않는다. 인간도 세계의 하잘것없는 일부분일 뿐이다. "내가 나의 세계이다I am my world." 나의 세계라고 믿었던 것은 사실은 나를 물들이는 감각 인식일 뿐이었다. 나를 순간적으로 물들이며 계속해서 변화해가는 감각 인식, 그것이 나이며 따라서 나의 세계였다. 인간은 한 마리의 새, 한 마리의 곤충과 다르지 않다. 각각이 저마다의 논리형식logical form에 갇힌다. 나의 논리형식은 인간 고유의 언어일 뿐이다.

비트겐슈타인은 "A says P is the case."라는 언명은 단연코 잘못된 것이라고 말한다. 이 언명은 "P is the case."라는 포괄적 판단을 하는 (세계에서 독립한) A라는 주체를 가정했기 때문이다. 어떤 A가 "P is the case."라는 판단을 했다면 그것은 사실은 "P says P is the case."에 지나지 않는다. 왜냐하면 "P is the case."라는 인식에 물든 A라는 물리적 존재 이외에 판단의 주체는 따로 존재하지 않기 때문이다. 판단의 주체라는 인간, 세계에서 독립하여 세계 전체를 일거에 조망할 수 있는 인간, 의식으로 가득 찬 인간 — 사르트르의 용어로는 즉자존재 — 은 사실은 환상이었다. 인간이 본 것은 세계가 아니라 자기 언어일 뿐이었다.

비트겐슈타인은 세계 속에서의 인간의 존재와 그 의의에 관해서 고대 루크레티우스나 디오게네스, 섹스투스 엠피리쿠스가 지녔던 냉소적인 비관적 전망을 지닌다. 비트겐슈타인 역시 20세기 초의 기호학자들이나 실존주의자들과 마찬가지로 인간의 미덕은 스스로를 세계 속에서 지우는 겸허 가운데 있다고 생각한다. 계몽적 인간은 '침묵 속에서 지나가야 할 것'들을 언어의 세계 속에 도입하여 언어를 더럽혔다. 그것이 사유를 위장하는 언어였다.

키르케고르, 사르트르, 카뮈, 가브리엘 마르셀 등의 실존주의 철학자들은 이러한 상황에서의 인간은 절망, 불안angst, 부조리absurdity 등에 처한다고 말한다. 이성에 의해 세계에서 특별한 존재였던 인간이 이성의 소멸로 인해 한 그루의 소나무, 한 마리의 고양이가 되어야 했다. 그러나 인간은 이 운명을 거부한다. 이것은 인간 자체의 죽음이며 소멸이기 때문이다. 이성의 죽음은 세계에 낯섦을 불러들인다. 친근했던 것들이 갑자기 그 친밀함을 잃고 인간에게 오류의 책임을 묻는다. 인간은 고유의 위치를 잃고 세계의 일부가 되어야 하는가? 실존주의자들은 아니라고 말한다. 그들은 인간이 스스로가 아무것도 아님을 직시하고 거기에서부터 세계의 의미를 스스로 창조하는 자유의지와 책임을 지니라고 말한다. 그것이 인간의 전락임과 동시에 구원이기 때문이다.

비트겐슈타인의 철학 역시도 곳곳에서 소멸한 이성과 결정론적 우주에 대해 말한다. 그는 먼저 인간 지식의 몰락에 대해 간단히 말한다.

"현재의 사건에서 그와는 전적으로 다른 상황에 있는 미래의 사건을 추론할 수는 없다. 인과율(과학)에 대한 믿음이 곧 미신이다."

인간 이성의 파산에 대해 이보다 더 간단하고 가혹하게 말할 수는 없을 것이다. 오컴은 우연적 세계에 대해 신의 전능성에 입각해 간단히 말한다. "단지 신이 원할 뿐God simply wants it"이라고. 오컴은 신의 전능성에 대해 말하고 비트겐슈타인은 인간의 무능성에 대해 말한다. 둘 다 동일한 사실을 말하고 있으며, 따라서 그 결과 역시도 같은 것을 말하고 있다. 세계는 (인간의 견지에서는) 완전히 결정되어 있다. 인간이 스스로의 운명을 바꾸기 위해 할 수 있는 것은 없기 때문이다. 오컴은 신이 모든 것을 정한다고 말한다. 비트겐슈타인은 인간의 완전한 무지가 세계에 대한 인간의 이해를 불가능하게 한다고 말한다. 이해 불가능한 세계는 결정된 세계이다.

따라서 비트겐슈타인이 말하는 자유의지는 전통적인 합리론적 철학들이 말하는 자유의지와는 완전히 다르다. 이것은 성 오거스틴의 자유의지와 윌리엄 오컴의 자유의지가 다른 것과 같다. 합리론자들은 '인간 이성과 공존하는 자유의지의 가능성compatibility'에 준해 미래를 예언할 수 있게 되었다. 그러나 이 경우 인간 의지 역시도 인과율에 구속된다. 합리론자들의 자유의지의 개념은 따라서 상당히 모순적이었고 또한 절충적이었다.

그러나 비트겐슈타인은 인간 이성의 존립과 자유의지는 양립할 수 없다고 말한다. 그는 《논리철학논고》에서 먼저 인간은 미래를 알 수 없다는 사실을 당연한 전제로 삼는다. "세계는 있는 그대로 있고, 사건은 발생하는 그대로 발생한다." 이 우연의 세계에서 어떻게 미래의 일을 예측할 수 있겠는가? 그는 인간의 무지와 자유의지를 양립시킨다. "자유의지의 존립 가능성은 미래 사건에 대한 무지에 있다."고 그는 말한다. 비트겐슈타인이 우연으로서의 세계에 대해 말할 때 그것은 엄밀한 의미에서는 결정론적 세계에 대해 말하고 있다는 사실을 이해하는 것이 중요하다.

비트겐슈타인이 세속적secular 세계에서 인간이 자기 운명에 대해 어떻게 해 볼 수 없다고 말할 때 오컴은 신의 세계에서 인간 운명이 예정되어 있다는 사실을 말한다. 세계가 완전한 우연이라고 할 때 인간이 스스로의 운명에 대해 할 수 있는 일은 없다. 인간은 인과관계를 만들어 현재의 사건에서 미래의 사건을 연역하려 하지만 그러한 것은 없다고 비트겐슈타인은 말한다. 스스로의 행불행과 관련한 인간의 선택의 자유가 전통적인 합리론하에서의 인간의 자유의지였다. 그러나 인간의 선택보다 먼저 행불행의 의미가 소멸하였다. 따라서 이것을 향한 선택이라는 것은 더 이상 존재할 수 없게 되었다.

비트겐슈타인에게 인간의 자유의지는 스스로를 세계 속에서 지우는 자율성 가운데 존재한다. 즉, 스스로의 자의식을 계속해서 파괴해 나가는 가운데 그는 세계의 일부가 된다. 이 세계 속으로의 자신의 소멸이 인간의 자유이다. 인간의 의식은 소멸에 저항한다. 이것이 인간의 부자유를 부른다. 비트겐슈타인은 '영원함eternity'에 대해 다음과 같이 말한다.

"죽음은 삶의 사건이 아니다. 인간은 죽음을 경험하며 살 수는 없다. 만약 우리가 영원을 시간의 영속적 지속이 아니라 시간의 소멸이라고 간주한다면 영원은 당연히 오늘을 사는 사람에게 주어진다."

비트겐슈타인은 현존existence을 살 것을 말한다. 이것은 당연히 실존주의자들의 결론과 같은 것이다. 세계 속에 자신을 소멸시키고 시간 속에 자신을 소멸시키는 것, 이것이 인간의 자유의지이다.

전통적인 경험론 철학과 현대철학에 입각할 경우 자유의지와 결정론은 '양립 가능compatible'하다. 그러나 이것은 자유의지와 결정론의 개념 자체가 모두 변화함을 의미한다. 새롭게 정의된 자유의지와 결정론의 개념하에서는 오히려 두 이념의 양립이 무모순이다.

실재론적 혹은 합리론적 철학하에서는 이성이 우리의 자유의지를 보장한다. 그것은 이성이 구축한 도덕률을 선택할 자유이며 따라서 우리 운명을 바꿀 자유이며 세계를 바꿀 자유이다. 우리는 인과율을 구성하고는 현재의 행위로 미래를 조정한다. 이때 현재의 행위의 자유가 자유의지이다. 이 자유의지는 이성이 통합해놓은 세계에서의 자유의지이다. 이성은 선과 악을 알고 있으며 행불행을 알고 있다. 우리의 윤리적 올바름 역시 거기에 있다. 따라서 우리는 우리 행복을 위해 스스로가 많은 일을 할 수 있다.

유명론 혹은 경험론이 구축한 이념하에서는 합리론적 자유의지는 환각에 지나지 않는다. 이것이 키르케고르가 말하는 헤겔적 환상delusion이다. 인간이 스스로의 운명을 위해 할 수 있는 일은 없기 때문이다. 세계는 신에게 열려 있고 우연에게 열려 있지만, 인간에게는 닫혀 있다. 인간에게 세계는 어찌해볼 수 없다. 인간이 인과율을 구성할 수도 없다. 거듭 말하지만 '인과율에 대한 믿음이 곧 미신'이기 때문이다. 이것이 이성의 해체와 세계의 결정론이다. 이성의 붕괴는 우연으로서의 세계를 불러들인다. 그리고 자유의지는 그 전통적인 의미에서는 붕괴한다. 세계에 대한 인간의 영향력은 해체되기 때문이다.

새로운 자유의지는 이 해체를 기반으로 한다. 통합을 기반으로 한 자유의지는 새로운 자유의지와는 전적으로 다르다. 전통적으로 우세한 이념은 통합을 기반으로 한, 이성적인 동물로서의 인간의 자율성을 기반으로 한 자유의지였다. 이 관점에서는 현대의 자유의지는 자유의지가 아니다. 전통적인 자유의지는 자기의 운명의 결정에 있어서의 자율성을 기반으로 하기 때문이다. 새로운 자유의지는 이 전통적 자유의지를 환각이라고 말한다. 인간은 자율적이지 않다. 모든 것은 신에 의해 정해지거나 우주의 우연에 의해 정해진 바이기 때문이다. 이성의 해체는 신과 우연에 모든 것을 위임하게 된다. 이때 도입되는 새로운 결의가 새로운 자유의지이다. 그것은 외연적 자기를 바꾸는 것이 아니라 내면적 자기를 바꾸는 것이다. 닥쳐드는 운명을 어떻게 할 수는 없다. 그러나 운명에 대한 내 결의는 어떻게 해 볼 수 있다. 이것이 새로운 자유의지이다.

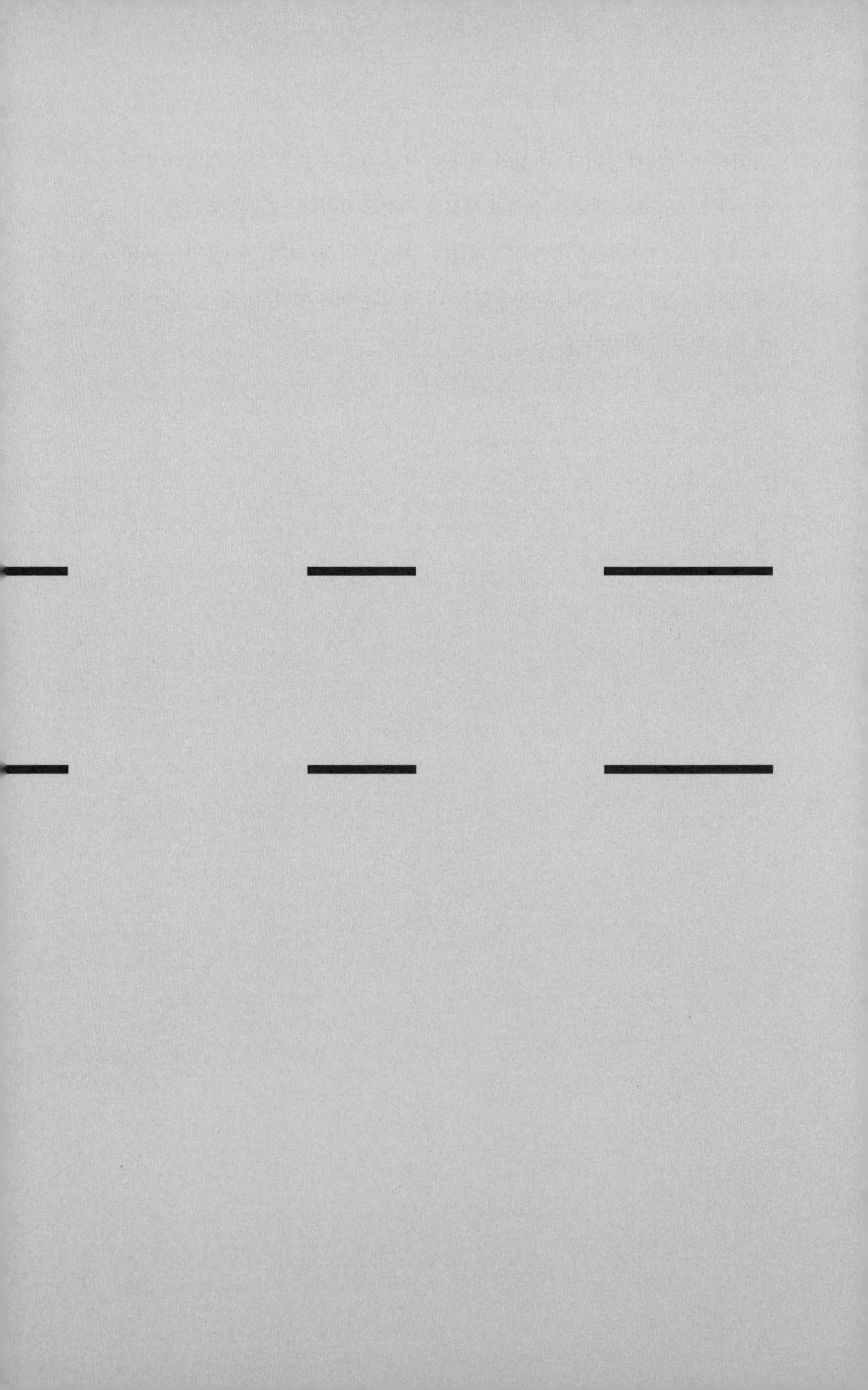

11

Morality &
Law

도덕과 법

도덕과 법의 문제는 법철학의 출발점이다. 법철학은 도덕을 자연법이라는 용어로 바꿔서 법 시스템의 일부로 만들었다. 자연법natural law과 대비되어 실증적으로 공동체 구성원에게 구속력 있는 영향력을 행사하는 법이 실정법positive law이다. 현재 법이라고 말할 때는 일반적으로 실정법을 가리킨다. 현재의 법적 시스템에서 자연법은 단지 선언적인 의미를 지니고 있지만, 정치적 이념에 의해 때때로 강력한 지배력을 행사한다. 따라서 자연법은 상당한 정도로 자의적으로 해석되며 정치세력의 의지에 지배받는다. 여기에 일관성이나 보편성은 없다. 자연법은 헌법 속에서 헌법재판관들의 이념을 대변하기 위해 연명하고 있다.

도덕이 개인적인 문제라면 법은 국가적인 문제이다. 그리고 이 둘 사이에 걸치는 것이 윤리ethics이다. 현대에 이르러 국가의 개념과 법, 주권 등의 개념이 선명하게 정해짐에 따라 윤리는 국가 혹은 사회가 정한 규범이라는 자기 고유의 기능을 법에 넘겨주고 사라지고 있다. 따라서 선과 악, 행과 불행을 향하는 인간 행위의 규준은 현재에 이르러 도덕과 법, 두 개념으로 분류되게 되었다.

도덕은 국가적 구속력을 가지지 않지만, 법은 강력한 국가적 구속력을 가진다. 도덕은 사회적 기원과 관련 있지만 궁극적으로는 개인의 내면에 체현된 양심과 행위의 규준으로서 일련의 믿음, 가치판단, 행위의 원리, 행동 기준 등을 의미한다. 법은 국가에 의해 정립되어 개인에게 구속력 있게 행사되는 일련의 규준과 원칙들이다. 여기서 '구속력enforcement'이 있고 없음은 매우 중요한 차이이다. 법은 개인에게 가할 수 있는 물리적 행사력에 큰 의미를 부여하기 때문이다.

도덕과 법의 차이 혹은 동질성을 규정짓는 것은 그렇게 간단한 문제는 아니다. 도덕과 법의 문제는 철학과 삶의 양식에 있어 그것들을 규정짓는 근본적 이념을 기반으로 한다. 실재론자들과 합리론자들은 도덕이 법에 앞선다고 생각한다. 이들이 자연법주의자들이다. 이들은 실정법은 도덕과 그 도덕의 사회적 체화인 자연법에서 연역된 것으로 생각한다. 다른 쪽은 실정법을 도덕에서 분리된 사회적 규준으로 생각한다. 이쪽이 법실증주의이다. 법은 단지 사회적 삶의 규율일 뿐이다. 이때 법은 도덕에서 독립한다. 이쪽은 도덕에 어떤 객관적 실체를 부여하기를 망설인다. 도덕은 실증적인 문제는 아니기 때문이다. 이러한 이념은 철학적 유명론과 경험론에 기초한다.

양쪽 견해가 어떻게 상반된다 해도 도덕과 법을 나누어 논의할 때 일반적으로 우리가 법이라고 말하는 것은 실정법을 의미한다. 따라서 앞으로 전개되는 내용에서의 '법'이라는 용어는 실정법을 가리키는 것으로 한다.

법과 도덕의 조화를 주장하는 쪽은 한결같이 법의 기반으로서의 도덕을 전제한다. 이들은 도덕과 법의 관계는 수학에서 공준과 정리의 관계와 같다고 생각한다. 독일 법학자 게오르크 옐리넥Georg Jellinek은 "법은 최소한의 윤리로 정의된다."고 말한다. 옐리넥이 여기서 윤리라고 말하는 것은 도덕으로 대체되어 사용될 수 있는 개념이다. 옐리넥은 '법은 도덕의 최소한'이라고 말하고 있다. 도덕은 보편적이고 항구적인 원리로서 선험적으로 존재하고 있고 여기에서 개별적 법률 시스템이 연역된다. 따라서 도덕이 우선되며 법은 필요악이다. 도덕은 커다란 테두리를 정하며 법은 세세한 일상적 행위까지도 규정한다. 이것은 마치 단지 다섯 개의 공준이 수백 개의 정리를 유출시키는 것과 같다. 이 수많은 정리는 환원(분석)될 경우 모두 다섯 개의 공준의 일부 혹은 전부로 수렴된다. 마찬가지로 수없이 많은 법적 규준이 모두 도덕으로 환원될 수 있다. 칸트는 모든 사회적 규범을 단지 서너 개의 정언명령categorical imperative으로 수렴시킨다.

도덕과 법의 정신의 근원적 차이 그리고 그 충돌은 놀랍게도 그리스 고전 비극을 통해 이미 드러난다. 혈연과 민족의 개념은 도덕적 원칙에 부응하고 정치와 국가의 개념은 법적 원칙에 부응한다. 이것은 법의 정신과 국가의 성립이 어떻게 관계 맺는가를 보여주는 것으로서 정치철학의 중요한 주제를 구성해야 마땅하다. 효율적이고 합리적으로 작동하는 것을 전제로 하는 하나의 정치 단위로서의 국가는 혈연적이고 부족적인 도덕의 원리를 법이라는 공적 영역으로 이전시킬 것을 요구한다.

소포클레스의 비극 《안티고네》는 부족국가에서 정치적 국가로의 이전과 도덕에서 법으로의 이전이 어떤 관계에 있는가를 선명하게 보여준다. 안티고네는 법을 위반하고 폴리네이케스를 매장한다. 그녀는 국가의 법은 단지 실정법이지만 그보다 상위에 신의 법이 있다고 주장한다. 그녀가 말하는 신의 법은 이를테면 자연법이고 또한 도덕률이다. 안티고네는 도덕을 대변하고 크레온은 법을 대변한다. 안티고네는 형제라는 인륜이 국가의 법보다 앞선다고 생각하고 국가의 법을 어긴다. 이것은 마치 시저의 실정법이 공화제적 로마의 도덕률을 해쳤다고 생각한 브루투스가 시저를 암살함에 의해 도덕을 위해 봉사했다고 생각하는 것과 같다. 양쪽이 모두 파멸을 겪는다. 도덕을 지지하는 사람들은 시대착오라는 어리석음 때문에 파멸한다. 법을 지지하는 사람들은 회고주의적 이상주의자들에 의해 희생된다.

소포클레스는 안티고네를 지지하고 플루타르크는 브루투스를 지지한다. 도덕과 혈연과 민족과 이상주의는 법과 정치와 국가와 현실주의보다 일반적으로 더 많은 감상적 지지를 받는다. 그리스 도시 국가가 몰락한 것은 소포클레스와 같은 이념을 지닌 사람들이 다수를 차지했기 때문이다. 로마가 결국 제국으로 이행하여 강력한 국가를 향후 400년이 넘게 유지할 수 있었던 것은 로마는 브루투스 일파를 처벌하고 시저의 이념을 택했기 때문이다.

아직 부족 단계에 있는 공동체나 민족국가라는 터무니없는 상황을 상정하는 공동체는 개인의 도덕 관계를 집단에 귀속시킨다. 여기에는 국가의 법보다는 혈연적이고 집단적인 도덕률이 우세하다. 현재의 많은 이슬람 국가들이 스스로 민족국가임을 자인하며 집단적 도덕률을 법에 선행시킨다. 만약 이 집단적이고 혈연적인 도덕 관계가 정치적이고 국가적인 도덕 관계로 이행한다면 그것이 곧 도덕에서 법으로의 이행인바 이제 비로소 국가다운 국가의 출현을 예고하는 것이 된다.

안티고네와 브루투스 모두 혈연과 민족을 정치와 국가에 선행시킨 사람들이다. 소포클레스가 크레온보다는 안티고네에 훨씬 더 많은 공감을 보내는 것은 소포클레스 스스로가 민족주의자임을 보여주는 것이고 아테네가 좀 더 크고 강력한 공적 국가res publica로 이행하는 것을 꺼리는 사람이라는 사실을 말한다. 공동체가 국가로 이행해나가는 과정에서는 이렇게 도덕이 법으로 바뀌어나가는 상황을 상정한다. 그리고 이것은 도덕의 개인화와 정치화가 필요하다. 자기 행위의 규준을 혈연적 집단에 기초시키는 한 법의 발생은 불가능하다. 이러한 조직은 부족의 집단으로 남다가 결국 다른 국가에 의해 몰락하게 된다. 아름다운 도덕은 잔인한 법을 이기지 못한다.

법률제정의 초기 단계에서는 도덕과 법의 경계가 불분명하다. 입법가들lawgivers 역시도 도덕과 법의 개념에 대해 선명한 인식을 가지고 있지 않다. 고대 그리스 시대에서는 도덕적으로 선한 사람은 동시에 합법적인 일을 하는 사람으로 생각했다. 또한 역으로 도덕적 선악은 지혜로운 — 솔론과 같은 — 입법가의 입법에 의해 정해진다고도 생각했다. 이때엔 도덕과 법의 조화가 갈등 없이 존재한다. 그러나 혈연적 체제와 국가적 체제는 결국 충돌하게 된다. 혈연적 체제는 도리와 도덕에 입각한 '신의 법' 등의 선험적 법률을 말하며 정치적 권위에 입각한 '국가의 법'과 충돌할 수 있다. 이 충돌은 앞에서 언급한 안티고네와 크레온의 충돌에서 잘 나타나고 있다.

아이스킬로스, 소포클레스, 플라톤, 아리스토텔레스 모두 도리와 도덕률이 국가의 실정법에 앞선다고 주장한다. 플라톤에게 있어서 중요한 것은 '참된 지식true knowledge'이었다. 이것은 궁극적으로 사물과 세계의 형상form을 포착하는 능력이었다. 형상은 추상abstraction을 의미한다. 이것이 그의 이데아이다. 플라톤은 그의 《공화국》에서 도덕률과 법에 대해 길게 이야기한다. 그는 정의와 도덕을 알아내는 지식과, 참된 정의와 도덕률을 겉으로만 그렇게 보이는 정의와 도덕률로부터 구분해내는 인간 능력은 인간 이성의 완전한 개화에 달려있다고 말한다. 플라톤은 그의 《공화국》의 윤리를 말하는 부분에서 참된 정의 혹은 도덕이 인간의 복지와 번영을 보증하는 하나의 중요한 기초가 된다고 주장한다. 이 정의 혹은 도덕에서 지나치게 벗어난 실정법과 정치적 시스템은 본래적인 정의와 도덕에 의해 교정되어야 한다. 이때 도덕은 법의 지침과 잣대의 역할까지도 한다.

법의 토대로서의 도덕의 존립을 당연히 생각하는 이러한 소포클레스적 혹은 플라톤적 이념은 인간 이성의 존재와 역량에 대한 신념에 기초한다. 이성은 다른 모든 것을 통합했듯이 법도 도덕의 테두리 내로 통합한다. 플라톤이 '지식knowledge'이라고 말할 때 그 지식의 토대 자체가 인간 이성이다. 고전기의 그리스는 이성에 선과 미를 통합시킨다. 이러한 고전적 이념하에서는 불변하는 지식을 삶의 가장 결정적인 것으로서 구한다. 수없이 다양한 삼각형은 이성에 대응하는 천상적 이데아로서의 삼각형의 비천한 변주일 뿐이다.

마찬가지로 도덕은 불변이다. 지상적 법률은 변전한다. 그것은 공간과 시간에 따라 다르다. 도덕이라는 형상에 삶이라는 질료matter가 들러붙은 것이 실정법이다. 법이 도덕과 같은 확고함과 불변성과 단일함을 갖지 못하는 것은 그것이 현존과 관련 있기 때문이다. 도덕은 본질essence이고 법은 실존existence이다. 따라서 도덕은 당위가 된다. 모든 것이 당위에 준해야 한다. 법률이 도덕과 공존한다는 사실이 당위가 완전히 실현되어 있지 않다는 징표이다. 이것은 합리론자들에게는 불만스러운 상황이다. 따라서 입법가는 가급적 도덕에 가까운, 그리고 도덕에서 일탈하지 않는 법률을 제정해야 한다.

플라톤이나 아리스토텔레스나 심지어 비극 작가들까지도 아테네의 노예제도를 규정하는 법률에 대해서는 그 적법성 유무에 관심을 두지 않는다. 오히려 반대로 노예제도를 당연한 것으로 간주한다. 그들은 아마도 노예제가 보편적 도덕률에 반하지 않는다고 생각했을 것이다. 플라톤과 아리스토텔레스의 철학 그리고 지성에 의미를 부여하는 모든 철학은 세계의 위계를 당연한 것으로 생각한다. 이상주의자들은 동시에 귀족주의자들이고 철인왕의 이념에 심취한 사람들이다. 이성은 대상을 추상화하는 능력이다. 추상화는 위계에 의해 진행해 간다. '장미꽃 → 꽃 → 식물 → 생명 → 존재' 등으로 고차적인 추상화로 진행하며 이때 더 고차적인 존재가 더 이데아에 가까운 것이 된다. 인간도 마찬가지이다. 귀족은 인간 사이에서 더 많은 추상화를 겪은 사람이다. 그의 사유도 또한 노예의 사유보다 더 많은 추상적인 것들로 메꿔진다.

현대에 이르러 노예제를 거론하고 그 실행을 시도한다면 그것은 물론 불법이다. 그러나 그 이전에 엄청난 도덕적 비난에 직면할 것이다. 만약 플라톤이 노예제에 부여하는 현대의 도덕적 비난이 이와 같다는 사실을 발견한다면 그는 자신의 이념의 모순보다는 오히려 현대인의 무지를 비난할 것이다. 플라톤이 플라톤인 한 그의 이성과 지식, 이데아를 포기하지 않을 것이기 때문이다. 플라톤적 실재론은 현대 세계가 그가 설정한 당위의 세계에서 많이 벗어나 있다고 생각할 것이다. 그리고 "과거는 금의 시대이고 현대는 양철의 시대이다."라고 말할 것이다.

도덕률의 변화를 당연한 것으로 받아들인다고 하자. 이때엔 도덕률의 존재의의와 존재를 실정법에 부속시키는 것이 된다. 실정법은 엄밀하게는 현존의 안전보장과 이익에 관심을 두는 행위의 규준이다. 따라서 도덕률의 변화를 인정하고 그것의 의의를 종속적인 것으로 간주한다는 것은 동시에 "실존은 본질에 앞선다."라고 말하는 것이다.

전통적으로 주도적이었던 실재론과 합리론의 세계에서는 개인적 도덕률이라는 것은 없었다. 왜냐하면, 이 이념은 도덕에 보편타당한 선험성과 일반성을 부여했기 때문이다. 이때 도덕은 윤리로 바뀌게 되며 법의 토대를 구성하게 된다. 이 세계에서의 행위에는 개별적 개성이라는 것은 있을 수 없다. 거기엔 모두가 준수해야 할 인간적 도리라는 원칙이 있을 뿐이다. 이와는 반대로 도덕이 단지 개인적인 문제로서 법으로부터 독립해 있다는 주장은 그 자체가 유명론적이고 경험론적인 것이다. 도덕과 완전히 분리된 것으로서의 법이라는 이념이 실정법positive law 이론이고 현대 영미법의 시작이다.

현대 법철학의 견지에서 보았을 때 옐리네크나 예링 등의 독일 법철학자들의 '도덕의 최소한으로서의 법'이라는 금언이 아무런 저항 없이 받아들여지고 있다는 사실은, 인간 안에 숨어있는 플라톤이 얼마나 본연적이고 강력한 환각인지를 다시금 상기시키는 것이다. 모든 실재론자나 합리론자들은 독일 법철학자들의 이 금언을 매우 타당하고 당연한 것이며 심지어는 이것을 법의 근원적인 원리로까지 삼고자 한다. 이들에게 안티고네의 법과 크레온의 법이 충돌할 때 잘못된 것은 크레온의 법이다. 왜냐하면 그것은 도덕과 충돌하는 법이기 때문이다. 도덕률에 반하는 실정법은 폐기되어야 한다. 이것이 실재론적 이념에 입각한 법철학이다.

법에 부여하는 이러한 개념, 혹은 이와 상반되는 개념은 우리가 국가에 부여하는 서로 다른 의미와 관련한다. 제대로 된 국가의 경우 법은 주권의 테두리 내에서 강력하게 행사된다. 법은 독점적으로 국가의 문제이다. 법의 제정자도 국가이고 그 집행자도 국가이다. 따라서 우리가 법에 부여하는 의미는 국가에 부여하는 의미에서 독립할 수 없다. 오히려 국가가 무엇인가라는 물음에 대한 답변이 도덕과 법의 관계를 규정짓게 된다.

값싼 정부cheap government와 비싼 정부가 있다. 만약 우리가 국가의 기능을 1. 대외적인 안전보장(국방)의 확보, 2. 대내적인 치안의 확보, 3. 개인 간에 맺은 계약 이행의 감시에 한정시킨다면 우리는 값싼 정부를 원하는 것이다. 물론 이 경우에도 우리 자유의 최소한은 국가에 양도되며 최소한의 공공사업은 조심스럽게 국가에 맡겨진다. 여기에 대해 개인은 자신의 자유의 일부분을 국가의 법에 위임하며 또한 자신의 소득에서 상대적으로 작은 일부분을 세금으로 낸다. 복지의 필요성이 발생한다면 그것 역시 정부의 역할은 최소한으로 그쳐야 한다. 구성원들의 자발성과 온정적 이념이 필요한 복지를 감당하게 된다. 이 값싼 정부는 매우 소극적이고 피동적인 개념의 국가관이다. 경제적 자유주의는 이 값싼 정부를 요구한다. 구성원들은 자기 삶의 많은 부분에서 개인주의적인 자유를 누리고자 한다.

반면에, 이 값싼 정부의 이념에 매우 적극적인 국가 이념들이 보태진다고 하자. 국가는 구성원 보호 이상의 역할을 자처할 수가 있다. 국가는 동시에 하나의 생명을 가진 공동체로서 그 발현을 통해 개인들의 자아를 실현시키고, 구성원들에게 박애의 이념을 고취하고, 가치 있고 유의미한 삶을 위한 공통의 철학을 공유시키는 적극적이고 생동하는 조직이 된다. 이러한 국가관은 민족국가의 이념에서 흘러나왔다. 헤겔, 피히테, 셸링, 실러, 헤르더, 레씽 등의 독일 민족주의자들은 국가란 하나 된 민족의 정치적 발현이며 모든 구성원의 완전한 자아실현 그 자체를 목적으로 한 생명체적 조직이라고 주장했다.

이러한 두 개의 국가관에서 후자의 국가관은 '도덕의 최소한으로서의 법'

에 대해 말하고 전자의 국가관은 '도덕에서 독립한 법'에 대해 말한다. 도덕의 일부분으로서의 법, 도덕을 닮은 법의 이념이 플라톤과 소포클레스의 법철학이다. 이들은 국가라는 조직에 필연성을 도입한다. 반면에 전자의 국가관은 국가를 우연적인 정치적 집단으로 간주한다. 국가를 단지 정치적인 집단으로 간주할 경우 국가에는 그 구성원의 변화를 위한 이를테면 난막(卵膜)과 같은 것이 존재한다. 기존의 구성원은 어떤 요건에 의해 그 구성원에서 벗어날 수도 있고 또 비구성원은 어떤 요건에 의해 새롭게 구성원으로 편입될 수도 있다. 이 요건은 필연적이고 선험적인 것은 아니다. 그것은 실천적인 자격요건의 문제이다. 그러나 후자의 국가관은 국가를 어떤 구성원으로부터 연역된 필연적 조직체로 본다. 구성원들은 동일한 조상, 언어, 운명 등에 의해 확고하게 접착된 매우 배타적인 집단이다. 이러한 국가는 새로운 구성원을 받아들이는 데 있어 대체로 속인주의를 택한다. 혈연은 필연이기 때문이다.

도덕은 후자의 국가의 행위의 규준이다. 이러한 국가관을 가진 구성원들 사이에서는 때때로 부족적 이념이 국가의 법률을 위배하는 일들이 벌어진다. 파키스탄이나 중동에서 벌어지는 명예살인과 같은 범죄가 여기에 해당한다. IRA의 아일랜드 민족주의 역시도 국가의 법률에 반하는 민족적 도덕률의 문제를 내재한 조직의 이념이었다. 엄밀한 의미에서는 후자의 국가관은 아직 완전한 국가를 이루지 못한 민족적 집합의 국가관이다. 반면에 근대와 현대의 국가관은 전자에 입각해 있다.

후자의 국가관에 입각할 경우 그 지지자들은 국가에는 단지 밖으로 드러나는 실천적 이익 이상의 내적 목적을 지향하는 의미가 부여되어 있다고 생각한다. 이러한 국가관의 위험성은 국가가 개인의 내적 삶까지도 지배하려

한다는 데 있다. 이제 법과 더불어 사회적 윤리가 개인의 삶을 지배하게 된다. 파시즘이나 전체주의는 이러한 국가관을 배경으로 한다.

국가는 단지 개인들이 맺은 잠정적이고 가변적이고 우연적인 계약에 의한 것이라는 이념은 전자의 국가관과 맺어진다. 후자의 국가는 계약 이전의 문제이다. 그것은 태곳적부터 존재해온 것이다. 따라서 거기에 합리적 계약을 새롭게 도입한다면 그것은 단지 본래 존재했던 도덕률의 일부를 더욱 직접적이고 선명하게 천명한 것에 지나지 않게 된다. 이러한 국가관은 국가 간의 경계를 선명히 하면서 민족적 우월감을 고취시킨다. 더구나 이 국가가 이웃 국가보다 경제, 군사적으로 열등한 위치에 있거나 불리한 상황에 처해 있다면 이러한 민족주의적 국가관은 더욱 맹위를 떨치게 된다. 통치자는 민족주의를 기반으로 하여 이웃에 대한 적대감을 조장하면서 스스로의 권력을 파시즘적인 것으로 몰고 간다. 이것이 전근대적인 법의 이념이 맞게 되는 비극이다.

이 문제의 위험성은 사회경제적인 계급적 차이를 연료로 파시즘이 기승을 벌인다는 점에도 있다. 하나의 공동체의 융성하는 계층은 중세 말기 이후 제조업과 교역에 기초한다. 자유와 개방성과 국제적 우호가 이들 계층의 토양이다. 경제적 패자들의 질투와 분노가 왕왕 민족주의에 기초하는 이유가 여기에 있다. 민족주의는 국제간의 우호적 관계에 대해 얻는 이익보다 거기에서 잃게 되는 피해를 과장한다. 필연에 입각한 동질적 민족은 서로 간에 절대적인 선이지만 우연에 입각한 다른 민족과의 관계는 절대적인 악 혹은 필요악으로 전락한다. 국제관계에 있어서 다른 국가에 대한 민족적 편견만큼 통치자의 권력을 강화시켜 주는 것도 없다. 민족과 자주가 말해지는 순간 그것은 마법적 효과로 모든 구성원을 감전시키기 때문이다. 이제 이 이념은 구성원 가운데 가장 유능하고 생산적인 일부분의 역량을 소멸시키고 국가의 생산성을 저하시키고 국민 간의 분열을 부른다.

우연적 법에 대응하는 필연적 도덕의 위험성은 이와 같다. 도덕률에 기초한 그리스의 도시 국가들이 순식간에 몰락한 반면 실정법 정신에 기초한 로마가 제국을 건설한 것은 많은 것을 시사한다. 고대 그리스에서의 법률은 그들 도덕률의 성문화에 지나지 않는다. 그나마도 엄청난 비난에 처한다. 입법자 솔론은 그 법의 가혹함에 의해 뱀 같은 인간이라는 평까지 듣게 된다. 그리스인들은 느슨한 법과 관습적 도덕에 입각하게 된다. 그들은 그들 국가의 경계를 그들의 관습적이고 혈연적인 도덕률의 경계까지로 한정했다.

정치적 집단이 부족을 넘어서게 되면 어쨌건 꼼꼼하고 체계적으로 제정된 실정법이 요구된다. 그리스인들은 이러한 것을 원하지 않았다. 플라톤과 아리스토텔레스의 이데아 이념은 행위의 이데아로서의 본래적이고 선험적이고 불변인 원리를 구했다. 그것은 실정법이 될 수는 없었다. 실정법은 공시적synchronique인 것이다. 그것은 거기에 우연히 존재해서 정치적 집단을 형성하게 된 다양한 구성원들을 위한 것이다. 반면에 도덕률은 통시적diachronique인 것이다. 도덕은 기원을 지니고 있으며 원형prototype을 지니고 있다. 그것은 혈연과 오랜 세월의 공동체라는 필연적 요소를 지닌 민족적 집단을 위한 선험적 규준이다. 그리스인들은 그들의 도시 국가를 제국으로 만들 야심이 없었다. 그들의 우월성, 자만심, 오만, 허영, 편협함은 시민권의 확대를 막았다.

공동체 혹은 국가에 대한 이러한 이념을 가진 사람들은 인간이란 본래적으로 그들에게 내재한 어떤 종류의 도덕의 선험적 보편성을 가진 존재라고 믿는다. 그들은 이 점에서 이 선험성을 문명인 혹은 그들 민족만의 배타적인 깨달음이라고 믿는다. 중세 유럽인들이 보편적인 기독교 신앙이라는 이념하에 다른 문명에 속한 사람들을 적대시한 것은 이것이 동기였다. 그들에게 차이란 곧 문명과 야만, 신앙과 불신, 도덕과 부도덕을 의미하는 것이었다. 플라톤 이래 유럽을 계속해서 지배했던 보편universal의 의미는 이와 같은 것이었다.

이들은 로스켈리누스와 오컴, 데이비드 흄과 비트겐슈타인 등이 불러들인 경험론적이고 실증적인 이념이 자기들이 믿는 보편의 존재를 부정하는 데에서 출발한다는 사실을 잘 알고 있었다. 전자의 국가관은 당연히 철학적 경험론에 입각한 것이다. 경험론은 동의와 일치를 구하지 않는다. 그것은 모두 기존의 가치를 상대적인 것으로 치부하며 공동체 혹은 국가가 준수해야 할 선험적이고 무조건적인 행위의 준칙으로서의 도덕을 커다란 오류로 생각한다.

우연적인 시기에 우연적인 집단이 우연적인 영토를 차지하고서 현재의 공통의 이기심과 이익에 입각해 있을 때 거기에 그 편의를 위해 부여되는 것, 각 개인의 자유와 소득의 부분적인 양도와 교환되는 것이 법률이라고 경험론자들은 생각한다. 이러한 법률은 도덕에서 독립한다. 실존은 본질에 앞서는 것처럼 법률은 도덕에 앞선다. 사회적 행위의 준칙으로 존재하는 것은 단지 법률이고 도덕은 실증적으로는 '침묵 속에서 지나쳐야 할 것'으로서 각각 개인의 선험적transcendental 문제로 남게 된다. 도덕과 양심은 존재한다. 그것도 선험적으로 존재한다. 그러나 그것은 개인에게 속한 문제이다. 우리는 개인적 도덕률을 남에게 말할 수도 없고 강요할 수도 없다. 도덕도 일종의 취향의 문제일 뿐 구속력이 있는 것은 아니다.

도덕이 법에 선행한다고 생각하는 쪽은 '정의justice'의 선험적 성격과 보편성에 대해 말한다. 반면에 경험론자들은 정의란 단지 법정에서 판사가 행하는 일이라고 말한다. 실재론자들과 합리론자들은 보편에 대응하는 인간 이성human reason이 존재하며, 따라서 선의 보편개념과 악의 보편개념도 존재한다고 생각한다. 즉, 도덕은 이성 속에 통합된다. 만약 선과 악의 개념이 본래적으로 보편적인 것이 아니라면 그것은 주관적이며 상대적이고 경험적인 것이 되기 때문이다.

이성의 붕괴와 문화구조물의 해체는 법의 도덕으로부터의 해체를 부른다. 우리의 사회적 행위를 인도할 보편적 도덕률은 이성의 붕괴와 더불어 소멸한다. 도덕과 법의 문제는 단순히 선택의 문제가 아니다. 만약 우리가 18세기 이래 진행되어온 경험론 철학과 거기에 이어진 현대 분석철학의 전제와 결론을 설득력 있는 것으로 받아들인다면 도덕에서 독립한 실정법이라는 개념은 당연한 논리적 귀결일 따름이다.

도덕을 '침묵 속에서 지나쳐야 할 것' 중 하나로 치부하는 것은 부도덕이나 방종, 부정의 등과는 상관없다. 경험론자들은 오히려 근거 없는 도덕적 확신이 인간을 편협하고 오만하게 만들었으며 바로 그러한 이념은 민족주의와 선민의식 속에서 번영한다고 말하고 있다. 경험론자들은 간단하게 말한다. "모든 지식은 경험으로부터"라고. 경험에서 오지 않았으면서 지식이라고 말한다면 그것은 단지 독단에 지나지 않는다고. 도덕은 확실히 실증적인 것은 아니다. 따라서 우리 사회적 행위에 대한 구속력 있는 규준이 될 수는 없는 것이 확실하다.

이때 행위의 준칙은 단지 실정법에 의한다. 실정법의 권력은 스스로에게서 나온다. 그것은 자기 힘을 도덕률이나 사회적 윤리에서 연역하지 않는다. 그 법률은 아마도 '힘power'에 의해 제정되었을 것이다. 그 힘의 근원이 전제군주이건 다수결에서 이긴 신민이건 법은 그 존재 자체에 의해 준수되어야 할 준칙이다. 그것은 일종의 사회적 약속이다. 법은 그 권위를 자신의 내부에 있는 어떤 도덕적 특질에 의존해서 가지지 않는다. 법에는 어떠한 내적 원칙도 없다. 법이 법인 것은 단지 거기에 그것이 있기 때문이다. 《안티고네》에서 크레온은 말한다.

"도시국가가 (통치자로서) 누구를 지명하건 그 사람은 작은 문제에 있어서나 큰 문제에 있어서나, 정의로운 일에 있어서나 부정의한 일에 있어서나 복종 받아야 한다."

홉스는 마키아벨리와 비슷한 어조로 《리바이어던》에서 이렇게 말한다.

"참이 아닌 권위가 법률을 만든다."

참, 진리, 정의, 도덕, 법률 등에 대한 이러한 견해는 이미 트라시마코스와 칼리클레스 등에 의해서도 예고되었다. 그들은 "정의는 강자의 이익이다."라고 말한다. 괴테의 메피스토펠레스는 인간들에게 제안한다. "너는 힘power을 갖고 있고 따라서 옳음을 갖고 있다."라고.

이러한 실증적 견지에서의 법률은 모든 내재적 내용을 비워낸다. 그것은 어떤 포괄적이고 일반화된 근원으로부터 유출이 아니다. 그것은 단지 법전에 있기 때문에, 법정에서 검사와 판사와 배심원단에 의해 행사되기 때문에 법일 뿐이다.

물리학의 예를 가정해 보자. "태양과 수성 사이에 끄는 힘이 존재한다."

는 명제는 존립 가능하다. 이 명제에 대해 어떤 과학자인가가 "당연하다. 태양과 수성 사이뿐만 아니라 중량을 가진 모든 두 물체 사이에는 끄는 힘이 존재한다. 태양과 수성 사이의 끄는 힘은 모든 두 물체 사이에는 끄는 힘이 존재한다는 포괄적이고 일반적인 법칙에서 연역된 것이다."라고 주장한다고 하자. 이때 과학자는 태양과 수성 사이의 끄는 힘은 모든 두 물체 사이의 끄는 힘에서 연역된 것이라고 주장하고 있다. 이를테면 "모든 두 물체 사이에는 끄는 힘이 존재한다."는 언명이 도덕이라면 "태양과 수성 사이에는 끄는 힘이 존재한다."는 언명은 법률이다. 이때의 법률은 진공상태에서 스스로 존재하는 것이 아니라 근원 — 모든 두 물체 사이 — 에서 유출된 것이고 따라서 그 내재적인 공간은 도덕으로 채워져 있다. 만약 이 과학적 가설이 옳은 것이라면 도덕과 법률의 관계에 대한 실재론적 주장도 옳을 가능성이 있다.

과학의 예증까지도 도입될 경우 문제는 자못 복잡해진다. 대부분의 실정법주의자라면 간단하게 과학과 법률은 서로 다른 영역이고 따라서 도덕과 법률의 문제에 있어 과학과 사실의 유비는 적절한 것이 아니라고 말할 것이다. 이 실정법주의자는 과학의 객관성과 선험성을 사회과학의 주관적이고 상대적이고 경험적인 성격과 대비시키고 있다. 그러나 문제의 해결은 의외로 간단하다. 실정법의 전면적인 대두 자체가 과학의 붕괴에 의한 것이다. 실정법의 옹호자는 과학의 예증을 두려워할 이유가 없다.

18세기 경험주의 철학의 가장 직접적이고 위협적인 결과는 과학과 이성의 붕괴였다. 경험론은 모든 과학적 인과율의 출신 성분 역시도 경험적 사실이라고 밝힌다. 과학은 자신의 출신 성분을 숨기고 있었다. 자신 역시도 귀납적 사실들이라는 평민 출신이었다. 귀납 추론에 의한 인과율 역시도 귀납적이고 경험적인 한계를 벗지 못한다. 따라서 그것은 법칙은 아니다. 단지 편견과 고집과 오만일 뿐이다. 존재하는 것은 경험적 사실들뿐이다. 여기에 과학적 법칙이라는 더 고귀한 언명은 없다.

"모든 명제는 등가이다All propositions are of equal value."(비트겐슈타인)

과학은 경험론에 의해 순식간에 그 우월적 지위를 잃는다. 따라서 과학에서도 개별적 사실들만이 남는다. 현대의 과학철학자들은 과학을 단지 '존립하는 사실들의 총체'로 규정한다. 다시 말하면 현재 발생하는 사건들이 연역되는 포괄적인 과학적 원리는 없다는 것이다. 과학과 과학 이성의 붕괴는 과학적 인과율의 해체를 부른다. 이제 존재하는 것은 실증적 사실들뿐이다. 각각의 사실들은 공허하고 변전하고 일시적이고 우연적이다. 다른 사실이 아니라 바로 그 사실이어야 할 이유가 없다. 단지 그 사실이 발생했을 뿐이다.

법률도 마찬가지이다. 실정법은 기원과 원리의 토대를 갖지 않는다. 그것은 가볍고 공허하고 무의미하고 우연적이고 일시적이고 변전한다. 실정법의 존재 이유는 존재 그 자체이다. 그것은 법전에 있고 법정에 있을 뿐이다. 법은 내재적 힘을 갖고 있지 않다. 그것은 외적 구속력을 가질 뿐이다. 이 실정법에는 모든 인간을 동시에 구속할 수 있는 내적이고 보편적인 원리 같은 것은 없다.

철두철미한 실정법주의자였던 미국의 법학자 올리버 웬델 홈스Oliver Wendel Holmes는 법률을 단지 법정이 하는 일에서의 단순한 지침으로 축소시킨다.

"소위 법적 의무라는 것은 만약 어떤 사람이 어떤 일을 하거나 혹은 하지 않았을 경우 그는 법정의 판결에 의해 이런저런 방식으로 처벌받게 될 것이라는 예고일 뿐이다. ... 전혀 허식 없이 말하자면, 법정이 실제적으로 무엇을 할 것이라는 예고는 내가 법이라는 이름으로 말하는 것이다. ... 관습법에 있어서 계약수행의 의무가 말하는 것은 당신이 그 계약을 지키지 않는다면 당신은 손해를 보상해야 할 것이라는 예고 외에 아무것도 아니다."

실정법의 정당화는 스스로의 존재에 있다. 법은 단지 복종을 요구한다. 여기에서 도덕의 보편적 원칙이라거나 자연법과 실정법의 충돌이라거나 '신의 법'과 '인간의 법' 사이의 충돌 등의 견해는 근거를 잃는다. 실정법주의자들은 도덕, 자연법, 신의 법 등의 존재 자체를 부정하기 때문이다. 법보다 더 높은 권위는 없다. 따라서 실정법이 지닌 문제 — 만약 그러한 것이 있다면 — 에 대해서 호소할 더 높은 권위는 있을 수 없다. 법의 기원에 대한 현대적 설명은 "법은 다수결에서 온다."일 것이다. 확실히 실정법은 민주주의적 원칙에 기반한다. 다수가 원하는 사회적 규약이 곧 법이다.

실정법의 위험성은 바로 이러한 민주주의적 기반이라는 원칙 때문에 발생한다. 이 법은 민주주의가 지닌 고유의 위험성을 마찬가지로 가진다. 그것은 다수의 횡포라는 새로운 전체주의의 대두이다. 도덕을 법의 원리로 삼아야 한다고 주장하는 실재론자들과 합리론자들은 실정법이 지닌 이 위험성을 지적한다. 그들은 양적 숫자를 초월하는 질적 참truth과 정의justice에 대해 말한다. 그들에게 법률은 먼저 정의와 부정의 기준에 의해 검증받아야 할 도덕으로부터의 연역적 요소일 뿐이다. 고대 로마에서는 법률과 관련하여 "부정의한 법은 법이 아니다Lex iniusta non est lex."라는 금언이 있었다. 이러한 금언은 정의라는 개념이 우리의 경험을 초월하여 천상의 세계에 신성불가침한 형상으로서 존재한다는 것을 가정한다. 이러한 가설은 추상적 개념은 존재하며 인간에게는 거기에 부응하는 이성이 존재한다는 인본주의적 이념을 전제한다. 아리스토텔레스는 모든 사물에는 형상인formal cause이 존재한다고 말한다. 사물은 형상form과 질료matter로 구성된다. 이때 각각의 사물은 자신에게 내재한 사물의 본질nature이기 때문이다. 형상이 그 사물의 가장 궁극적이고 완벽한 본질이다.

법률은 따라서 인간에게 내재한 도덕적 형상에서 연역되어야 한다. 이 법이 자연법이다. 자연법은 모든 실재론적 기원을 가진 문화구조물들이 그러하듯 보편적 원리, 인간의 이성, 객관적 진리의 존재 등의 낙관적 세계관을 지닌다. 그것은 보편타당한 입법의 준칙이 가능하다고 생각하며 박애라는 보편적 원칙을 공유하는 인간이 하나가 될 수 있다고 말한다. 이들은 따라서 실정법을 초월하는 관념적 이념에 대해 거듭 말한다. 그리고 그 이념의 기반은 '참됨truth'이라고 주장한다. 교황 요한 바오로 2세는 다음과 같이 말한다.

"법의 주된 목적 중에는 사회적 삶의 모든 계층에 있는 각각의 개인이 자신에게 합당한 몫을 보장받아야 한다는 사실이 있다. ... 법의 전체 역사는 법이 인간에 관한 참됨을 구하기를 그칠 때마다 그 안정성과 도덕적 권위를 잃는다는 사실을 보여준다. 참됨에 대한 무관심의 비극적 결과들은 우리 자신의 시대에 명백하며 참됨을 조직적으로 압제하는 체제에서 특히 명백하다. 그것은 더 높은 정의라는 이름으로 인간들로부터 양도할 수 없는 권리를 벗겨내는 것을 전제하거나 개인의 권리를 국가와 국가계획을 위해 간단하게 희생시키는 것을 보여준다."

교황은 신을 닮은 인간에게는 내적으로 완전하게 개화시켜야 할 초월적 참transcendental truth이 있다고 거듭 말한다. 그리고 법은 반드시 이 초월적 권위에 기초하여야 한다고 주장한다. 이러한 이념은 먼저 정의의 개념을 명확히 해야 가능하다. 실정법과 자연법의 차이는 바로 이 정의의 개념의 정의definition 가능성에 달려있게 된다. 실정법주의자들은 정의의 존재 혹은 그 정의의 가능성을 단호히 부정한다. 반대로 자연법주의자들은 인간의 본성에 정의에 대한 추구, 옳고 그름에 대한 내적 요구가 자리 잡고 있다고 말한다.

아리스토텔레스는 그의 《정치학》의 초반부에서 "인간은 정치적(폴리스에서 삶을 추구하는) 동물"이라고 규정하면서 정치와 국가의 존재 이유에 대해 이 에세이의 앞부분에 제시된 두 개의 국가 개념 중 확고하게 두 번째 국가 개념을 올바른 것으로 꼽는다. 그에게 있어 야경국가는 상상도 할 수 없는 것이었다. 그는 공격에 대한 안전보장과 상업적 활동의 독려라는 '값싼 정부'라는 개념의 정치체제를 단호히 거부한다. 그에게 있어 국가의 존립 이유는 정치적 삶을 통한 개인의 사회적 도덕률의 제고이고 완성이다. 즉, 도덕 그 자체의 존재가 정치적 삶의 이유인 것이다. 아리스토텔레스는 그리스의 정통파 실재론적 철학자로서 당연한 것이지만 도덕을 믿었을 뿐만 아니라 법은 반드시 도덕적 성격을 띠어야 한다고 주장했다. 플라톤이나 아리스토텔레스나 모두 사회정치적 삶의 제1원칙은 정의라는 도덕률이라고 규정한다.

현대의 자연법의 주창자들 역시 자연법의 몰락이 현대의 위기라고 주장한다. 그들은 서구의 문명이 그 뿌리부터 흔들리는 위기는 — 아마도 양차 세계대전을 일컫는바 — 법의 도덕으로부터의 해체에서 왔다고 말한다. 그들은 인간관계에 있어서 정의와 참을 상대화하는 것, 인간의 유대를 견고하게 유지했던 객관적 참의 소멸 등이 서구사회에 위기를 불러왔다고 말한다.

그들은 궁극적으로 다음과 같이 말하고 싶을 것이다.

"인간은 단지 물질적 동기에 의해서만 서로의 관계를 맺을 수는 없다. 물질적 동기는 언제나 이기적인 것이고 따라서 서로 충돌한다. 인간관계는 인간 서로가 더 깊은 곳까지 그 유대의 근원을 구할 때 깊이 있고 가치 있는 것이 된다. 그것은 초월적 참과 인간됨 — 곧 도덕률의 공유이다."

자연법주의자들의 주장은 다음과 같이 이어진다. 정치와 법철학의 주된 문제들 중 대부분은 정의의 본질에 대한 규정이고, 특히 정치적 문제가 그들 삶의 주된 부분인 사람들은 모두 정치적 판단을 하면서 살아나간다. 정치적 문제에 대해 판단한다는 것은 그들이 정의로움과 그렇지 않음에 대해 판단한다는 것이고 이것은 곧 그들이 도덕적 판단을 이미 하고 있다는 사실을 의미한다. 이들 판단에 있어서 가장 중요한 결과 중 하나는 일련의 법률 혹은 정치 시스템이 다른 법률이나 다른 정치 시스템보다 더 낫다는 가치판단을 한다는 것이다. 이것은 올바름 혹은 바람직함에 기초한 위계의 부여이다. 그리고 위계 부여의 의미는 그것이 명백히 도덕적 판단이라는 것이다.

그들은 현대사회의 모순을 지적하기도 한다. 정치적 판단과 결정이 도덕적 원리와 그 원리에 기초한 도덕적 결정에 입각해 있는 반면 현대사회는 도덕률에 대해 상대적 가치를 부여하며 동시에 보편적 참을 부정하는 모순에 처해 있다는 것이다. 자연법은 인간이라면 공유해야 마땅한 도덕적 판단의 참됨을 기반으로 하고 있는바 현대사회는 도덕적 판단이라는 보편적 참을 전제하면서도 동시에 상대주의적 참이라는 이념의 모순을 갖고 있다는 것이다.

경험론자들은 그렇지 않다고 할 것이다. 이념적 차이는 용어의 개념의 차이를 동시에 부른다. 실재론적 혹은 합리론적 이념 하에서의 지식knowledge은 위의 자연법주의자들이 주장하는 바의 참의 개념에 들어맞는다. 그것은 모든 개인적 차이, 사회적 사이, 시대적 차이의 이면에 있는 보편타당한 본질nature을 의미한다. 그것은 이를테면 구체적으로는 우리의 변덕스럽고 변전하는 감각 인식의 이면에 있는 본질적이고 항구적인 지식 — 만약 그러한 것이 있다면 — 으로서, 수학적 지식이 그 예가 될 것이다. 이 지식은 어떠한 경험적 요소에 의해서도 더럽혀지지 않는 유리같이 투명하고 얼음같이 차갑고 순수하게 귀족적인 추상적 지식이다. 이것만이 진정한 지식이다. 직관적 인식intuitive cognition은 환각이고 질 낮은 경험적 지식일 뿐이다.

반면에 유명론자, 경험론자에게 있어서의 위의 지식은 오히려 오만에 휩싸인 거창한 미신에 지나지 않는다. 인간에게 형상을 인식하는 생득적 지식innate knowledge 같은 것은 없다. 인간의 모든 지식은 경험에서 온다. 만약 거기에 추상화된 지식이 있다면 이것은 경험이 눌러놓은 희미한 자국들의 거듭된 축적에 의해 습관으로 고착된 것이다. 개별적 경험을 넘어서서 초월적으로 존재하는 본래적인 지식이란 존재하지 않는다. 따라서 지식은 상대적일 수밖에 없다. 경험은 개인 고유에게 귀속되는 것이기 때문이다. 따라서 경험론에서의 지식은 직접 인식에 의한 것만이 해당한다.

정의의 개념도 마찬가지이다. 자연법을 지지하는 사람들은 현대 법철학은 한편으로 모든 판단을 정의justice라는 도덕률을 기반으로 하면서 동시에 도덕이 기초해서 마땅한 보편적 참의 존재를 부정하는 모순을 저지르고 있다고 비판한다. 그러나 이것은 실정법주의자들에 대한 잘못된 판단이다. 어느 쪽이 옳다는 판정은 중요한 문제가 아닐뿐더러 가능한 문제도 아니다. 자연법과 실정법은 각각 그 기반을 합리론과 경험론에 둔다. 1911년 페르디낭 드 소쉬르의 《일반언어학 강의》가 출판되고, 최초의 추상화(칸딘스키)가 발표되고, 제1차 세계대전이 발발하고, 비트겐슈타인의 《논리철학논고》가 발표된 이래 합리론은 현재까지도 돌이킬 수 없는 타격을 입은 것은 사실이다. 그러나 모든 것이 취향이고 유행이듯이 철학적 이념도 유행이다. 언젠가 새로운 합리론적 독단이 기존의 경험론적 회의주의를 일소할 수도 있다. 따라서 누가 어느 이념을 지지하느냐는 것은 부차적인 의미밖에는 지니지 못한다. 중요한 것은 일관성의 문제이고 오해의 불식이다. 실정법만이 실증적이고 구속력 있는 법이라고 주장하는 사람들이 동시에 정의라고 말할 때에는 그들은 실정법을 초월하는 도덕적 원칙에 대해 말하고 있는 것은 아니라는 사실에 유념해야 한다. 그들에게 정의는 단지 법조문의 정확한 해석과 적용과 처벌을 의미할 뿐이다. 이 경우 정의는 실체적 참을 향하기보다는 절차적 준칙의 준수를 향한다. 실정법주의자들은 추구해야 할 절대 선이나 보편적 참을 가정하지 않는다. 따라서 올바름과 그름의 기준을 제시하는 '정의'라는 개념 역시도 실재하는 것은 아니게 된다.

자연법과 도덕률을 말하는 사람도, 실정법과 도덕의 증발을 말하는 사람도, 모두 동일한 단어인 정의justice에 대해 말하지만, 정의가 의미하는 바에 대한 관념은 이렇게 서로 다르다. 자연법을 옹호하는 사람들은 합리론자인 데카르트가 그의 방법론에서 제시한 양식과 마찬가지로 법률은 (기하학이 최초의 공준에서부터 연역되듯) 사회적 행위의 최초의 준칙인 도덕률에서 연역되어야 한다고 생각한다. 그들은 항구적인 참을 보증하는 수학이 탐구의 가장 모범적인 방법론을 제시한다고 말한다. 수학의 확고함과 객관성, 절대적 참임과 보편성에 미루어 법률 역시도 수학적 방법론을 따라야 한다면 법률 역시도 현상적 실존의 문제가 아니라 실재론적 본질의 문제라고 그들은 말한다.

과연 그런가? 모두가 확고함을 구해왔다. 만약 거기에 본질이 있고 우리의 실존이 거기에서 연역된 것이라면 우리에겐 적어도 우리가 딛고 설 단단한 대지가 제공된 것이다. "빛나는 별이여, 나도 그대처럼 확고하게 되고 싶어라Bright star, would I were steadfast as thou art."

수학이 문화구조물의 규범을 제시한다는 믿음은 사실은 그것 자체가 하나의 이념이고 하나의 의견일 뿐이다. 수학에 그러한 의미를 부여하는 것이 곧 합리주의이다. 데카르트 역시 기존 철학이 수학적 모델을 따르지 않았다는 것이 이상하다고 말한다.

사실은 이와 같지 않다. 수학은 크게 두 개의 요소로 구성된다. 유클리드 기하학의 예를 들자. 다섯 개의 공준과 수백 개의 정리라는 두 요소가 기하학을 구성한다. 다섯 개의 공준은 수백 개의 정리의 토대이다. 어떤 기하학적 정리라도 완전한 분석을 거치게 되면 공준에 닿게 된다. 공준으로부터 정리의 연역, 정리의 증명(분석)에 의한 공준으로의 환원 — 이 두 과정은 단지 가역적 과정의 순서의 문제일 뿐이다. 이것은 데이비드 흄의 용어로는 논증적 추론demonstrative reasoning에 의한 관념관계relation of ideas이고 칸트의 용어로는 분석적 선험지식analytic a priori knowledge이다. 이것은 우리에게 새로운 지식을 더해주지 않는다. 그것은 단지 분석이기 때문이다. 예를 들어 x^2-1은 $(x-1)(x+1)$이라는 지식이 여기에 해당한다. 이것은 이를테면 동어반복일 뿐이다.

기하학에 있어서 그 참과 거짓의 문제는 궁극적으로는 공준에 집중된다. 공준은 더 이상 분석불가능하다. 즉, 증명이 불가능하다. 이 증명이 불가능한 전제들에 대한 태도에 따라 철학적 경향이 결정된다. 공준은 얼핏 지극히 당연한 것으로 보인다. 두 점 사이에 직선을 그을 수 있다거나, 모든 직각은 서로 같다 등의 공준은 너무도 당연해서 그 자체로서 자명한 것처럼 보인다. 이때 이 자명성을 주장하는 사람들이 실재론자 혹은 합리론자들이다. 반면에 증명 불가능한 것의 참의 주장은 그것이 아무리 자명해 보인다 해도 독단일 뿐이라고 말하는 사람들이 유명론자와 경험론자들이다. 모든 지식은 경험에서 온다는 지극히 상식적인 전제에서 출발한 경험론은 이상하게도 가장 비상식적인 결론으로 이끌리는 듯 보인다. 그러나 상식도 논리적 일관성 앞에서는 어쩔 수 없다. 논리적으로 증명이 안 되는 것은 독단이다. 기하학과 관련해서는 인간의 상식이 사실은 얼마나 큰 편견인가가 밝혀졌다. 20세기에 새롭게 도입된 리만 기하학은 유클리드 기하학의 다섯 번째 공준이 참이 아닐 경우에 성립하는 기하학에 대해 말하고 있다.

이것은 또한 과학에서도 마찬가지이다. 과학혁명기의 성취에 의해 지극히 당연한 것처럼 보이는 과학적 법칙들도 사실은 법칙은 아니고 단지 가설일 뿐이다. 현대 과학철학은 그것에 귀납추론에 의한 일반화의 시도(실험적 패턴) 이외에 다른 의미를 부여하고 있지 않다.

수학이나 과학을 모델로 한 자연법 옹호자들의 논증은 따라서 가망 없는 시도에 지나지 않는다. 논리에 의해 자연법을 설득할 가능성은 없다. 경험론은 애초에 선험적인 제1원리의 전제를 포기하고 있다. 반면에 합리론은 추론의 근거로서의 원리principle의 존재를 가정한다. 자연법이론가들은 실정법의 전제로서의 도덕에 대해 말한다. 그러나 이것은 논증의 문제가 아니라 신념과 취향의 문제일 뿐이다. 모두가 확고함을 구한다. 현대의 철학이 경험론을 택하고 기호학과 언어학이 전통적인 형이상학을 대체하고, 신과 지성이

차례로 파산한 것은 적어도 인류가 그것을 원했기 때문은 아니다.

합리론자들 그리고 그 이념을 기반으로 하는 자연법 옹호자들은 가치체계의 상대화와 보편적 참의 증발이 전체주의를 부른다고 말해왔다. 그러나 이것은 역사적 사실과는 명백히 다르다. 전체주의는 오히려 보편적 참에 대한, 그리고 인간 이성의 역할과 객관성에 대한 오만한 믿음을 토양으로 성장했다. 서로가 다를 수밖에 없다는 것을 전제하는 한 파시즘은 그 토양을 발견하지 못한다. 보편과 선험과 일반이 없다면 절대적 선이나 참도 있을 수 없다. 절대성이 증발할 경우 공동체 구성원은 자신의 다름을 인정받기 위해 타인의 다름을 인정할 수밖에 없다. 경험론이 많은 상스러움과 물질주의의 위험에도 불구하고 그래도 받아들여진 건 바로 그 결함이 동시에 어떤 오만과 위험을 막아주기 때문이다. 경험론과 거기에 기초한 실정법의 이념은 인간은 단지 자기 고유의 경험 이외에 아무것도 아니라고 말한다. 따라서 인간은 그 경험이 고유한 만큼 고유한 존재이다. 각각의 인간은 모두 고유명사이다. 이들을 통일적으로 부를 공통의 본질은 없다. 즉, 종species의 자부심을 충족시켜줄 공통의 본질은 없다.

헤겔, 피히테, 셸링 등의 독일 관념론자들은 공통의 기원과 공통의 본질에 의해 그들 민족은 서로를 동일시할 수 있는 고유의 민족적 특질을 가진다고 주장했다. 이 집단적 같음의 주장이 오히려 전체주의이다. 이것이 공통의 본질을 가정하는 민족주의가 곧 나치즘과 동의어인 이유이다. 이 같음이 배타성의 동기가 된다. 집단적 같음은 다른 집단에 대해 오만한 배타성을 기르게 된다. 20세기의 분석철학과 기호학은 인간에게 환원적 공통의 본질common nature은 없다고 가정한다. 인간은 서로 다르다. 따라서 법률은 단지 하나의 약속이며 계약일뿐이다.

결국 도덕과 법의 문제도 — 자연법과 실정법의 문제라고 바꿔 말할 수도 있는 — 통합과 해체의 문제로 수렴한다. 우리가 수학적 지성, 추상화 능력을 인간의 본래적인 특질이라고 한다면 법은 도덕에 통합되어야 한다. 그때 '법은 도덕의 최소한'이 된다. 도덕과 법의 관계는 기하학에 있어 공준과 정리의 관계와 유비적인 관계에 있게 된다. 그러나 현대의 경험론적 이념하에서는 도덕이 실정법의 전제가 될 가능성은 없다.

현대는 먼저 이성이 붕괴함에 의해 각각의 문화구조물이나 이데올로기가 그 자체로 해체되어 스스로에게 후퇴, 수렴하게 되었다. 내내 말하진 바와 같이 실존은 본질에서 독립했다. 실존은 딛고 설 대지도 없이 내던져진 우리 현존에 대한 이야기이다. 마찬가지로 현재의 실정법은 스스로임에 의해 법률적 권위와 효력을 갖는다. 그것은 다른 권위에 호소하지 않는다. 의존할 수 있는 다른 권위가 없기 때문이다.

12

Narrative & Proposition

담론과 명제

우리는 포스트모더니스트들에게 무엇이 그들 스스로의 철학을 독특한 철학적 조류의 하나로 만드는 것이냐고 물을 수 있다. 포스트모더니스트들은 많은 것에 대해 말하겠지만, 그리고 또 각각의 포스트모더니스트들이 서로 조금씩은 다른 것들을 말하겠지만, 그들은 일관되게 그들 철학의 가장 중요한 요소로서 아마도 '해체deconstruction, disintegration'를 꼽을 것이다. 우리의 의문은 거듭된다. 우리는 또 한 번 묻게 된다. 해체라고 말할 때 그들이 의미하는 바는 무엇인가?

중요한 것은 무엇의 해체인가이다. 즉, 해체의 대상은 무엇이며 그 해체의 결과는 무엇인가가 중요한 주제이다. 이에 대해 그들은 계몽서사enlightenment narrative와 거대담론grand narrative의 해체를 의미한다(자크 데리다)고 답해 왔다. 우리는 다시 그 의미에 대해 묻는다. 계몽서사는 무엇이고 거대담론은 무엇인가? 이 생소한 용어는 무엇인가? 그들은 형이상학, 윤리학, 신앙, 미학 등에 속한 당위명제와 과학적 인과율(과학 법칙)을 이렇게 일컫는 것으로 보인다. 만약 그렇다면, 포스트모더니즘에 있어서도 그들 고유의 새로운 것은 없다. 비트겐슈타인이 '침묵 속에서 지나쳐야 할 것what should be passed over in silence'에 대해 말할 때 이것들이 바로 계몽서사와 거대담론을 지칭하기 때문이다.

엄밀하게 보자면 포스트모더니즘에서 철학적 독창성은 없다. 그들은 다른 사람이 획득한 전리품에 발을 올려놓고 있을 뿐이다. 온갖 현학과 겉멋, 꾸며진 난해함만이 있을 뿐, 거기에 철학적 깊이나 인식론적 문제의식은 없다. 포스트모더니스트들은 철학적 깊이나 독창성보다는 이미 정립된 철학에 대한 교육과 응용, 전파 등에 관심을 가진 듯 보인다. 그들 중 누구도 서재에서 깊이 있는 탐구에 몰두하는 사람은 없다. 모두 강연과 선전에 열중한다.

어쨌건 해체는 현대 이념에 있어 가장 중요한 주제이다. 소쉬르의 언어학, C. S. 퍼스의 기호학, 상대역학과 양자역학 등은 결국은 해체라는 중요한 이념을 전제하고 있다. 이 해체되어야 마땅한 것들은 어떻게 형성된 것이며 어떠한 기초를 가지고 있는 것인가? 또한 그것들은 무엇으로 해체되는가? 계몽서사와 거대담론만이 해체된 것은 아니다. 어쩌면 데카르트가 말하는 '사유' 자체가 해체되었다.

"인간은 수단이 아니라 그 자체로 목적이다."라는 칸트의 언명에 대해 생각해 보자. 이 언명은 물론 계몽서사이다. 모든 계몽서사가 그렇듯 당위로서의 언명이다. 이것이 해체되어야 한다면 그 해체된 조각들은 무엇이 될 것인가? 서사의 해체는 명제들이 된다는 것이 아마도 전통적인 철학의 기본적인 전제일 것이다. 서사는 개별적이고 실증적인 명제들 — 프레게Frege의 정의에 의한 — 로 해체될 수 있어야 한다. 황금을 제시하면 잔돈푼은 저절로 떨어진다는 것이 전통적인 철학의 대전제이다. 서사를 제시하면 경험적 명제들은 저절로 참이 된다. 위의 칸트의 진지하고 고상한 언명에 따르면 각각의 개별적 인간들은 모두 수단이 아니라 목적이 되어야 한다. "전체에 대해서 참이면 일부에 대해서도 참이다(아리스토텔레스)." 서사는 전체를 규정하는 양화사quantifier를 내포한다.

유클리드 기하학은 다섯 개의 서사를 지닌다. 그것이 공준이다. 이때 각각의 정리들은 여기에서 우수수 떨어진다. 공준은 언제라도 정리를 유출한다. 따라서 공준은 정리로 해체된다. 뉴턴의 만유인력의 법칙을 예로 들어보자. 천체의 모든 운동은 이 법칙에서 연역된다. 따라서 이 법칙은 다양한 운동으로 해체된다.

문제는 경험론 철학자들은 그러한 해체를 받아들이지 않는다는 사실이다. 엄밀한 의미에서 경험론 철학에 있어 해체란 없다. 그들이 해체라고 말할 때 그것은 사실은 소멸을 말한다. 한쪽에 계몽서사, 거대담론이 있고 다른 한쪽에 실증적인 사실들이 있다고 하자. 경험론자들은 전자를 폐기하고 후자만을 유의미한 사실로 본다. 포스트모더니스트들에게 있어서도 마찬가지이다. 그들은 해체라고 말하지만 사실은 폐기이다.

앞의 예로 돌아가자. 어떤 기업에선가 고용된 직원에 대해 그를 생산수단이기 이전에 존엄한 인권의 소유자로 대한다고 하자. 그는 인간에 대한 칸트의 계몽서사를 준수하고자 한다. 이때 회사의 고용주는 그 직원의 존엄성과 건강과 복지 등에 대해 먼저 관심을 기울여야 한다. 문제는 이러한 회사가 회사로서의 존립 이유를 가질 수 있는가이다. 사실 가질 수 없다. 왜냐하면 이 회사는 생산력에 있어 경쟁력을 가질 수 없기 때문이다. 피고용인과 회사의 관계는 고용계약이라는 실증적 사실에 따르지, 철학자의 정언명령에 따르지 않는다.

계몽서사와 거대담론은 먼저 일반화되고 포괄적이고 선험적인 법칙에 대한 언명이다. 포스트모더니스트들은 그것은 우리에게 무엇인가를 알려주는 듯하지만 사실은 독단에 지나지 않는 것이고 단지 듣기 좋은 말뿐이라는 사실을 우리에게 주지시킨다. 이것들이 호소력 있는 이유는 그것이 지닌 내재적 동기보다는 그것이 우리의 어떤 오도된 천성인가에 호소하기 때문이다. 인간은 포괄적이고 일반적인 지식의 소지에 의해 한껏 자부심 넘치게 되고 자못 오만해진다. 이 서사들은 인간이 마치 이성적 동물인 것처럼 말해준다. 계몽서사와 거대담론은 이러한 인간의 오만을 만족시킴에 의해 생명력을 유지한다.

앞에서 든 예와 같이 해체되었을 때 그 서사들의 정체가 드러나고 만다. 그것들의 참임은 보증되지 않는다. 더 엄밀히 말하면 이것들은 존재하는 어떤 것을 지칭하지도 않는다. 그것은 환각이다. 이러한 서사들이 바로 윤리적, 미학적, 형이상학적, 정치철학적 언명들이다. "어떤 기호가 필요치 않다면 그것은 무의미한 것이다. 이것이 오컴의 금언의 요지이다When a sign is useless it is meaningless. It is the point of Ockham's maxim." (비트겐슈타인) 신, 윤리, 예술철학 등과 관련한 기호는 사실은 지칭 대상object of signification을 지니지 않는다. 이러한 기호들은 공허하다. 따라서 실증적 쓸모를 가지지 않는다. 실증적 쓸모 외에 다른 쓸모를 말한다면 그것은 탐욕이나 허영이다.

서사의 범주는 여기에 그치지 않는다. 과학 만능론자들에게는 유감이지만 과학적 언명도 거대담론에 포함된다. "모든 개는 짖는다."라는 언명을 보자. 이 언명은 물론 과학적 판단에 의한 것이다. 이 언명을 해체하면 '짖는 개별적인 개'가 된다. 이때 우리는 즉시 물을 수 있다. "당신(과학자)은 모든 개를 다 검증했느냐?"고. "미래의 개는 물론이고 멀리 이누이트족들의 모든 개도 다 검증했느냐?"고. 과학적 담론은 소위 말하는 인과관계causal nexus를 의미한다. 그것은 주부subject와 술부predicative로 엮어진다. 이때 주부가 원인이고 술부가 결과이다. '모든 개'가 원인이고 '짖는다'가 결과이다. 이 인과율은 성립하는가? 유감이지만 성립을 보증할 수 없다. 이것은 귀납 추론inductive reasoning이기 때문이다. 과학 법칙의 이러한 성격에 대한 의문은 18세기에 데이비드 흄에 의해 이미 제기된다. 따라서 과학적 진술이라는 거대담론 역시도 해체되어야 한다.

따라서 해체는 두 가지의 대상에 적용된다. 하나는 소위 말하는 '침묵 속에 지나가야 할 것들'에 적용된다. 이 해체에 의해 형이상학, 신학, 윤리학, 미학, 정치철학 등과 관련한 적극적 언명은 단지 독단으로 변하게 된다. 이러한 주제는 더이상 보편적이고 구속력 있는 논의의 대상이 되지 못한다. 이러한 경향은 이미 계몽주의 시대에 발생한다. 볼테르, 디드로, 달랑베르, 돌바크 남작, 장 자크 루소 등의 백과전서파는 일체의 형이상학과 전통적인 신학을 부정한다. 그들은 코페르니쿠스에서 뉴턴에 이르는 과학혁명의 업적을 찬양하는 가운데 과학의 영역을 초월하는 모든 것을 지상 세계에서 추방한다. 이것이 근대 세계 최초의 회의주의이다. 그러나 이러한 최초의 해체와 회의주의는 여기에 그치지 않는다. 그들은 한편으로 회의하지만, 한편으로 확신한다. 그들은 비실증적인 것들을 지상 세계에서 구축해내면서 과학을 새로운 신으로 만든다. 물론 그 새로운 신조차도 회의의 대상이 되고 해체의 운명을 겪는다. "인과관계(과학)에 대한 믿음이 곧 미신이다Der Glaube an der Kausalnexus ist der Aberglaube."(비트겐슈타인) 그러나 이것은 그후 200년이 더 지나서의 일이다.

계몽서사나 거대담론이 폐기되면 그 자리를 명제가 채우게 된다. 명제는 발생하는 개별적 사실들에 대한 언어적 대응이다. 따라서 명제는 경험적 언명이다. 서사는 종합적이고 포괄적인 사실을 말한다. 즉 그것들은 세계의 통합에 대한 언명이다. 그러나 포스트모더니스트들에게 그러한 선험적 언명은 가능한 것이 아니다.

"질량을 가진 두 물체 사이에는 끄는 힘이 존재한다."는 언명에 대해 생각해 보자. 이 언명은 거대담론이다. '모든' 두 물체에 대해 말하고 있기 때문이다. 포스트모더니스트들이 부정하는 것이 바로 이 '모든'이라는 개념이다. '모든'이라는 것은 선험성과 일반성을 전제한다. 누가 '모든'을 보았는가? 태양과 지구 사이에는 끄는 힘이 존재한다. 태양과 화성 사이에도 끄는 힘이 존재한다. 이 사실들은 개별적이고 경험적인 사실들이다. 지금 그것들은 끌어당기고 있다. 그러나 '모든 두 물체'는 경험의 대상이 아니다.

전통적인 철학자들과 과학자들은 '모든'을 말함에 의해 예언자를 자처해 왔다. 이것은 가능하지 않다. 이러한 언명은 무의미하고 따라서 그 자체로 폐기되어야 한다. 그 자리를 개별적이고 실증적인 두 물체가 채워야 한다. 이렇게 계몽서사와 거대담론이 해체되면 그 자리를 실증적 명제들이 차지하게 된다. 이러한 점에 있어 존재하는 것은 시시하고 따분한 일상적인 명제들뿐이다. 확신과 자신감에 대한 어떤 손상이 온다 해도 어쩔 수 없다. 명제들 사이에 위계는 없다. 거기에 '법칙'이라는 좀 더 차별적인 명제는 없다. "모든 명제는 등가이다All propositions are of equal value."(비트겐슈타인)

이러한 해체는 포스트모더니스트들의 전유물은 아니다. 이들의 철학보다 200여 년 이전에 이미 통합된 과학혁명에 대한 급진적인 해체와 회의주의가 있었다. 데이비드 흄의 과학에 대한 해체와 회의주의는 너무도 전면적이고 과격한 것이어서 그 이전의 해체는 매우 온건해 보일 정도이다. 흄의 견해는 경험론적 철학의 전제를 끝까지 밀고 나갈 경우 당연히 이르게 되는 종점이었다. 흄은 인과율을 부정한다. 부정의 이유는 간단하다. 인과율은 귀납추론에 의해 얻어진 것이기 때문이다. 따라서 흄은 개별적인 경험적 사실들만이 지식의 자격을 가진다고 생각한다.

과학적 거대담론은 일반화되고 객관적이고 선험적인 원칙이라는 오만 속에서 자기 범주 안에 포함될 수 없는 것까지도 포함하여 해체되어야 한다. 누구도 전체와 미래를 볼 수는 없기 때문이다.

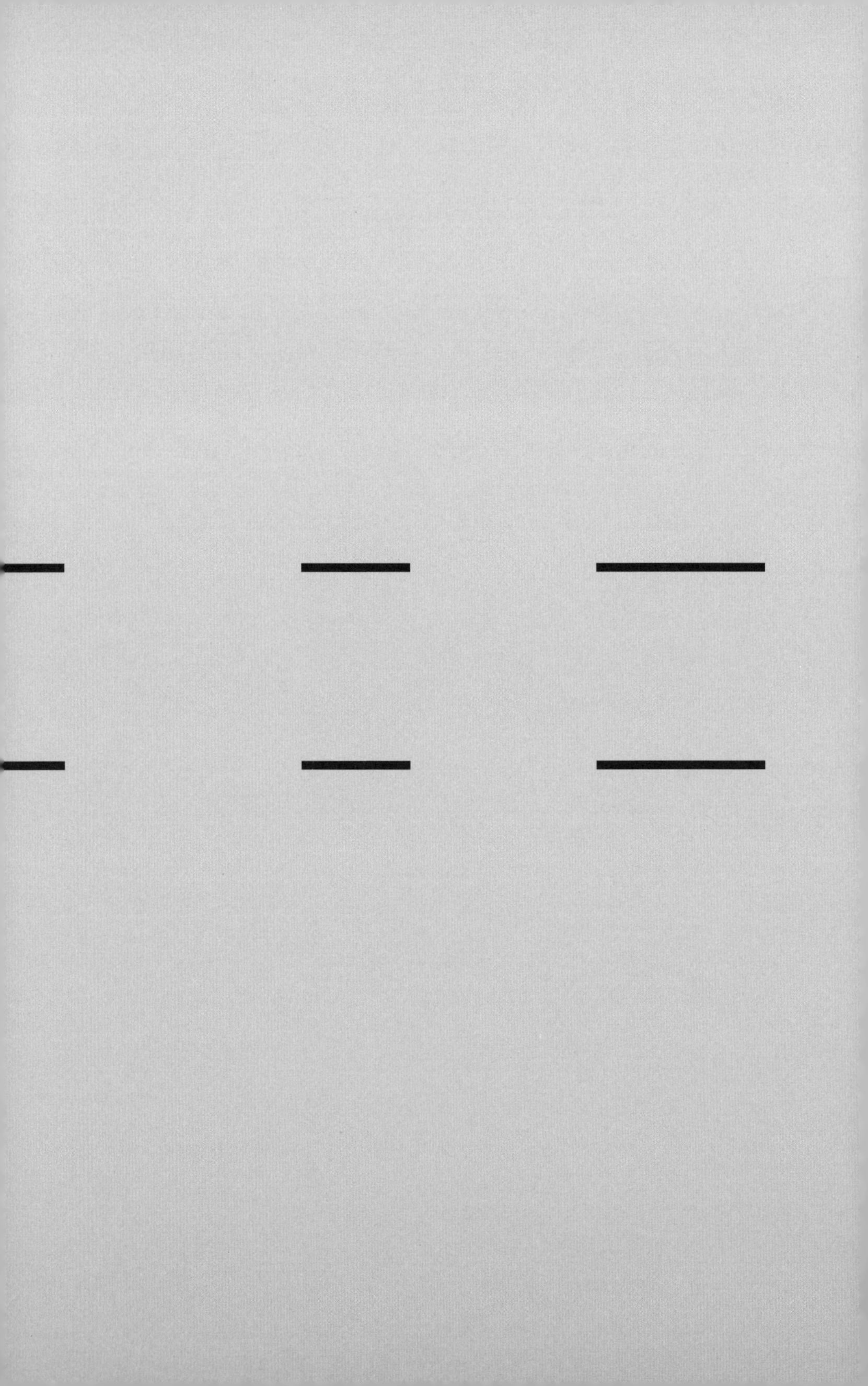

13

Essence & Existence

본질과 실존

실존의 문제는 이미 19세기 중반에 키르케고르에 의해 전면적으로 제기된다. 그러나 절망despair을 전제로 한 이 철학은 제2차 세계대전이 발발할 때까지 보편적이고 주도적인 철학이 되지는 못한다. 그러기에는 헤겔의 영향력이 너무 컸고 독일관념론자들의 관념철학이 (모든 관념이 그러하듯) 매혹적인 독단이었기 때문이다. 또한, 이미 죽은 것으로 받아들여지고 있는 신을 다시 철학의 근본 주제로 되돌린다는 사실에도 많은 철학자가 거부감을 느끼고 있었다. 그러나 키르케고르가 신을 말하는 가운데 인간 조건의 가장 근원적인 부분을 파헤치고 있다는 사실은 20세기가 되어서야 알려지게 되었다. 철학은 언제나 신을 말하는 가운데 인간을 말하게 되고 인간을 말하는 가운데 신을 말하게 된다. 이것은 단지 둔하고 무감각하고 피상적인 사유에는 절대 그 양상을 드러내지 않을 뿐이다.

정확한 의미에서는 실존주의 철학은 실증주의와 분석철학의 존재론적 카운터파트counterpart이다. 실증주의와 분석철학은 데카르트 이래의 대륙의 합리론에 대한 전면적 부정이었으며 또한 대안이었다. 데이비드 흄의 《인간 오성론》은 데카르트와 뉴턴이 이룬 성취에 대한 날카로운 반박이었다. 그때 이래 과학과 과학에 대한 신념은 오늘날에 이르기까지 회복될 수 없는 상처를 입었다. 사실상 신의 죽음에 이르는 또 다른 신념의 소멸이 과학의 죽음이었다. 이제 인류는 신념 없이 사는 법을 배워야 했다. 과학은 상속자도 지정하지 않고 죽고 말았다.

일반적으로 르네상스에서 제1차 세계대전에 이르기까지를 근대로 규정한다. 근대는 '인간 이성에 대한 신념과 세계의 기계론적 작동에 대한 신념'으로 특징지어진다. 데카르트가 한 것은 신의 계시에 의한 세계의 이해를 인간 이성에 의한 세계의 이해로 바꿔놓은 것이다. 인간의 이성은 세계를 작동시키는 근원적인 법칙을 닮은 것이었다. 이러한 형이상학적 신념은 과학혁명이 이룬 업적에 의해 정점에 이른다.

그러나 이러한 인간 이성의 개가는 100여 년의 전성기를 누릴 뿐이다. 18세기 중반에 제기된 데이비드 흄의 회의주의는 과학을 붕괴시킨다. 물론 과학은 쉽게 물러나지 않는다. 신념 없이 살기보단 신념과 더불어 사는 것이 편하다. "설명은 마음이 쉬는 곳이다Explanation is where the mind rests." 더구나 과학은 인간의 오만을 충족시킨다. 세계에 대한 보편적이고 필연적인 지식의 소지가 주는 자만심의 충족은 작지 않다. 회의주의는 소수의 날카로운 지성의 소유자들에게만 설득력이 있었다. 흄의 공격과 칸트의 실패에도 불구하고 과학은 여전히 그 영향력을 행사하고 있었다.

과학의 실패와 신념의 상실에서 오는 최초의 본격적인 존재론적 철학이 실존주의existentialism였고 그것은 19세기 중반에 덴마크 철학자 키르케고르에 의해 시작된다. 지성의 실패는 동시에 전통적인 실재론적 신앙의 실패를 부른다. 키르케고르가 가장 예민하게 대응한 부분은 여기였다. 중요한 것은 지성의 붕괴가 모든 신앙의 붕괴를 불러오지는 않는다는 사실이다. 지성의 붕괴는 지성을 기반으로 한 신앙만을 붕괴시킨다. 인간 이성은 우직하고 어리석고 미련하고 오만한 지지자들을 동반한다. 따라서 이성에 기반한 신앙이 붕괴할 때 날카로운 정신만이 신앙을 이성에서 독립시킨다. 인간 이성에 대한 얼빠진 신봉자들은 결코 이성의 붕괴를 인정하지 않는다. 그들은 여전히 교의에 집착하는 우직하고 미련스러운 신앙심만을 견지한다.

어떠한 지식이 과학으로 승격하기 위해서는 보편성과 선험성을 가져야 한다. 그러나 경험론의 견지에서는 개별적 사실들만 있을 뿐이다. 개별적 사실들을 묶어주는 보편적 사실은 환각이다. 경험론적 입장에서 지식의 유일한 근거는 경험이다. 그러나 과학적 언명은 스스로가 우리 경험을 초월한다고 공언한다. 따라서 경험론 철학에서는 과학은 존재하지 않는다. 오로지 실증적인 개별적 사실만이 지식이기 때문이다. 따라서 경험론 철학자들이 과학이라고 말할 때에는 과학의 개념을 변경시킨다. 전통적인 철학자들이 귀납 추론에 의해 발견된 일반화된 법칙의 총체를 과학이라고 할 때 경험론 철학자들은 단순히 발생하는 사건의 총체를 과학이라고 한다.

우리의 이성은 개별적 사실들의 집합에서 추상화된 언명에 이르는 오류를 저지른다. 이것이 귀납 추론의 문제이고 프레게가 말하는바 '우리 언어의 괴상망측함the awkwardness of our language'이다. 추상화에 어떤 문제가 있는 것은 아니다. 문제는 그 결론을 법칙이라고 믿는 데에 있다. 사실은 귀납추론에 의해 단지 습관적으로 굳어진 어떤 느슨한 인과관계를 인과율로 만들어 이제는 오히려 그것이 선행한다고 믿는다. 이렇게 전도된 신념이 생겨난다. 이것이 인간 이성이 하는 일이다. 이성의 본래적인 기능이 기억과 상상이기 때문이다. 경험론이 오로지 경험만을 지식의 근거로 말할 때 그것이 동시에 인간 이성을 의심하는 것은 이것이 이유이다.

경험론은 따라서 이성에 의해 설명되는 신을 부정한다. 철두철미하게 유물론적이어서 어떠한 종류의 신의 개입도 용납하지 않는 과학의 신봉자들도 있고 적당히 유물론적이어서 이 과학에 의해 해명되는 치밀한 세계의 창조주로서의 신을 신봉하는 신앙을 가진 과학의 신봉자들도 있다. 그러나 유감스럽게도 그들이 무엇인가를 신봉한다는 사실 자체가 그들을 진정한 지적 세계에서 배제시키고 만다. 모든 믿음은 그것이 무엇에 대한 것이건 미신이다.

중요한 것은 신의 존재에 대한 인간 신념의 토대가 무엇인가이다. 전통적인 실재론적 혹은 합리론적 신앙은 인간 이성과 신학의 양립이 가능하다고 주장한다. 이때 '이성에 의해 설명되는 신'이 가능하다. 이 경우 신은 플라톤의 이데아 혹은 아리스토텔레스의 '부동의 동자Primum Mobile Immotum'의 모습을 띤다. 신들은 기하학을 하는 것이 아니라 신 자신이 최초의 공준이다. 단지 그 공준이 사랑이 넘치는 존재일 뿐이다. 이것이 토마스 아퀴나스의 신학이었다.

이성과 과학의 몰락은 전통적인 신의 몰락을 부른다. 신은 이렇게 죽은 것이다. 다시 말하면 성 오거스틴이나 토마스 아퀴나스의 신은 이성의 몰락과 더불어 죽은 것이다. 그들의 신은 이성에 의해 설명되는 신이기 때문이다. 이때 다른 신은 가능한가? 인간의 이성과 언어에서 독립한 신은 가능한가? 그러나 이성의 소멸과 신의 죽음은 다른 문제도 불러온다. 이성이 죽을 때 윤리는 어떻게 되는가? 이성이 죽었을 때 인간 존재의 의의와 인간 행동의 지침은 어떻게 되는가?

실존주의의 대두는 이러한 배경을 지닌다. 실존주의에서 자주 언급되는 절망despair, 부조리absurdity, 불안Angst, 실존existence 등의 개념 자체가 이성의 붕괴를 배경으로 하고 있다. 실재론 혹은 합리론에 의하면 금의 시대the golden age는 과거에 속하고 현재는 철의 시대the iron age이다. 이것은 고대 그리스인 헤시오도스의 시대 분류였다. 모든 실재론자와 합리론자의 시대 분류도 다르지 않다. 모든 올바른 영광은 그 기원에 있었다. 수많은 정리의 기원은 황금의 공준이다. 말한 바와 같이 황금을 먼저 제시하면 잔돈푼은 저절로 떨어진다.

실존주의자들은 이것을 본질essence이라고 부른다. 그들은 이 본질에 황금의 값을 매기지 않는다. 인간 이성이 지적 확고함을 견지하는 한 삶의 목적은 분명하고 인간의 존재의의도 확실하며 우리 행위의 준칙도 분명히 정해진다. 먼저 인간 이성의 존재가 분명하다는 신념이 있게 되면 그것이 신앙이건 혹은 도덕이건 우리 삶은 그것을 근간으로 하여 정돈될 수 있다. 이 근간이 되는 것이 본질이다. 삶은 이 본질에서 연역된다. 인간은 삶에서 소외되지 않는다. 각 각의 삶은 마치 각각의 정리가 공준의 틀 안에 있듯이 본질의 틀 안에 있다. 본질은 따스하고 확고하고 안전한 토대이다.

이성이 파산을 선언하고 본질의 존재가 의심스러워졌을 때 인간은 먼저 삶의 의미를 잃는다. 인간 존재에 필연과 이유는 없었다. "있는 것은 그대로 있고 발생하는 것은 그대로 발생한다."(비트겐슈타인) 나를 유출시킨 고귀하고 근원적인 어떤 것은 확인되지 않는다. 나는 그냥 던져지고 버려진 존재였다. 어두운 밤에 갑자기 잠에서 깬 어린아이가 자기를 지탱하는 토대의 부재에서 절망과 공포를 느끼듯 인간도 낯섦과 소외를 겪게 되었다. 이것이 실존주의자들이 말하는 버려진forsaken 존재의 절망despair이다.

자신에게 친근했던 세계는 단지 환각이었다. 이제 그 세계는 모순에 찬 세계가 되었다. 그러나 이 문제가 가장 고통에 찬 세계를 불러온 것은 영혼의 구원을 삶의 첫 번째 준칙으로 삼은 사람들에게였다. 다시 말하면 신앙을 삶의 가장 큰 가치로 삼은 사람들에게 숨은 신은 가장 큰 고통이었다. 설명되는 신, 인간의 언어에 의해 이해되는 신은 영혼의 구원에 있어서 인간과 닮은 신이었다. 인간은 본래는 신이 요구하는 바를 명확히 알 수 있었다. 구원은 신앙과 그 신앙에 기초한 행위에 의해서였다. 이러한 신의 죽음은 구원을 위한 행위의 준칙을 소멸시켰다. 당연한 것으로 알려져 온 많은 것들이 소멸하였다. 누구도 신의 의지를 알 수는 없기 때문이었다.

키르케고르의 '이것이냐/저것이냐 Ether/Or'는 이러한 상황에 부딪힌 인간의 방법론적인 삶의 두 양식과 구원을 위한 삶의 하나의 양식에 대한 것이다. 키르케고르는 먼저 심미적 삶과 윤리적 삶에 대해 길게 언급한다. 이 두 개의 삶은 모두 절망을 극복하기 위한 것이다. 어느 것을 선택해도 좋다. 전자는 내적 만족감을 위한 것이고 후자는 외적 만족감을 위한 것이다. 전자는 이를테면 다시 태어난 에피쿠로스의 삶이다. 예술과 에로스에의 끊임없는 추구가 절망의 세계에서 우리가 선택할 수 있는 최선의 삶이라고 심미주의자는 말한다.

이 삶은 그러나 현실 도피적인 삶이다. 한 마리의 토끼가 절망을 잊게 할 수는 없다. 다만 "한 마리의 토끼를 추격하는 동안에는 절망을 잊을 수 있다."(파스칼) 이 삶이 항구적이고 영원할 수 있을까? 그것은 불가능하다. 끊임없이 갱신되는 향락에의 요구를 충족시키기에는 어떤 창조성도 부족할 것이다. 심미주의자 역시도 이 삶의 양식이 자기 인식적이란 사실을 알고 있다. 그는 끊임없이 갱신되는 심미적 향락만이 절망을 잊게 한다는 사실을 안다. 키르케고르는 그의 저널에서 카뮈보다 훨씬 앞서 시시포스에 대해 말한다. 그러나 키르케고르의 시시포스는 긍정적이지 않다. 그 노력은 영원할 수가 없다.

윤리적 삶은 전도된 심미적 삶이다. 명예가 물질을 대신하는 삶이다. 이 삶의 충족은 그 기준이 내면이 아니라 외부에 맞춰진 것이다. 그의 삶의 중심은 타인에게 맞춰진다. 윤리적 미덕의 행사가 그의 삶이기 때문이다. 고대 그리스 시대 이래 되풀이되어온 미와 선의 문제가 여기서 되풀이된다. 칼로카가티아kalokagathia 이념은 선을 미의 전제로 삼는다. 어떤 것이 심미적이기 위해서는 먼저 윤리적이어야 한다.

이 윤리적 삶 역시도 한계를 지닌다. 전통적인 신이 죽은 다음에 어떤 윤리적 기준이 남아 있겠는가? 당사자는 온갖 윤리적 행위를 다한다. 그러나 그 토대는 불확실하다. 하나의 예를 들어보자. 자선이 당신의 윤리적 충동을 충족시키는가? 만약 자선이 그 불쌍한 사람에게서 자조 정신을 잊게 한다면 그것이 진정한 윤리적 행위인가? 여기에서 판단의 기준을 찾을 수는 없다.

가치 있는 삶, 유의미한 삶이 결코 심미적 삶이나 윤리적 삶에 있지 않은 것은 분명하다. 인간은 스스로가 스스로의 토대가 될 수는 없다. 영혼의 궁극적인 구원의 가능성 없이는 어떤 것도 삶을 살아 갈 만한 것으로 만들 수 없다. 신앙이 우리에게 남는다. 그러나 문제는 인간의 역량으로는 신을 알 수가 없다는 것이다.

키르케고르는 여기에서 알 수 없기 때문에 믿어야 하는 신에 대해 말한다. 전통적인 신앙에 있어서의 영혼의 구원은 정해진 종교적 규범에의 준수에 의해 가능한 것이었다. 키르케고르는 신앙faith과 믿음belief을 구분한다.

신앙은 독립적이고 개인적이고 자율적인 것이다. 그것은 신에 대한 지식에서 자유롭다. 이것은 이를테면 루터가 '오로지 신앙만으로sola fide'라고 외칠 때의 그 신앙이다.

믿음은 지식에 기초한 신앙이다. 이 신은 바울의 신이며 성 오거스틴의 신이고 성 안셀무스의 신이다. 이것은 개인적이거나 자율적인 신앙이 아니다. 그것은 신학에 의해 규정된 신에 대한 믿음이기 때문이다. 이 믿음은 집단에 의해 보장된다. 신학은 언제나 구속력을 가진 지식체계이기 때문이다.

키르케고르는 '신 앞의 단독자the self before God'에 대해 그의 저술《철학적 단편에 부치는 비학문적인 해설문Concluding Unscientific Postscript to Philosophical Fragments》에서 다음과 같이 말한다.

"... 따라서 신앙의 대상은 실존의 의미에서의 신의 현실태actuality이다. 그러나 존재한다는 것은 먼저 그리고 우선 특정한 개별자가 된다는 것을 의미한다. 그리고 이것이 사유thinking가 실존을 무시해야 하는 이유이다. 왜냐하면 보편자the universal는 사유되지만 개별자the particular는 사유될 수 없기 때문이다. 따라서 신앙의 대상은 실존 가운데의 신의 현실태이고 이것은 신이 특정한 개별자로 존재한다는 것이고 신이 개별적인 인간으로 실존했다는 것을 의미한다. 기독교는 신과 인간의 통합과 관련한 교의가 아니다. '주체 — 객체'와 관련한 교의의 문제도 아니고 더구나 기독교의 논리적 기타 설명에 관한 것도 아니다. 다른 말로 하면 기독교가 하나의 교의라면 기독교에 대한 (우리의) 관계는 신앙의 관계가 될 수는 없다. 교의에는 지적intellectual 관계만이 있기 때문이다. 기독교는 따라서 교의가 아니라 신이 존재했다는 사실이다. ..."

키르케고르는 지성intelligence을 집단의 문제로 '단독자the self'를 실존의 문제로 보고 있다. 단독자는 인간의 지적 신학에 의해 뭉쳐진 집단으로서의 인간들로부터 해체된 개별적 신앙인이다. 키르케고르는 신앙을 교의의 문제에서 개별자의 문제로 돌린다. 신은 교의의 집합체가 아니라 개별자이다. 또한, 인간도 신학에 의해 통합된 형식주의적 신앙인이 아니라 어떠한 신학의 옷도 입지 않은 채로 신 앞에 단독으로 던져진 실존적 신앙인이다.

이것이 새로운 신학에서 드러나 해체된 개인의 양상이다. 키르케고르는 인간의 이성이 몰락한 다음에 신앙인으로서의 인간은 집단적이고 지적인 집단에서 해체되어 개별자가 되어야 한다는 사실을 최초로 드러낸 철학자이다. 이성의 신봉자들은 한결같이 보편universality에 대해 말한다. 지식은 구속력 있는 시스템이기 때문에 강제적 참여를 요청한다. 이것이 신앙에 적용되었을 때 지적 시스템으로서의 신학이 된다. 이것이 성 오거스틴의 신학이며 토마스 아퀴나스의 신학이고 덴마크 국교회의 신학이었다.

경험론 철학에서는 '근검의 원칙the doctrine of parsimony'이 작동된다. 전통적인 합리주의적 신앙에서는 개별적 신앙에서 추상화된 고귀한 신앙이 존재했다. 이것이 신학이었다. 이 신학은 그리스 철학이 신앙의 옷을 입은 것이었다. 그러나 키르케고르는 이 신학을 잘라낸다. 거기에 모두가 준수해야 하는 신앙의 원칙은 없다. 신앙은 지성의 문제가 아니다. 인간의 이성은 세계의 포착에 있어서 파산했다. 신에 대한 포착에 있어서는 더욱 그랬다. 키르케고르가 '실존하는 개인'에 대해 말할 때 그는 윌리엄 오컴의 "개별자만이 존재한다."는 사실을 다시 말하고 있다.

키르케고르의 새로운 신앙의 요점은 다음과 같다. 전통적인 신학은 '본질essence'이라고 말해질 수 있고 새로운 신앙인으로서의 개별자는 '실존

existence'이라고 말해질 수 있다. 키르케고르는 본질을 지운다. 그것은 교의이고 지성이고 집단이다. 그리고 이성의 죽음과 더불어 생명력을 잃은 것이다. 오로지 실존만이 생생하고 개별자이고 진정한 신앙인이다. 그가 신 앞의 단독자에 대해 말할 때 그는 "실존은 본질에 앞선다Existence precedes essence." 를 말하고 있다.

부조리absurdity와 절망과 불안과 자유와 실존 등의 문제가 제기된 것은 이성의 몰락의 철학에서는 당연한 것이다. 실재론적 신학을 몰락시킨 오컴은 신의 전능성과 인간의 무능성을 대비시킨다. 이때 오컴은 신의 전능성을 그의 철학의 요체로 삼는다. 그는 인간 이성의 존재와 그것에 부여된 전통적인 선험적 앎의 기능을 부정한다. 그러나 이것은 먼저 신의 전능성을 말하기 위해서였다. 그의 철학은 신을 위한 것이었다. 그는 이성이라는 정체불명의 인식 기능 가운데 한없이 몰락해가는 신을 구원하기 위해 유명론을 전개한다. 이성은 모든 비실증적 사실에까지 도약하여 그것들에 대한 자신의 지식의 전능성을 주장하고 있었다. 만약 인간에게 이러한 인식적 능력이 있다면 그들의 신앙은 가식이거나 이익이었다. 이성이 포괄하는 신이라면 신은 당연히 이성에 구속된다. 이것은 그러나 신의 전능성이라는 이념과 배치된다.

오컴은 이 상황을 뒤집어 놓기를 원했다. 인간의 무능성이 20세기에 부조리라는 이름으로 부활할 예정이었다. 그러나 오컴의 유일한 관심사는 신과 신앙이었다. 인간은 신에 대해 알 수 없다. 인간에겐 필연적이고 보편적이고 선험적인 지식을 형성시킬 능력이 없다. 반면에 신의 전능성은 이미 인간의 모든 운명을 결정지었다. 여기에 대해 인간이 할 수 있는 일은 없다. 이것이 결정론이다. 신학적 결정론이 인간적 견지에서는 부조리가 된다.

비트겐슈타인은 "어떤 기호가 필요치 않을 때 그것은 무의미하다When a sign is useless, it is meaningless."라고 말한다. 유의미하기 위해서는 필요불가결한 기호여야 한다. 그러나 인간의 존재 이유와 존재의의 등은 필요불가결한 기호가 아니다. 그것은 거기에 부응하는 상징symbol을 갖지 못한다. 그것은 개념을 결한 언어일 뿐이다. 따라서 객관적인 논증의 대상이 아니다. 인간의 존재의의와 삶의 이유 등은 모두 '침묵 속에서 지나쳐야 할 것들'이 되었다는 사실, 이것이 부조리이다. 인간 존재의 의의가 객관적이고 합리적으로 설명되지 않는다는 것, 어떤 권위와 학문과 철학에 의해서도 보증되지 않는다는 것, 인간 존재를 설명할 수 있는 어떤 필연적 원인도 부재하다는 것, 인간의 우연적 존재를 연역시킬 어떤 근원적 기저substance도 발견되지 않는다는 것, 이것이 부조리이다.

부조리는 따라서 카뮈가 표현한바 "인간의 (자기존재의 원인을 알고자 하는) 요구와 그 요구에 대해 불합리하게 침묵하는 세계와의 대립"이다. 이러한 조건에 처한 인간은 이제 사느냐 죽느냐의 문제에 처하게 된다. 전통적인 세계는 인간에게 삶의 의의를 제공해주었다. 신은 신학의 힘을 빌려, 이성은 과학의 힘을 빌려 인간의 필연성에 대해 말해주었다. 그러나 그것들은 모두 '거짓 예언(트리스탄 차라)'이었다. 살아야 할 이유가 있는가? 토대를 잃었다는 절망과 불안 가운데에서. 이것이 실존주의자들이 그들의 철학에서 자살의 문제를 하나의 전제로 삼는 이유이다. 버려졌다는 고통이 너무 크다. 이제 결단을 내려야 한다. 자살을 택할 것인가? 아니면 살기로 결단을 내릴 것인가? 키르케고르, 카뮈, 사르트르 모두 자살을 삶의 하나의 선택으로 본다.

실존주의자들은 여기에서 어떤 선택에도 더 많은 가치를 부여하지는 않았다. 삶과 죽음은 가치중립적이다. 선택의 결단resolution 이후에는 가치의 문제가 대두된다. 나쁜 선택은 없다. 그러나 선택을 뒷받침하지 못하는 나쁜 의지는 있다. 살기로 결단을 내렸을 경우 부조리는 오히려 살아갈 가치가 있는 삶의 토대가 된다. 부조리는 직시의 대상이지 기피의 대상이 아니다.

부조리를 피하기 위한 우리의 시도는 비겁한 것이거나 허무주의적인 것이 된다. 전자는 종교나 도덕적 가치 쪽으로의 도약이다. 후자는 자살할 용기가 없는 사람들의 선택이다. 진정한 삶은 도약도 기피도 거부한다. 부조리만이 인간을 인간답게 만든다. 부조리는 동시에 자유를 의미하기 때문이다. 그러나 이 자유는 전통적인 기독교가 규정하는 자유의지와는 다르다. 그것은 신앙이 규정한 노선을 따르는 인간의 의지를 말한다.

새로운 자유의지는 스스로를 창조할 자유, 우주를 창조할 자유를 말한다. 전통적인 자유의지 하에서는 부조리가 생겨나지 않는다. 거기에는 우리의 존재의의가 있으며 우리의 목표까지도 있다. 우리는 던져지거나 버려진 존재가 아니다. 우리는 해명되는 존재이고 연역되는 존재이다. 부조리는 이것과 반대되는 상황을 말한다. 우리는 어떠한 주조를 위한 틀에도 맞지 않는다. 사실은 그 틀 자체가 존재하지 않는다. 우리는 불현듯 존재하게 되었으며 우주는 낯선 곳이 되었다. 부조리는 이렇게 고향의 상실을 의미한다. 모든 다정스러움과 친근감은 증발하였다. 물 한 방울조차 남지 않았다.

부조리는 물론 고통이며 불안이다. 그러나 이 상실감의 고통은 단지 쐐기풀 같은 것이다. 그것은 스칠 때 우리를 아프게 쏘지만, 만약 손에 꽉 쥔다면 오히려 안전하고 평온하다. 부조리를 피하려는 시도 가운데 부조리는 우리를 먹이로 삼는다. 부조리에 직면하고 그것을 삶의 원칙으로 삼을 때 우리는 오히려 부조리가 우리에게 무한한 자유를 준다는 사실을 알게 된다. 부조리함에 의해 우리는 무한한 자율성을 갖는다.

부조리는 정합성에 반대되는 개념이다. 정합성은 나와 나를 포함한 모든 것을 포괄하는 통일된 설명을 내놓는다. 중요한 것은 설명이 아니라 기술description이다. 설명은 지성에 기초하고 기술은 실존에 기초한다. 기술은 단지 나에 대한 얘기이다. 나는 포괄적 설명에서 해체되어 있다. 나뿐만이 아니다. 모든 것들은 이유 없이 거기에 존재한다. 이 이유 없음, 설명 없음이 나의 '구토'를 유발한다.(사르트르)

사실은 구토할 이유가 없었다. 이 사실을 빨리 깨달아야 했다. 존재의 가치는 그 이유가 없음에 의해 되살아난다. 우리의 값어치는 집단적 교의에 매몰됨에 의해서가 아니라 개별자로 파편화됨에 의해 새로운 의미를 갖게 된다. 우리가 우리의 의미를 지적 설명 혹은 형이상학적, 신학적 교의에서 찾고자 한다면 부조리는 사라진다. 동시에 우리의 삶도 사라진다. 생생함이 사라짐에 의해 우리 삶은 고요한 죽음 외에 아무것도 아니게 된다. 따라서 소돔과 고모라의 신화와는 반대로 부조리에 대해서는 눈을 돌리는 순간 죽음이 찾아온다. 차갑지만 동시에 열정적인 눈으로 고통과 무의미를 바라봄에 의해 부조리는 갑자기 친근하고 깨끗한 고산의 만년설이 된다. 매 순간 갱신되어나가는 우리 자신, 활기 있고 살아있는 삶 — 그것은 부조리와 우리가 하나 됨에 의해 가능해진다.

죽음은 삶을 연장시킴에 따라 사라지는 것이 아니라 삶을 지움에 따라 사라진다. 답변이 불가능한 곳에 질문을 하면 회의주의로 이른다. 불가능한 답변을 꾸며내면 과거의 신앙과 형이상학으로 되돌아간다. 우리에게 가능한 것은 단지 실존을 살아나가는 것이다. 이것이 "실존은 본질에 앞선다."이다.

비트겐슈타인은 그 실존적 삶에 대해 다음과 같이 말한다.

"죽음은 삶의 사건은 아니다. 죽음은 살아질 수 있는 것이 아니다. 만약 '영원'을 끝없는 시간적 지속이 아니라 시간의 소멸로 이해한다면 실존을 사는 사람이 영원을 사는 것이다."

'본질과 실존'의 문제에 있어서 본질은 통합을 의미하고 실존은 해체를 의미한다. 실존주의라는 절박하지만 희망적인 철학은 단호하게 현대의 해체를 말한다. 이때의 해체의 원인 역시 통합적 기능을 행사해 온 이성의 죽음이다. 인간 이성이 휴머니즘에 고유한 그 자부심 넘치는 기능을 행사한다면 인간은 여전히 평온과 자부심 가운데서 죽음 같은 잠을 자고 있을 것이다. 그러나 새로운 시대는 모든 것을 꿈에서 깨웠다. 18세기 중반에 이미 시작된 인식론적 측면에서의 경험론의 불은 19세기 중반에 키르케고르에 의해 존재론에 옮겨 붙는다. 그러고는 결국 세계는 해체로 전환된다. 해체는 이제 각성을 의미하게 되었다.

본질essence은 세계의 제1원인을 설명하는 원리로 작동해왔다. 그러나 그러한 것은 없다. 플라톤의 이데아, 아리스토텔레스의 공통의 본질, 토마스 아퀴나스의 신학, 데카르트의 이성적 사유 등은 모두 환상이었다. 이것들은 모두 폐기되었다. 그리고 그 자리에 현존하는 나만이 남게 되었다. 존재 이유에 대한 어떤 포괄적이고 선험적인 토대가 결여된 채로 나는 덩그렇게 남게 되었다. 삶의 원리는 살아가는 개별적 존재들로 해체되었다. "실존은 본질에 앞선다."는 금언은 결국 존재는 해체되었다는 의미와 같은 것이 되었다. 그 해체가 무의미하거나 값어치 없는 것은 아니다. 우리는 적어도 하나의 삶, 하나의 세계를 창조할 자유를 쥐게 되었다.

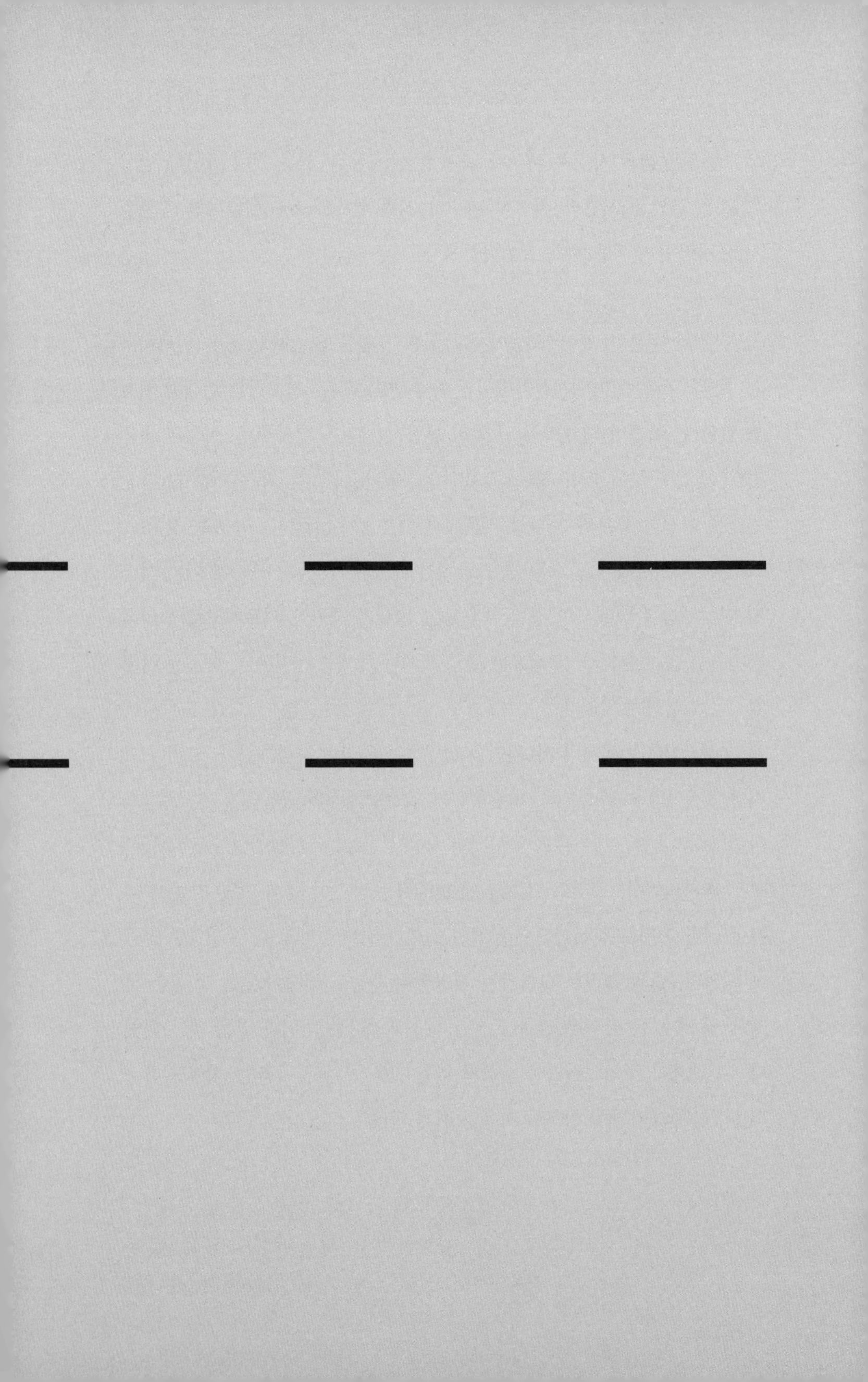

14

Thing & Fact

사물과 사실

비트겐슈타인은 그의 《논리철학논고》의 시작을 "세계는 사례 전체이다The world is all that is the case."라는 수수께끼 같은 말로 시작하고 이어서 "세계는 사물의 총체가 아니라 사실의 총체이다The world is the totality not of things but of facts."라는 말을 덧붙인다.

이 언명이 천명하고 있는 가정은 전체 철학사를 관통하여 매우 중요한 쟁점을 구성한다. '사물로서의 세계'는 통합의 이념을 의미하고 '사실로서의 세계'는 해체의 이념을 의미한다. 이것은 아리스토텔레스가 그의 형이상학에서 규정하는 기저substance와 술부의 관계와 관련한 것이기도 하다. 만약 세계의 기저가 세계의 전부이고 기저가 거기에 있을 때 세계도 거기에 있다고 말한다면, 따라서 세계는 그 토대에 의해 필연적으로 정해진다고 말한다면 그것은 사물로서의 세계에 대해 말하는 것이고 동시에 통합된 세계를 말하는 것이다.

이것은 또한, 필연으로서의 세계와 우연으로서의 세계에 대해 말하는 것이며, 연역되는 세계와 분석되는 세계에 대해서 말하는 것이다. 최초에 기저가 있었고 세계가 거기에서 연역된다는 세계관이 '사물의 총체로서의 세계관'이고, 먼지 우연적인 다양한 세계가 있고 기저 또한 우연적인 분석의 공통분모라는 세계관이 '사실의 총체로서의 세계관'이다.

원소주기율표를 하나의 유비로 채용해보자. 이것은 단지 유비이다. 화학자들은 원소주기율표가 세계의 기저substance라고 생각한다. 원소주기율표는 두 개의 중요한 요소를 가진다. 하나는 원소들이다. 그리고 다른 하나는 그 원소들의 결합형식이다. 원소들을 물질의 최소단위라고 가정하자. 이제 결합형식이 남는다. 원소들은 멋대로 결합할 수 없다. 두 개의 H와 하나의 O는 결합할 수는 있지만, H와 He는 결합할 수 없다.

이 유비를 비트겐슈타인의 세계로 옮기기로 하자. 비트겐슈타인의 존재론 역시도 기저substance를 가정한다. 그는 기저는 대상object과 그 결합형식이라고 말한다. 원소와 원소의 결합형식과 같은 모델이다. 그때 이 결합형식을 비트겐슈타인은 논리형식logical form이라고 부른다.

기저가 곧 세계인가? 한편으로 그렇고 다른 한편으로 그렇지 않다. 현대철학의 입장은 다음과 같다. 세계는 기저에서 연역되지 않았다. 오히려 세계가 기저로 분석되었다. 이것은 공준과 정리의 관계와 같다. 정리가 공준에서 연역되었다고 말하는 것은 실증적인 사실에 대해 말하는 것은 아니다. 그것은 우리가 발견한 정리의 분석(증명)에 의해 공준에 완전히 가서 닿은 다음에 말할 수 있는 것이다. 공준과 정리 중 어느 쪽이 먼저인가에 대해 우리는 단호하게 "정리는 공준에 앞선다."고 말할 수 있다. 만약 정리가 공준에서 연역되었다고 말한다면 왜 각각의 정리의 발견이 그렇게 기적과도 같은 것인가? 피타고라스 정리의 발견은 하나의 기적이 아닌가? 공준이 어떻게 결합하여 피타고라스 정리로 연역되었는가?

경험론 철학은 단호하게 공준에서 정리가 연역되었다기보다는 여러 정리의 분석의 종점이 공준이라고 말한다. 공준은 물론 실존적 시스템에서 유클리드 기하학의 기저로 작동한다. 그러나 어떤 새로운 정리의 분석이 공준에 가 닿지 않을 경우 공준은 바뀌어야 한다. 이것은 한쪽의 존재가 다른 한쪽의 존재를 부정한다는 얘기가 아니다. 단지 우선권의 문제이다.

마찬가지로 원소주기율표와 실존적인 물질세계를 대비시킬 때 물질세계가 원소주기율표에서 연역되었다고 말할 수는 없다. 먼저 다양한 실재적 세계가 있고 그 세계들의 분석의 공통분모가 원소주기율표가 된다. 이 점에서 현존하는 세계는 기저에 앞선다. 원소주기율표의 원소들은 엄밀한 의미에서 물질의 세계에 속하지 않는다. 그것들은 최초의 결합에 의해 분자가 되었을 때 비로소 자기의 속성을 드러내게 된다. 이때 분자는 사실fact에 해당하고 원소는 사물thing에 해당한다.

비트겐슈타인은 누누이 최초의 사물이라고 할 만한 대상object은 어떤 물질적 속성도 지니지 않는다고 말한다. 그것이 최초로 물질적 속성을 갖게 되는 것은 원자적 사실atomic fact에 편입됨에 의해서이다. 이 점에 있어 사실은 사물에 앞선다. 사실 속에 내포된 것이 아닌 사물 스스로는 그 원초적 형태에 있어 어떤 의미도 지니지 못한다.

이러한 고찰을 이제 본격적인 사물과 사실의 관계로 밀고 나갈 경우 비트겐슈타인의 언명의 의미와 통합과 해체의 의미가 명확히 드러나게 된다. 하나의 예를 들어보자. 어떤 이삿짐 전문가가 있다고 하자. 이제 서재 안의 짐들을 새로운 집의 서재로 옮겨야 한다. 집주인은 이삿짐을 옮기는 그 전문가에게 가구의 배치를 말해주려 한다. 그때 그 이삿짐 전문가가 의아한 눈초

리로 집주인을 바라보며 말한다.

"그것들을 말해줄 필요가 없습니다. 모든 사물은 이미 각각의 위치의 이데아를 지니고 있습니다. 모두 마땅히 있어야 할 곳이 있지요. 그 위치에 알아서 배치할 테니 귀찮게 하지 마세요."

이 사람은 플라톤주의자이다. 플라톤은 세계는 사물의 총체라고 생각한다. 더 엄밀히 말하면 이데아의 총체라고 생각한다. 천상에 이데아의 세계를 가정함에 의해 모든 것은 끝난다. 이데아는 스스로에 합당한 모든 것을 이미 내재하고 있다. 지상의 세계는 천상의 이데아의 세계를 닮는다. 그러나 지상의 세계에는 감각적 세계가 섞여 있다. 따라서 불완전하다. 지상의 세계는 천상의 세계에의 희구이다. 이것이 '유비의 원칙the doctrine of analogy'이다. 천상과 지상은 유비analogy의 관계에 있다.

세계가 사물의 총체라면 단 하나의 세계만이 있어야 한다. 세계는 필연이다. 이데아는 단 하나이기 때문이다. 완벽한 것이 어떻게 둘일 수 있겠는가? 그러나 지상 세계는 여러 가지 가능성을 가진다. 수없이 다양한 종류의 세계가 있다. 어제의 세계와 오늘의 세계가 다르고, 한 시간 전의 세계와 지금의 세계는 다르다. 이것은 세계가 불완전하기 때문이다. 변화와 운동은 불완전을 의미한다. 만약 그것이 완벽한 세계라면 세계는 이데아를 닮은 바로 그 시점에서 정지해야 한다. '사물의 총체로서의 세계'는 따라서 당위Sollen에 대해 말하게 된다. 이 통합의 철학, 실재론적 철학은 현존을 받아들이지 못한다. 다채롭고 변전하는 현존은 불완전한 전락일 뿐이다. 진정한 세계는 완벽한 고정성을 지녀야 한다. 현존의 세계는 모두 불온함이며 환각이고 도덕적 타락이다.

사물과 사실이라는 견지에서 보자면 이 철학은 사실이 사물에 의해 정해진다는 것을 말해 준다. 그러나 이것은 하나의 철학일 뿐이다. 현대철학은 이와는 다르다.

앞의 예로 돌아가서 이번에는 집주인의 요구를 들어보기로 하자.

"난 사물에는 본연의 이데아가 있다고 믿지 않습니다. 사물의 위치는 우연히 정해지는 것이고 그 우연은 내 변덕과 그 변덕에 따르는 요구에 의한 것입니다. 나는 내가 쓰기에 편할 대로 가구 배치를 원하는 것입니다. 어쩌면 내년에는 내 변덕이 다른 가구 위치를 원할 수도 있겠지요. 어쨌든 지금은 책상을 북쪽 벽에 붙여서 배치해주시고 그 맞은편 남쪽 벽에 책꽂이를 놓아주시고 소파는 서쪽의 창문 밑에 놓아주세요."

집주인은 세계는 사물의 총체가 아니라 사실의 총체라고 믿고 있다. 그는 사물에 내재한 본연의 어떤 이데아에 대해 동의하고 있지 않다.

이 문제를 이제 본격적인 현대철학의 관점에서 바라보도록 하자. 현대철학은 사실 속에 나타나지 않는 한 사물은 그 무엇도 아니라고 말한다. 즉, 사물이 사실을 만드는 것이 아니라, 사실 속에 사물이 포함됨에 의해 사물은 비로소 의미를 획득한다고 말한다. 어떤 기호든지 그것이 논리-문맥적logico-syntactical으로 유의미하지 않다면 그 기호는 무의미하다.

어떤 'a'라는 사물을 예로 들어보자. 플라톤은 아마도 그것은 의자이거나 테이블이거나 등의 어떤 것으로서 이미 그 안에 그 기능과 용도가 정해져 있다고 말할 것이다. 그러나 현대철학자들은 그 'a'가 사용되는 양태에 따라 그 것의 의미가 정해진다고 말한다. 만약 그것이 '나는 a 위에 앉는다.'라고 말한다면 a는 비로소 '앉을 것', 즉 의자로 규정되는 것이다.

비트겐슈타인은 우리가 알 수 있는 것은 what이 아니라 how라고 말한다. what은 사물의 본질에 대해 묻는 것이고 how는 사물의 양태에 대해 묻는 것이다. 비트겐슈타인이 what이 아니라 how가 세계의 본질이라고 말할 때 그는 세계란 사물 자체에 의해 규정되는 것이 아니라 명제에 의해 규정되는 것이고 사물은 명제 속에 있음에 의해 비로소 그 의미가 드러나는 것이라고 말하고 있다. 세계와 우리 인식 사이의 이러한 관계는 간단한 예증을 통해서 쉽게 알 수 있다.

'비'라는 기호sign가 제시되었다고 하자. 우리는 이 기호의 제시에 의해 이미 그것을 안다고 생각할 수 있다. 정말 그런가? 우선 이 기호를 내포한 명제들을 생각해보자.

"비가 내린다."
"비가 차갑다."
"비에 젖는다."
"비가 눈으로 변했다."

이 네 개의 명제 중 마지막 명제에 대해 생각해보자. 이 명제는 사실은 다음의 세 가지 사건을 말하고 있다.

1. 비가 온다.

2. 비가 그쳤다.

3. 눈이 온다.

이 세 개의 명제와 "비가 눈으로 변했다."라는 명제는 명백히 다르다. 비는 비고 눈은 눈이다. 그럼에도 불구하고 우리는 날씨가 추운 날에는 이러한 현상이 자주 있고 따라서 네 번째 명제가 당연히 참일 수도 있다고 믿는다. 만약 어떤 사람이 비에 관한 네 번째 명제를 새롭게 알게 되었다고 하자.

이 경우 사물이 사실을 결정하는가 아니면 사실이 사물을 결정하는가? 현대분석철학에서는 비에 관한 지식은 비를 내포한 명제들에 의해 얻어진다고 말한다. '비' 그 자체로는 아무것도 아니다. 그것은 단지 기호일 뿐이다. 그것이 어떤 의미를 갖느냐는 그것이 명제 속에서 어떻게 쓰이느냐에 따라서 정해진다. 기호의 의미는 논리-문맥적logico-syntactical 사용에 의해서만 정해진다. 프레게는 "단어는 문장의 문맥 속에서 이해되어야 한다A word must be understood in the context of the sentence."라고 말한다. 여기에서 단어는 사물을 가리키고 문장은 사실을 가리킨다. 사물은 사실의 맥락 가운데서 이해되어야 한다. 그렇지 않은 경우가 '우리 언어의 괴상망측함the awkwardness of our language'이다.

이제 사물, 사실, 세계의 관계에 대해 살펴보도록 하자. 만약 '사실이 세계의 총체'라고 한다면 세계는 '우연'인 것으로 드러난다. 사물은 필연이고 사실은 우연이다. 또한 사물의 세계는 당위의 세계이지만 사실의 세계는 실존의 세계이다. 사물, 필연, 당위와 사실, 우연, 실존이 서로 대립한다. 사물의 세계는 통합의 세계이며 사실의 세계는 해체의 세계이다. 사물이 세계의 총체라고 한다면 그것은 통합된 것으로서의 세계를 말하는 것이고 사실이 세계의 총체라고 말할 때에는 해체로서의 세계를 말하는 것이다. 존립하는 사물은 이데아이며 사물은 그 안에 존재의 여러 양태에 의해 사실을 유출시키기 때문이다.

경험론 철학은 언제나 해체에 대해 말한다. 그러한 이념의 경우 세계의 기저substance는 여태까지 존재해 왔던 수많은 세계의 분석의 공통분모에 의해 자리 잡게 되었다. 이것은 마치 원소주기율표가 다양하게 존재하는 사물들의 분석의 결과로 얻어진 것과 같다. 우리는 그러한 경험적 대상들의 결합형식에 대해 알게 되었다. 중요한 것은 "현존이 기저에 앞선다."는 사실이다. 이것은 "사실이 사물에 앞선다."와 같은 말이다.

현존하는 세계는 물론 단일한 세계이다. 그러나 가능한 세계는 거의 무한하다. 대상들objects을 기반으로 한 무수히 많은 다양한 '원자적 사실atomic fact'이 존재하기 때문이다. 예수는 '참 진리가 너희를 자유롭게 할지라.'라고 말한다. 여기에서 진리는 기저를 의미하고 자유는 기저의 틀 내에서의 무한히 다양한 세계를 의미한다.

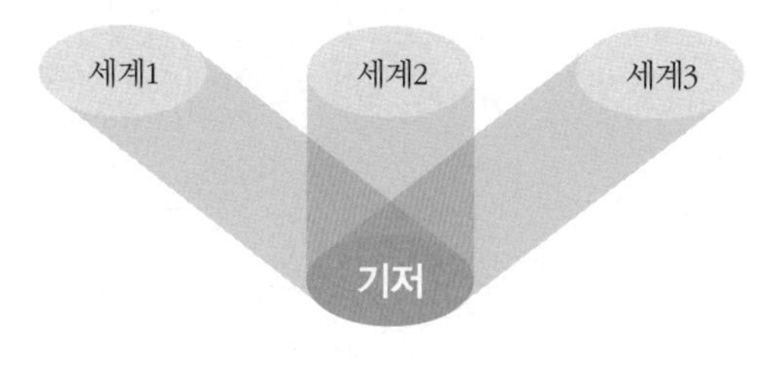

우리가 사는 세계는 이 무수히 다양한 세계 중 하나이다. 만약 사물이 세계의 총체라면 기저는 다양한 세계의 가능성을 지니지 않는다. 기저 안의 사물들은 매우 경직되어 있으며 단 하나의 본질만을 지니기 때문이다. 세계가 사실의 총체라는 사실은 대상들의 결합이 우연임을 말한다. 물론 그 결합은 결합형식은 지켜주어야 한다. 단지 형식만 지키면 된다. 내용까지 지닐 필요가 없다.

이것이 해체이다. 우연히 존재하게 된 세계, 무수히 다양한 세계 가운데에 하나의 세계 — 그것이 우리의 세계이다. 거기에는 어떤 필연도 없다. 우리의 세계는 본질로서의 세계로부터 해체되었다.

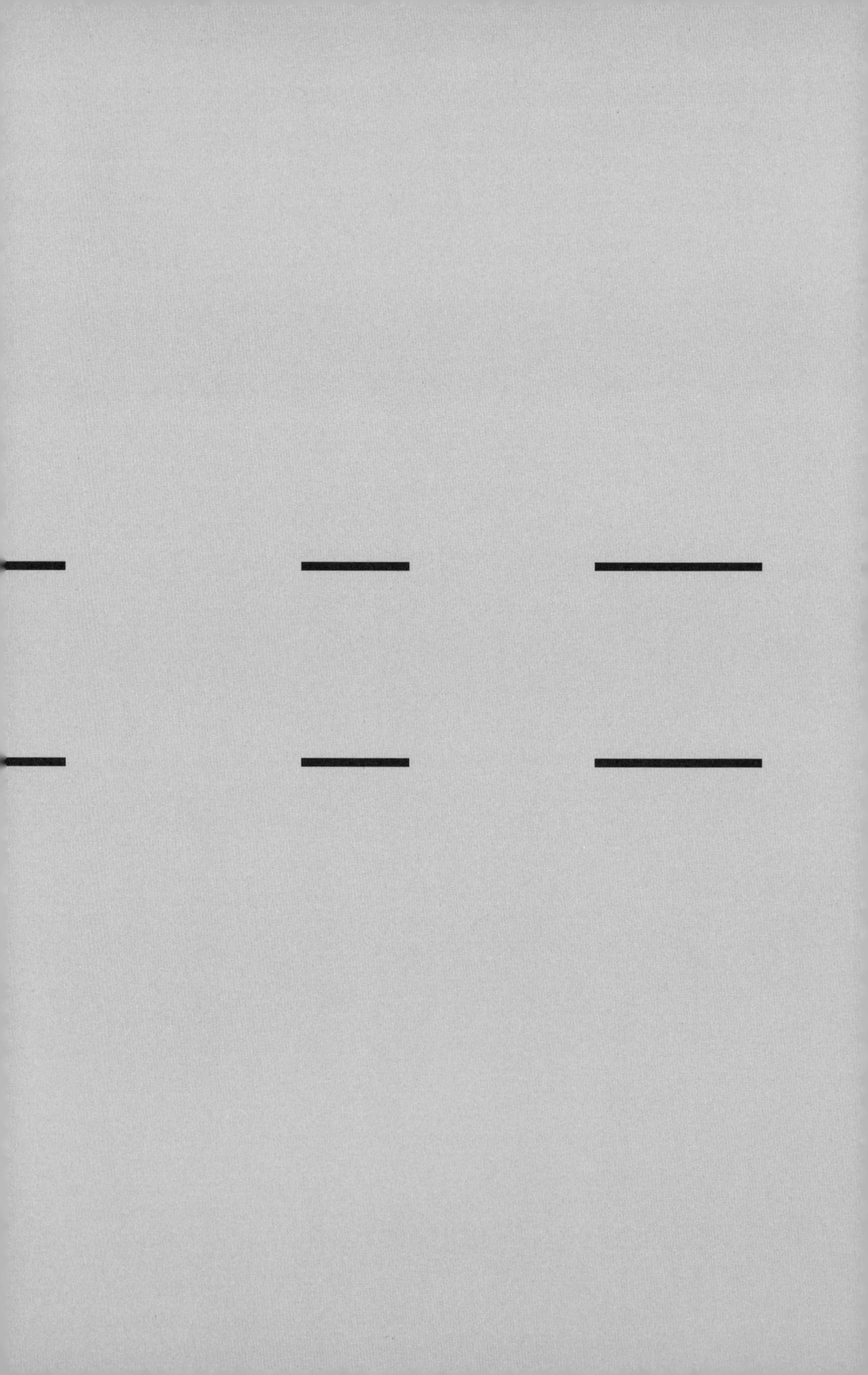

15

the World & the Language; Things & Signs

세계와 언어; 사물과 기호

20세기 초에 지적 세계에 있어 작지 않은 혁명이 발생하는바 그것은 그때까지 별로 주목받지 않았던 영역인 일반언어학에서 발생한다. 1911년에 발간된 페르디낭 드 소쉬르Ferdinand de Saussure의 《일반언어학 강좌Cours de Linguistque générale》는 그때까지의 세계와 언어에 대한 관계를 뒤집어 놓은 것은 물론이고 언어학을 지적 탐구의 가장 주도적이고 중심적인 학문의 위치에 가져다 놓는다. 그때 이후 언어학은 더 이상 존재로서의 세계에 덧씌워진 표층적 지칭 수단 혹은 교류 수단에만 그치게 되지는 않는다. 언어는 이제 세계 그 자체를 대체하여 존재하는 '우리에게 주어진 본래적인 세계'가 된다. 언어는 더 이상 세계에 부응하는 세계의 노예 노릇을 하지 않게 된다. 그것은 하나의 지적 구조intellectual system이며 사회적 소통의 집단적 산물일 뿐 아니라 인간이 스스로 세계를 창조하고 구성하고 의미를 부여하는 바로 그 대상이 되었다.

나중에 사르트르는 "실존은 본질에 앞선다."고 말하지만, 그때보다 이미 40년 전에 소쉬르는 "언어는 세계에 앞선다."는 의미의 언어학을 말하고 있었다. 더구나 소쉬르의 이 탐구에는 어떠한 종류의 형이상학적인 이념과 가설조차 들어있지 않았다. 소쉬르의 탐구는 순수하게 지적이었으며 가치중립적인 것이었고 실증적인 것이었다. C. S. 퍼스는 수학에 기초한 기호의 작동원리 자체에 몰두하고, 비트겐슈타인은 언어의 논리를 통한 언어의 본질과 그 작동기제에 대해 돌이킬 수 없는 혁명을 이루게 된다. 다시 말하면 퍼스가 기호로서의 언어에 대해 말할 때 비트겐슈타인은 언어와 형이상학과의 관계와 인간 인식과 그 작동의 언어적 양식에 대해 말한다. 소쉬르는 이들과 더불어 기호학의 창시자들 가운데 한 명이다. 그 역시 다른 두 사람과 더불어 우리에게 주어진 것은 세계가 아니라 언어라는 가정, 언어가 가능한 것은 언어와 세계가 무엇인가를 공유하고 있으며 결국은 세계가 아닌 언어가 바로 우리의 탐구 대상이 되어야 한다는 가설을 이끌어 낸다.

퍼스와 비트겐슈타인은 언어의 이러한 역할과 양상을 기정사실화한다. 이 둘은 언어가 이미 세계를 대체하였다는 가정하에 기호로서의 언어의 작동의 논리와 그 실천적 예, 그리고 그 한계에 대한 형이상학적 논증을 해 나간다. 퍼스는 특히 논리적 측면에서 언어에 접근한다.

소쉬르는 순수하게 언어학적인 측면에서 언어의 본질과 작동원리에 대해 탐구해 나간다. 그는 특히 언어의 존립 가능성과 그 특질을 철저하게 실천적인 견지에서 논증한다. 그러는 가운데 그는 의미meaning를 값value으로 대치하고, 세계를 언어로 대치하고, 통시성le dichroniques을 공시성le synchronique으로 대치하고, 연역을 구조structure로, 필연을 우연으로 대치해 나간다. 그는 또한 수직적 세계를 폐기하고 수평적 세계를 불러들인다.

그는 언어langue와 담화parole를 구분하는 것으로 자신의 언어학을 시작한다. 언어는 사회적이고 단일하고 집단적이고 법칙적인 것이고, 담화는 개별적이고 복합적이고 개인적이고 자율적인 것이다. 개인적 담화는 언어의 규정안에서 행해져야 한다. 이 점에 있어 담화는 개인적이며 동시에 사회적이다. 담화는 상황을 이야기하지만, 언어는 그 이야기의 법칙을 정해 준다. 이 점에 있어 언어는 비트겐슈타인의 용어로는 언어의 논리형식logical form을 가리킨다. 이 논리형식은 거기에 그대로 있을 뿐이다. 우리는 그것에 대해 말할 수 없다. 왜냐하면 그 형식이 곧 우리 자신이기 때문이다. 우리가 무엇인가에 대해 말하기 위해서는 그 무엇인가의 바깥쪽에 있어야 한다. 그러나 우리는 우리 자신의 바깥에서 우리를 바라볼 수 없다. 따라서 논리형식 자체는 담화되어질 수 없고 단지 담화에 의해 보여질 수 있을 뿐이다. 즉 통합된 담화, 담화의 공통분모, 담화가 의존하는 담화의 근원적 원칙이 언어langue이다.

언어학에서의 탐구 대상은 담화가 아닌 언어이다. 담화는 문학의 탐구 대상이다. 물론 소쉬르의 언어langue가 비트겐슈타인의 논리형식logical form과 완전히 같지는 않다. 비트겐슈타인은 언어 이면에 자리 잡은 언어의 궁극적인 추상적 논리에 관해 말하고 있지만, 소쉬르는 언어에 대해 그것의 좀 더 구체적이고 직접적인 성격에 대해 말한다.

소쉬르의 담화와 언어는 기하학의 유비를 사용하면 좀 더 선명하게 알 수 있는 개념이다. 개념으로서의 삼각형에 대해 생각해보고 다시 실증적이고 체험적인 것으로서의 개별적인 삼각형들에 대해 생각해보자. 소쉬르의 언어는 개념적이고 표준적인 것으로서의 삼각형에 해당하는 것이고 담화는 개별적이고 고유한 것으로서의 삼각형에 해당하는 것이다.

소쉬르는 언어langue에 대해 설명한 후에 그의 유명한 '기표–기의'에 대해 설명해 나간다. 기호signe는 기표the signifier, signifiant와 기의the signified, signifié로 구성되어 있다. 기표와 기의는 마치 동면의 앞과 뒤head & tail처럼 분리 불가능하다. 이것이 기호의 '이중 실재double entity'이다. 기표는 음성 패턴(소쉬르가 signal이라고 말하는)이고 기의는 개념concept, singnification이다.

기표와 기의라는 기호의 이중 실재의 양상은 소쉬르에게 있어서 그리 간단한 문제가 아니다. 전통적인 언어학이나 우리의 일상적인 생각의 관습에 비추어서는 거기에 각각의 기의가 먼저 있고 적절한 각각의 기표가 자기의 주인을 찾아가는 방식으로 기호가 구성되어 단어가 된다. 즉, 우리는 거의 본능적으로 개념이 명칭에 선행해서 이미 거기에 있고 명칭은 마치 개념에 첨부되듯이 거기에 들러붙어 언어를 구성하게 된다고 생각한다. 그러나 소쉬르가 밝혀낸 언어의 형성은 전혀 이와 같지 않다. 언어는 단지 명칭을 부여하는 방식으로 존립하지는 않는다. 기표가 기의와 맺어지는 것은 기표 외적인 요소나 양식에 의해서는 아니다.

열 개의 의자가 있고 그 의자에 이름표가 붙어있다고 하자. 이어서 열 명의 인사가 객실에 들어와 자기의 이름표가 붙어있는 의자에 앉는다고 가정하다. 이때 의자는 기의, 각각의 인사들은 기표라고 할 만하다. 이것이 전통적으로 가정된 개념과 단어의 결합이다. 그러나 소쉬르가 말하는 기표와 기의의 결합은 이와 같지는 않다. 기표는 자기 바깥의 기의를 찾아 길을 떠나지는 않는다. 오히려 기표와 기의 각각은 각각의 내적 시스템에 의해 먼저 분절되어야 한다. 이 내적 시스템이 바로 구조이다. 어느 순간 뭉쳐있던 의자들과 뭉쳐있던 인간들이 각각 스스로의 시스템 내에서 분절을 겪고 나서 서로 간의 우연적인 1:1 결합을 하게 되었다. 기표와 기의의 결합은 오히려 이렇게 해서 가능해졌다.

이제 이러한 예증을 직접 두 개의 언어의 예를 통해 보도록 하자.

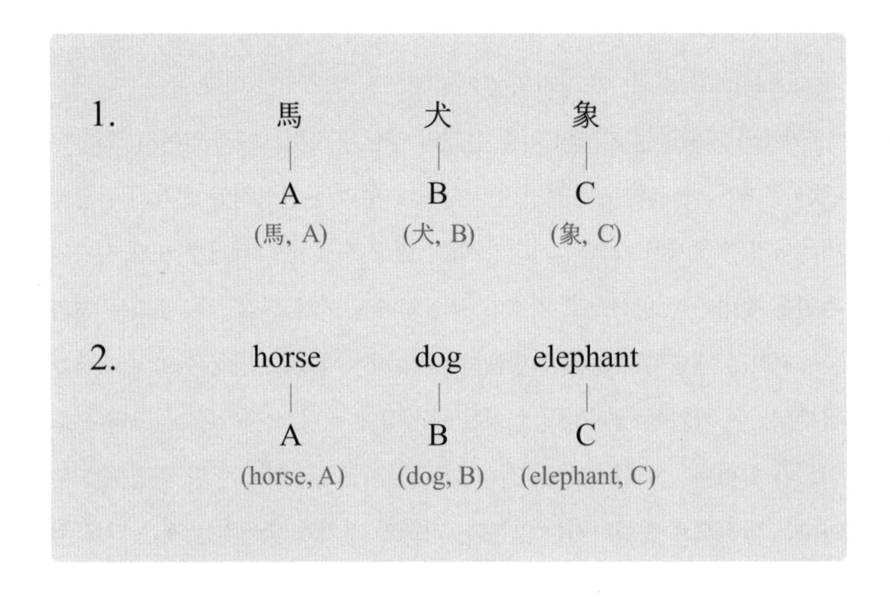

A, B, C는 각각 우리가 말, 개, 코끼리라는 청각영상acoustic image으로 칭하는 동물의 개념들concepts이다. 1번의 방식으로 작동하는 언어에서 기표와 기의의 결합은 필연적이라고 생각할 수밖에 없다. 이 기호들은 실제의 대상들과 그 개념들에 대해 재현적representational이기 때문이다. 이것이 모방mimesis으로서의 언어이다. 이 언어에서는 일반언어학이 불가능하다. 각각의 기표들은 거기에 준하는 기의를 닮아있다. 여기에서의 언어학이란 단지 명명만의 문제가 된다. 예를 들어, (馬, B), (犬, A), (象, C)와 같은 다른 종류의 조합을 우리는 생각할 수가 없다. 왜냐하면 이때의 기표와 기의의 결합은 임의적arbitrary이지 않기 때문이다.

전통적인 언어학은 우리 언어가 표의문자적이라는 전제를 가지고 탐구되었다. 이것은 심지어 창세기에서 아담이 각각의 동물을 명명하는 데에서도 나타난다. 언어는 그저 명명법nomenclature이었다. 거기에 먼저 사물이 있고 언어가 거기에 가서 들러붙는 식이었다.

2번 시스템을 보자. 거기에서 horse, dog, elephant 등의 청각영상은 개념에 대해 재현적이지 않다. 그것들은 말 그대로 분절된 우연적인 청각영상일 뿐이다. 만약 이것들이 (horse, C), (dog, A), (elephant, B)로 규정되어있었다 해도 우리는 거부감이 없었을 것이다. 이것은 물론 우리가 이 언어의 시스템을 이렇게 멋대로 바꿀 수 있다는 사실을 의미하지는 않는다. 단지 기표와 기의가 원래 이렇게 결합해 있었다 해도 어떤 문제가 있지는 않다는 뜻이다. 이것이 유명한 소쉬르의 언어의 임의성arbitrariness이다.

소쉬르는 언어학의 중심을 1번 언어에서 2번 언어로 이동시킴에 의해 언어는 사실상 원래의 표의문자적 성격을 완전히 탈피하고 있었고, 또 우리의 언어 사용 역시도 전혀 표의적이지 않다는 사실을 간파했다. 소쉬르는 특정한 기의에 특정한 기표가 결합해야 할 필연적이거나 본래적인 이유는 없다고 말한다. 우리에게 제시된 기호는 전적으로 우연적인 결합에 의해 존재하게 되었다. 소쉬르는 이것을 '기호의 임의성l'arbitraire du signe'이라고 부른다.

소쉬르는 물론 애초에 기표와 기의가 어떻게 결합하여 기호를 산출했는지에 대해 "알 수도 없고 알 필요도 없다."고 말한다. 중요한 것은 현재의 기호의 수평적 작동원리일 뿐이다. 우리가 어떤 사물에 어떤 기호를 대응시켰다고 할 때 우리는 거기에서 동의와 일관성만 확인하면 된다. 그것이 언어학의 기본적인 전제이다.

낱말이 이미 존재하는 개념에 대응하는 것이라면 낱말들은 각각의 언어에 있어 자기들이 동일한 임무를 수행하고 있음을 보여야 한다. 하나의 문화의 '소'와 다른 문화의 'ox'는 같아야 한다. 세계의 개념은 아무리 다양한 장소라 할지라도 단일한 것이므로 단지 문화에 따라 다른 낱말(기호)만이 사용되어야 한다. 그러나 프랑스어의 boeuf는 영어의 ox와 beef 둘 다를 가리킨다. 다른 말로 하면 프랑스에서는 소와 쇠고기의 구분이 없다. 둘 다 boeuf일 뿐이다. 영어에서는 소는 ox로 쇠고기는 beef로 나타낸다. sheep도 마찬가지이다. 불어의 mouton은 sheep과 mutton을 동시에 나타낸다.

두 언어의 이러한 상이점이 생긴 이유에 대해서는 앙드레 모루아가 그의 《영국사》에서 자세히 말하고 있다. 기원 1066년에 정복왕 윌리엄이 영국을 정벌하고 난 후 불어를 사용하는 노르만인들이 영국의 귀족계급을 형성했다. 양고기나 쇠고기를 먹을 수 있는 계급은 노르만인이었다. 영국인들은 요리된 상태의 고기를 노르만인들이 'boeuf' 나 'mouton'이라고 부르는 것을 들었다. 영국인들은 이것을 '소'나 '양'으로 받아들이지 않고 쇠고기나 양고기로 받아들였다. 이것이 영국인들이 쇠고기에 해당하는 단어와 양고기에 해당하는 낱말들을 추가로 가지게 된 이유이다.

소쉬르는 고유의 문화가 고유의 분절된 기호의 집합을 가질 뿐이라고 말한다. 이것이 의미하는 것은 기의 자체도 기표와 마찬가지로 특정한 언어에 속한다는 사실이다. 기표 속에 없으면 기의 속에도 없다. 우리가 경험하는 동물들, 인간들, 사물들의 카테고리로 가득 찬 세계는 언어 이전에 먼저 존재하지 않았다. 언어 속에 없으면 세계 속에도 없다. 그 역도 성립한다. 기표와 기의는 어떤 순간엔가 분절을 겪으며 동시에 창조되었다.

소쉬르의 언어학에 있어서 '분절articulation'의 문제는 그의 중요한 주제인 낱말의 상호 간의 '차연[différance]'이라는 통찰을 불러들인다. 기표는 세계에 속하고 기의는 인간에게 속한다. 분절을 가정한다면 비분절도 가정할 수 있어야 한다. 기표의 비분절은 단지 뭉쳐진 음성신호이고 기의의 비분절은 뭉쳐진 세계이다. 이것이 어느 날 동수로 분절되고 임의적인[arbitrary] 대응에 의해 고유의 기표와 기의로 쌍을 이루게 되었다.

중요한 것은 각각의 기호의 고유성은 스스로에 내재한 어떤 것에 의해서가 아니라 전체 시스템 내에서의 차연에 의해서라는 사실이다. 여기서 차연[différance]이라는 개념은 전통적으로 '차이'를 말할 때 의미하는 적극적인 것이 아니라 소극적인 것이라는 사실을 아는 게 중요하다. 예를 들어 "닭은 날개가 달렸다는 점에서 고양이와 차이가 난다."라고 말한다면 이것은 각각의 고유성에 입각한 차이이다. 이것은 각각이 어떤 속성을 지니거나 혹은 지니지 못함에 의해 차이가 있다는 것을 의미한다. 그러나 소쉬르의 차이는 단지 같지 않다는 사실을 의미한다. 개념이 있고 그것들의 차이를 가진다고 말하는 것과, 차이가 있어서 고유의 개념들이 될 수 있었다고 말하는 것은 엄청나게 다른 이야기이다. 전자의 차이가 적극적 차이이고, 후자의 차이가 소극적 차이이다.

소쉬르는 다음과 같이 말한다.

"언어에는 차이만이 존재한다. 더욱 중요한 사실은 다음과 같다: 일반적으로 차이는 그 사이에 차이가 설정되는 적극적 용어를 의미한다. 그러나 언어에 있어서는 적극적 용어를 배제한 차이만이 있다. 우리가 기의를 살피건 기표를 살피건 언어는 언어적 시스템에 존재하는 개념도 소리도 지나지 않는다. 오히려 언어는 이미 존재하는 시스템에서 도출되는 개념적, 음성적 차이만을 지닐 뿐이다. 하나의 사인sign이 내포하고 있는 개념이나 음성적 실체는 그 사인을 둘러싸고 있는 다른 사인보다 덜 중요하다."

따라서 언어는 그 구성요소들인 기호들이 내적으로 상호의존적인 닫힌 시스템을 구성하게 된다. 언어는 밖을 향해 열리지 않는다. 그것은 완고하고 이미 결정된 하나의 완결된 시스템이다. 각각의 기호는 그 기호를 제외한 다른 기호들의 존재에 의해서 고유성을 부여받으며 또한 동시에 그 고유성은 다른 기호들의 존재에 의해 그 의미를 선명하게 제한받는다. 차연이 세밀하게 진행될수록 고유의 기호들의 의미는 선명해진다. 소쉬르는 두려움과 관련된 세 표현의 예를 들어 차연이 시스템 내에서 가지는 의미에 대해 설명한다.

redouter, craindre, avoir peur는 모두 '두려워하다'는 동사의 부정형이다. 뜻은 미묘하게 조금씩 다르다. redouter는 '꺼려진다'의 의미를 내포하고 있고 craindre은 카리스마에 대한 경외감을 내포하고 있고 avoir peur는 말 그대로 공포심을 내포하고 있다. 이 세 단어가 존재할 때에는 서로 간에 의미를 제한하며 대립적으로 그 의미를 행사한다. 만약 이 중에 두 개의 표현이 사라졌다고 하자. 그렇다면 나머지 하나의 단어가 두 표현의 의미까지도 동시에 떠맡으며 원래 있었던 예리한 의미상의 분화가 상당히 소멸하게 된다. 그 하나의 표현은 그것을 다른 표현으로부터 구분해주는 두 표현의 소멸에 의해 더 흐릿해지고 덜 분절적이 된다.

이것은 명사에 있어서도 마찬가지이다. dog, wolf, jackal 중 dog과 jackal이 사라지게 되면 wolf가 dog과 jackal 모두를 떠맡게 된다. 즉, 이 언어 시스템에서는 늑대 종 중 두 아종이 사라지는 것이다. 분절화된 개념과 분절화된 음성신호는 모두 차연에 의존한다.

이 문제는 '같은the same'과 '다름the difference'을 각각 주요 이념으로 삼는 실재론(합리론) 철학과 유명론(경험론) 철학의 주제와도 정확히 일치한다. 실재론 철학자들은 같음을 세계의 본질로 보는 가운데 세계의 통합을 강조하지만, 유명론자들은 다름을 세계의 본질로 간주하며 세계의 해체를 강조한다. 실재론적 철학자들은 류와 종의 개념을 끌어들여 개별자 간의 차이를 지우려 한다. 반면 유명론자들은 존재하는 것은 오로지 개별자뿐이라고 말한다. 실재론은 이 같음을 보편universal이라고 말하며 우리 인간은 이성의 공유에 의해 서로 같다고 말한다. 그러나 유명론자들은 소쉬르의 차이가 세계의 본래적인 양상이라고 주장한다.

비트겐슈타인은《철학적 탐구》에서 다음과 같이 말한다.

"헤겔은 서로 다른 것을 사실은 서로 같은 것이라고 말하길 원하는 것처럼 보인다. 반면에 나의 관심은 같은 것으로 보이는 것들이 사실은 다른 것들이란 것을 보이는 것이다."

이때 비트겐슈타인은 명백히 스스로가 유명론적 입장에 있으며 동시에 현대 언어학의 새로운 이념을 공유함을 보여준다. 거듭 강조되는 것은 하나의 기호는 그 기호가 속한 시스템의 다른 기호 전체를 한 바퀴 돌고 난 후 자기의 고유성을 확인하게 된다는 사실이다. 결국 고유성이란 다른 것과의 차이 이외에 아무것도 아니며, 또한 차이의 확인 이후에 정립되는 것이기 때문이다.

전통적인 언어학은 먼저 존재하는 개념에 기표가 배정되는 양식을 말했다. 이것은 사물에서 기호가 연역된다는 것을 말하며 세계와 언어의 관계는 원인과 결과의 관계에 있다는 사실을 말한다. 그러나 소쉬르의 탐구는 이것을 뒤집어 놓는다. 거기에 언어의 시스템이 있을 뿐이고 그 시스템이 세계를 반영하고 있다. 따라서 세계와 언어는 어느 것이 다른 것에 선행하는 것이 아니라 동시에 존재하게 되었다. 모든 것이 수평적이며 세계와 언어는 같은 차원에 존재한다. 두 개의 평면이 서로 분절된 채로 존재한다. 언어의 평면과 세계의 평면이.

소쉬르의 이러한 이론은 예를 들면 새로운 역사철학에도 적용될 수 있는 것이다. 현대의 역사철학자들은 "모든 역사는 현대사(콜링우드)"라거나 "현대는 과거를 재해석할 뿐만 아니라 재창조한다(베네데토 크로체)."라고 말한다.

우리는 시대구분을 한다. 고대, 중세, 근대, 현대 등으로. 전통적인 역사학은 동시대가 그 전의 시대에서 연역되는 것으로 간주하고 동시대의 요소를 전시대의 요소와 일치시키는 노력을 해왔다. 이것은 마치 언어학에서 기호(낱말)가 세계에서 연역되는 것으로 간주하여 세계에 우선권을 주는 것과 같다. 전통적인 역사학에서는 언제나 과거가 다음 시대에 대해 우선권을 갖는다. 과거의 모든 요소가 먼저 있고 그것에서부터 현재의 모든 요소가 연역된다. 이것은 기존 언어의 요소를 거슬러 올라가서 그 원형을 찾아내는 것이 언어학의 존재 이유라는 소쉬르 이전의 언어학의 개념과 비슷한 역사관이다. 소쉬르가 새로 불러들인 언어학은 현존하는 언어의 분석을 통해 과거의 언어로 다가가는 것이 사실상 무용한 것임을 먼저 전제한다. 소쉬르는 이것을 체스의 예를 들어 설명한다.

체스라는 게임의 변천사를 아는 것이 체스와 관련하여 어떤 효용이 있는가? 현재의 체스의 룰을 잘 이해하고 그에 맞게 운영하면서 이기는 게임으로 끌고 가는 것이 더 중요하지 않겠는가? 축구 경기도 마찬가지다. 축구의 기원을 더듬어 가서 아마도 영국인들이 침략자 덴마크인들의 해골을 도굴해서 발로 차고 다닌 것이 축구의 기원일 것이라는 게 경기에서 승리하는 것에 어떤 도움을 주는가? 이것보다는 현재의 축구 경기에서 오프사이드는 무엇이고 얼리 크로스는 무엇이며 컷백은 어떨 때 시도하는 것인가 등등을 잘 아는 것이 중요하지 않은가? 경기에 출전하는 선수들이 저마다 역할의 구조적 차이를 잘 인식해서 전체 경기에 대한 이해를 높이고 자기 팀의 승리를 위한 전술적 움직임을 하는 것이 더 중요하지 않은가?

소쉬르는 '통시적diachronistique'이라는 용어로 전통적인 사적 언어학을 일컫고 '공시적synchronistique'이라는 용어로 자신이 발명한 새로운 언어학을 일컫는다. 언어의 공시적 탐구는 언어를 시대적인 어떤 특정한 시기에 완결된 것으로 간주하고 그 주어진 언어 시스템을 현상적인 견지에서 탐구하는 것을 일컫는다. 그는 이러한 조망을 'AB 축'이라고 부른다.

이와 대비되는 통시적 분석diachronistique analysis은 언어를 역사적 발전이라는 견지에서 탐구한다. 그는 이것을 'CD 축'이라고 부른다. 소쉬르는 자기 시대의 주도적인 탐구방법론인 CD 축에 새롭게 AB 축의 방법론을 더해야 한다고 말한다. 언어란 주어진 어떤 순간에 배열된 용어에 의해 결정될 뿐인 순수한 값value의 시스템이기 때문이다.

현대 역사철학들이 "모든 역사는 현대사이다."라고 말하는 것도 같은 동기이다. 현재는 과거에서 연역되지 않는다. 연역 같은 것은 없다. 모든 각각의 시대는 전체 시대 가운데서의 차이에 의해 존재할 뿐이다. 따라서 모든 시대를 동시대에 놓아야 한다. 각각의 시대는 이러한 전체 시대라는 시스템 내에 있음에 의해 고유성을 갖는다. 한 시대에 대한 이해는 다른 모든 시대에 대한 이해가 선결되지 않으면 불가능하다. 따라서 다른 시대에 대한 탐구를 한 바퀴 돌고 마지막으로 자기 시대에 착륙해서야 현대의 이해가 시작된다.

이것은 학습에 있어서도 마찬가지이다. 어떤 학생이 새롭게 미분differential calculus에 대해 배운다고 하자. 만약 그 학생이 상당한 정도로 학습에 유능하다면 그는 미분에 대해 배움과 동시에 그가 그때까지 알아 온 모든 수학적 주제들을 한 바퀴 돌아본다. 즉, 미분이 어째서 새로운 수학적 주제이며 다른 주제들과는 어떻게 다른가를 동시에 탐구한다. 그는 미분을 배우는 것 이상으로 미분을 포함한 모든 수학적 시스템을 다시 한번 배운다. 그는 물론 미분의 역사에는 관심 없다. 그가 관심을 갖는 것은 현재 주어진 수학적 시스템에서 어떻게 서로 다른 수학적 주제들이 구조적으로 작동하는가이고 그중에서 특히 미분의 역할은 무엇인가에 관심을 집중한다. 이것이 수학을 잘하는 학생의 경우이다.

체스와 축구와 미분에 대한 사적 고찰이 그 분야에 대한 어떤 능란함을 주지는 않는다. 덴마크의 해골과 영국인의 분노에 대해 이해한다고 해서 축구 경기를 이길 수도 없고 그 게임을 즐길 수도 없다. 중요한 것은 경기에 이기거나 아니면 관중으로서 그것을 즐기는 것이다. 이것이 효용이다. 따라서 소쉬르의 언어학은 동시대에 커다란 철학 흐름인 실용주의 철학과도 닿아있다. "필요 없으면 의미 없다."(비트겐슈타인)

소쉬르는 이제 시스템으로서의 언어에 있어 하나의 낱말(여기서는 기표를 의미하는바)이 어떻게 그 본연의 역할을 할 수 있는가의 탐구로 나아가게 된다. 그는 교환과 값value을 대비시킨다. 하나의 예를 들어보자.

아이가 85점의 수학 점수를 맞았다는 얘기를 들은 엄마는 어떤 생각을 먼저 할까? 85점의 수학 점수는 85%의 수학 능력의 성취도를 보였다는 사실을 먼저 생각할까? 아니면 그 점수가 그 집단에서 어떤 순위를 차지하는가를 생각할까? 85점의 수학 점수가 30명의 집단에서 3등에 해당한다고 하자. 어떤 사실이 더 중요할까? 85%의 수학 성취도와 상위 10%의 순위 사이에서. 점수의 값은 절대적인 것인가 상대적인 것인가?

85점의 수학 점수는 85%의 수학 성취도와 '교환'되지만 10%의 순위는 다른 학생들의 성적과 '비교'된 것이다. 이것은 언어와 그 차연에 대한 이해와 언어의 본질에 대한 이해에 있어 매우 중요한 유비이다. 하나의 낱말은 교환에 의해 의미를 획득하고 비교에 의해 값을 획득한다. 전자가 절대평가의 이념이고 후자가 상대평가의 이념이다. 소쉬르는 언어의 가능성은 먼저 값을 획득함에 의해서라고 말한다. 언어는 시스템이다. 이를테면 거기에 각각의 점수가 순위에 따라 나열되어 있듯이 낱말은 서로 비교됨에 의해 고유의 값을 갖는다.

horse, dog, elephant, cat ... 등등을 예로 들어 생각해보자. 각각의 낱말들은 확실히 각각에 준하는 개념들과 교환된다. 이로써 각각의 낱말은 의미를 획득한다. 그러나 그 이전에 horse, dog, elephant, cat ... 등등은 함께 어떤 시스템을 구성한다는 사실이 선행한다. 그 각각의 낱말들은 먼저 다른 낱말들과 비교되어야 한다. 그것들은 그것들과 이질적인 어떤 요소들(horse, dog, elephant, cat 등의 낱말이 가리키는 개념들)과의 교환 이전에 그것들과 동질적인 요소들(낱말 그 자체들)과의 비교에 의해 그 고유성을 얻어야 한다.

소쉬르는 다음과 같이 말한다.

"하나의 낱말word, signifiant은 하나의 상이한 사물thing, signifiné, 즉 하나의 개념과 교환될 수 있고 또한 동질의 다른 사물, 즉 다른 낱말과 비교될 수 있다. 따라서 낱말이 어떠어떠한 개념과 교환되는가를 확인하는데 그치는 한, 다시 말하면 낱말의 의미가 어떠한가를 확인하는데 그치는 한, 낱말의 값은 아직 미정인 것으로 남는다. 낱말은 유사한(동질적인) 값들, 즉 스스로에 대립 가능한 다른 낱말들과 비교되어야 한다. 낱말의 내용은 자기 외부에 있는 것과의 비교에 의해서만 최종적으로 결정된다. 낱말은 체계에 속한다. 따라서 의미뿐만 아니라 고유의 값을 지니는바 이것은 전자와는 전혀 다른 것이다."

소쉬르가 창안한 새로운 언어학은 수평적으로 동시대에 존재하는 시스템으로서의 언어이다. 과거의 원초적인 어떤 시점으로부터 오늘에 이르기까지 언어의 변화에 대한 연구는 무의미하고 무용하다. 또한, 어차피 언어의 기원은 알 수도 없고 알 필요도 없다. 소쉬르는 누누이 현존하는 언어의 시스템에 대해서만 말한다. 통시적 언어학은 세계가 고정적이고 객관적인 것으로서 우리로부터 독립하여 존재한다고 가정한다. 우리의 언어는 그 고형적이고 종합화된 세계에 대한 파편적인 인식수단이다. 따라서 세계는 불변하고 언어는 가변적이다. 그러나 새로운 언어학은 이와는 반대되는 길을 밟는다.

조지 버클리는 "존재란 곧 피인식Esse est percipi이다."라고 말한다. 그 피인식이란 무엇인가? 20세기의 언어철학자들은 그 피인식이 곧 인간의 언어란 전제하에 분석철학을 전개해나간다. C.S. 퍼스, 프레게, 러셀, 비트겐슈타인 등의 모든 분석철학자는 세계가 곧 언어라는 전제를 가지고 출발한다. 비트겐슈타인은 "나의 언어의 한계가 나의 세계의 한계를 의미한다."라고 말한다. 나의 세계는 나의 언어에 준한다.

소쉬르는 어떻게 언어가 세계일 수 있는가를 언어학을 통해 보여준다. 응고화된 불변의 물질적 고형물로서의 세계는 더 이상 없다. 오히려 가변적이고 투명하고 얇고 해체된 언어가 세계를 요청하고 있다.